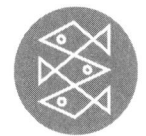

Ein Streifzug durch die Geschichte des Rechts und seine Wissens-
ordnungen von »Anbruch« bis »Zeitnot«. Das alphabetische Arrangement gibt dabei manche Gelegenheit zu unerwarteten Ab-
schweifungen und Einlassungen. Doch jede dieser Digressionen,
aus denen sich dieses Alphabet des Rechts zusammensetzt, bietet
eine Fülle von Funden, Einsichten, Querverbindungen und nicht
zuletzt von Quellen der Rechtsgeschichte.

Rainer Maria Kiesow, geboren 1963, ist Referent am Max-Planck-
Institut für Europäische Rechtsgeschichte und Privatdozent am
Fachbereich Rechtswissenschaft der Johann Wolfgang Goethe-
Universität Frankfurt am Main. Veröffentlichungen u. a.: ›Das
Naturgesetz des Rechts‹ (1997).

Unsere Adressen im Internet: www.fischerverlage.de und
www.hochschule.fischerverlage.de

Rainer Maria Kiesow

Das Alphabet des Rechts

Fischer
Taschenbuch
Verlag

Originalausgabe
Veröffentlicht im Fischer Taschenbuch Verlag,
einem Unternehmen der S. Fischer Verlag GmbH,
Frankfurt am Main, Oktober 2004

© 2004 Fischer Taschenbuch Verlag in der
S. Fischer Verlag GmbH, Frankfurt am Main
Satz: Pinkuin Satz und Datentechnik, Berlin
Druck und Bindung: C. H. Beck, Nördlingen
Printed in Germany
ISBN 3-596-16316-1

Inhalt

Forschungsansatz

Der Blick ist konzentriert, der Mund leicht geöffnet. Brust und Kopf sind über den Tisch gebeugt, die Finger der rechten Hand nach vorne gestreckt. Das Handgelenk ruht an der Tischkante. Die Fotografie zeigt einen Mann – von schräg unten. Die Fotografin muss, neben dem Mann, auf dem Boden gesessen haben. Das Licht der Tischlampe scheint auf das Gesicht und den Arm – auch von unten, von der unsichtbaren Tischplatte her. Der Handrücken bleibt schwarz, nur die Ränder der Finger geben einige Lichtfetzen ab. Die Glatze verschwindet im dunklen Raum der Nichtreflexion. Auf dem Tisch steht ein bauchiges, sich nach oben hin verjüngendes Gefäß, in dem eine Flüssigkeit das Licht spiegelt. Aus der oben befindlichen Öffnung scheint etwas zu entweichen, ein zarter Lichtschein. Das Gefäß sieht aus wie ein Chemielaborglas – es ist eine caraffe d'eau. Michel Foucault hält seine Vorlesung am Collège de France.

Foucault gilt als einer der größten Theoretiker der Geschichtswissenschaft, und zugleich ist er sicher der größte Theoretiker des Wahnsinns (Wahnsinn und Gesellschaft. Eine Geschichte des Wahns im Zeitalter der Vernunft, Suhrkamp: Frankfurt am Main 1969; das französische Original aus dem Jahr 1961 heißt: Folie et déraison. Histoire de la folie à l'âge classique). Wissenschaft und Wahnsinn. Wahnsinn und Theorie. Doch was bedeutet Theorie im Zeitalter des Wahnsinns, also in den vergangenen zwei Jahrhunderten nach Kants Tod, als die Sachen den Wörtern immer weniger zu sagen hatten, die Wörter sich von den Sachen emanzipierten und schließlich nur noch die Wörter selbst blieben? Theorie heißt vor allem: Etiketten beschriften, also etwa Systemtheorie, Kritische Theorie, Konstruktivismus, Kultursoziologie, Gender Theory – und Foucault. Foucault ist als theoretischer Ansatz einer der wenigen, die persönlich, namengebend präsent sind. Warum Foucault? Warum gerade als Ansatz Foucault, der in seiner

Archäologie des Wissens das Labyrinth seines Denkens entfaltet, in dem er herumirrt, sich verliert, wieder auftaucht, an anderer Stelle natürlich, in dem er sich selbst aufgibt: »Mehr als einer schreibt wahrscheinlich wie ich und hat schließlich kein Gesicht mehr. Man frage mich nicht, wer ich bin, und man sage mir nicht, ich solle der gleiche bleiben: das ist eine Moral des Personenstandes; sie beherrscht unsere Papiere. Sie soll uns frei lassen, wenn es sich darum handelt, zu schreiben« (Archäologie des Wissens, Suhrkamp: Frankfurt am Main 1981, S. 30). Ausgerechnet Foucault bürgt in der ganzen geschichtsinteressierten Welt für Theorie, der Foucault, der seinen Standpunkt wechselt wie die palinodischen Politiker, die Gesinnungslumpen aus der Suche nach der verlorenen Zeit (und aus unseren Tagen): »die Politiker erinnern sich nicht an den Standpunkt, auf den sie sich in einem bestimmten Moment gestellt haben, und einige ihrer Meinungsänderungen rühren weniger von einem Übermaß an Eifer her, als von einem Mangel an Gedächtnis« (Marcel Proust, À la recherche du temps perdu, Band V [La Prisonnière], Gallimard: Paris 1992, S. 36). Der Foucault, der sich am Schluss der Archäologie des Wissens einer Auto-Inquisition ausliefert: »Und mit ziemlicher Unverfrorenheit haben Sie Ihre Unfähigkeit als Methode verkleidet« (Archäologie, S. 283). Der Foucault, der – ebenfalls am Schluss der Archäologie – freimütig bekundet, gerne zu spielen und »keine besondere Neigung zur Interpretation« (ebd. S. 287) zu haben. Der Foucault, der nach dem Tod Gottes auch noch den Tod des Autors aufschreibt. Der Foucault, bei dem der Mensch sich auslöscht, wie am Strand ein Sandgesicht von den Wellen fortgespült wird.

Theorie in der Forschungspraxis – Foucault würde sich sicher köstlich amüsieren: »nein, nein, ich bin nicht da, wo Ihr mich vermutet, sondern ich stehe hier, von wo aus ich Euch lachend ansehe« (ebd. S. 30). Foucault – ein Ansatz? Ein Forschungsansatz? Ein Umsetzungsprogramm?

Der Ansatz – das, was beginnt. Foucaults Ansatz besteht in dem, was er »vorher«, in der Einleitung zur Archäologie des Wissens »sagt«: »Ich bin weder dies noch das« (ebd. S. 30).

Dieser Ansatz war verantwortlich dafür, dass Foucaults Sätze kaum einmal in der sogenannten Geschichtswissenschaft, geschweige denn in der Rechtsgeschichte angekommen sind. Das heißt natürlich nicht, dass Foucaults Sätze, vor allem seine Begriffsschöpfungen, nicht allerorten zitiert worden wären – Foucault zitiert sich, nebenbei bemerkt, selbst fast nie. Das heißt natürlich auch nicht, dass über »Foucault« nicht nachgedacht, geredet und geschrieben würde. Das Phänomen »Foucault« war und ist in aller Munde, vor allem in Frankreich und noch mehr in Amerika, wo man rasch alle möglichen Ansätze assimiliert. Und auch in Deutschland sammeln die unvermeidlichen Sammelbände Analysen – Diskursanalysen, Machtanalysen, Disziplinanalysen. Alle möglichen Geschichten gingen nun zur Analyse. So wurde Foucault dressiert, auf die eine oder andere Weise.

Foucault hat sich als Historiker gesehen: »Je ne fais que de l'histoire« (Dits et écrits, Band IV [1980–1988], Gallimard: Paris 1994, S. 77). Historiker haben Foucault als Spinner gesehen. Ein Wahnsinniger. Foucault – ein Rattenfänger, einen »kryptonormativistischen Rattenfänger« hat ihn Hans-Ulrich Wehler (Die Herausforderung der Kulturgeschichte, C. H. Beck: München 1998, S. 91) genannt. Foucault: ein politisch bornierter Maoist, Verehrer des Khomeini-Regimes, ein intellektuell Unredlicher, ein von jeder Kenntnis der Hermeneutik Unbeleckter, ein postmoderner Denkverwilderer, ein empirisch absolut unzuverlässiger Scharlatan, ein wissenschaftlicher Nebelwerfer, ein Finsterling, ein Verächter der Aufklärung, ein Handlanger Hitlers und Beleidiger der Menschenrechte (die Entente von »Der Tod des Menschen« und von »Mein Kampf«), ein kranker Geist, ein schwuler Abnormaler. Als Anfang der 90er Jahre des vergangenen Jahrhunderts das Frankfurter Graduiertenkolleg für Rechtsgeschichte mit einer zaghaften Nennung von »Foucault« konfrontiert wurde, hieß es, so könne man vielleicht in Frankreich denken, aber nicht in Deutschland.

Geh doch nach drüben. Die Archäologie des Wissens erschien 1969. Foucault war engagiert. Politisch, wissenschaftlich, poetisch, künstlerisch. Er war immer drüben. Es kommt auf den Standpunkt an, und der kann wechseln.

Foucault – Foucault ist der Infragesteller des Dokuments, des Archivs, des Menschen, des Diskurses. Diskursive Regelmäßigkeiten. Dies ist kein Entdeckungs- und Anwendungsprogramm, der Positivismus der Regel verdient keine Apotheose. Das Gewimmel sprachlicher Spuren, das Gekritzel, die unendlichen Notizen, Papiere, Bücher bleiben eine rätselhafte Masse. Eine Masse, die der Theorie bedarf. Diese Theorie bietet die Archäologie des Wissens. Was heißt hier Theorie? Anschauung, Betrachtung, Beobachtung, Unterstellung, Vermutung. Theorie bedeutet: Hinschauen. Und Theorie bedeutet nicht: Subsumtion. Die theoretische Anstrengung à la Foucault kann zu dem führen, was in der Archäologie des Wissens annonciert wird: »Daß man gezwungen ist, die Werke aufzulösen, die Einflüsse und Traditionen zu ignorieren, definitiv die Frage nach dem Ursprung aufzugeben, die beherrschende Präsenz der Autoren verschwinden zu lassen, und daß so all das verschwindet, was im Eigentlichen die Geschichte der Ideen bildete. Die Gefahr besteht also insgesamt darin, daß man, anstatt eine Begründung für das bereits Existierende zu liefern, anstatt in vollen Zügen skizzierte Linien noch einmal zu durchlaufen, anstatt durch diese Wiederkehr und diese schließliche Bestätigung sich zu vergewissern, anstatt den glücklichen Kreis zu vollenden, der schließlich nach tausend Listen und soviel Nächten verkündet, daß alles gerettet ist, gezwungen ist, die vertrauten Landschaften zu verlassen und fern von den gewohnten Garantien auf ein neues Gebiet vorzustoßen, das man noch nicht gerastert hat, und hin zu einem Endpunkt zu gelangen, der nicht leicht vorherzusehen ist« (S. 59).

Die Berufskleidung der Historiker ist das Kettenhemd, dessen eiserne Fäden aus einem Gewirr von Qualifikations- und Projektarbeiten gewirkt sind. Die neuen Ufer, die Foucault entdecken wollte, bleiben den Historikern und Rechtshistorikern unbekannt, weil sie auf das Existierende starren. Das Existierende ist ihr Gegenstand, und genau damit haben sie diesen verloren, denn das Existierende existiert nicht, nicht in der Gegenwart und nicht in der Vergangenheit. Foucault hat die historische Wahrheit verabschiedet, um sich den Wahrheitspolitiken, den jeweils unterschiedlich möglichen Knoten im Netz der Diskurse, zu widmen. Historiker können offenbar so nicht denken, weil sie sonst ihre inzwischen zweihundert Jahre andauernden Bemühungen, Wissenschaftler zu werden und Wissenschafter zu sein, aufgeben müssten. Fakultäten, Lehrstühle, Zeitschriften, Institute, Projekte, Drittmittel – die historische Wissenschaft hat sich inzwischen komfortabel eingerichtet, institutionalisiert. Die Jagd nach der historischen Wahrheit und nach der historischen Begründung lässt kaum Transformationen und Transgressionen zu. Kant hatte einst dazu aufgefordert: »Habe Mut, dich deines eigenen Verstandes zu bedienen!« und damit den Wahlspruch der Aufklärung formuliert (Beantwortung der Frage: Was ist Aufklärung?, in: Werke in sechs Bänden, hrsg. von Wilhelm Weischedel, Band VI, Wissenschaftliche Buchgesellschaft: Darmstadt 1983, S. 51 ff., 53). Sapere aude! Die Historiker, und gerade die Foucault-Ansatz-Historiker, die Foucault-Benutzer, die Foucault-Zitierer, haben sich der Werkzeugkiste Foucaults nie wirklich bedient. Dabei hat er ein ganzes Arsenal von »Instrumenten, Gebrauchsgegenständen, Waffen« angeboten, »Werkzeuge«, explizit zur freien Verfügung seiner Leser. Diese den Lesern geschenkte Verfügungsgewalt bedeutet, »Geschichte der Gegenwart zu schreiben« (Überwachen und Strafen. Die Geburt des Gefängnisses, 4. Aufl., Suhrkamp: Frankfurt am Main 1981, S. 43). Die Referenz der Geschichtsschreibung ist immer die Gegenwart. Historiographie ist Gegenwart. Und damit ist sie Menschenwissenschaft. Eine ständig sich verändernde Wissenschaft vom Menschen.

Das bedeutet: »Der historische Sinn – und hierin betreibt er die *wirkliche Historie* [im Original Deutsch] – führt in das Werden wieder alles das ein, was man beim Menschen für unsterblich gehalten hatte. Wir glauben an die Dauerhaftigkeit der Gefühle? Doch sie alle – und besonders jene, die uns als die vornehmsten und selbstlosesten erscheinen, haben eine Geschichte. Wir glauben an die dumpfe Beständigkeit der Instinkte, und wir stellen uns vor, dass sie immer am Werk sind, hier und dort, jetzt wie einst. Aber das historische Wissen hat keine Schwierigkeiten, sie zu zerstückeln, ihre Wandlungen zu zeigen, ihre starken und schwachen Momente zu kennzeichnen, ihre wechselnden Herrschaftszeiten zu identifizieren, ihre langsame Herstellung und die Bewegungen zu erfassen, durch die sie es – gegen sich selbst gewendet – auf ihre eigene Zerstörung absehen. Wir denken in jedem Fall, dass der Körper keine anderen Gesetze als die seiner Physiologie kennt und dass er der Geschichte entwischt. Wieder ein Irrtum; er ist einer Serie von Lebensweisen ausgesetzt, die ihn formen; er wird gewöhnt an Arbeitsrhythmen, Ruhe und Feste, er wird vergiftet – von Nahrungsmitteln und von Werten, von Essgewohnheiten und moralischen Gesetzen; er schafft sich Widerstandskräfte. Die ›wirkliche‹ Historie [histoire ›effective‹] unterscheidet sich von derjenigen der Historiker dadurch, dass sie sich auf keine Konstanz stützt: nichts am Menschen – nicht einmal sein Körper – ist fest genug, um die anderen Menschen zu verstehen und sich in ihnen wiederzuerkennen« (Michel Foucault: Nietzsche, la généalogie, l'histoire, in: Dits et écrits, Band II [1970–1975], Gallimard: Paris 1994, S. 136 ff., 147).

Diese »radikale Geschichtsschreibung«, dieser »gnadenlose Historismus«, wie Habermas das einmal genannt hat (Der philosophische Diskurs der Moderne, 3. Aufl., Suhrkamp: 1986, S. 296), ein Historismus, der nicht mehr zwischen Gegenstand und Gegenstandserkenntnis zu unterscheiden vermag, ein Historismus, der den Interpreten interpretiert, ausstellt, entlarvt, ein Historismus, der den Historiker historisiert – dieser radikale Historismus hat bei den Historikern hysterische Reaktionen hervorgerufen. Zur Selbstauslöschung sind die Historiker, was wenig überrascht, nicht bereit. Sie verstehen die Bodenlosigkeit der Diskurse nicht und schon gar nicht, dass die Bodenlosigkeit des Diskurses auch noch zum Prinzip erhoben wird. Das Leben darf kein Geheimnis sein.

Und die Rechtshistoriker? Die Rechtshistoriker schweigen. Die Regeln der Diskursanalyse, die diskursiven Regelmäßigkeiten, sind ihnen als Historiker zu bodenlos. Und die späteren Machtanalysen als Juristen zu rechtlos. Rechtshistoriker sind als Juristen naturgemäß überzeugt: Recht ist wichtig. Foucault hat das Recht nur als einen Aspekt der Normalisierungs- und Disziplinierungsgesellschaft wahrgenommen. Schon deswegen ist es nicht erstaunlich, dass beispielsweise deutschen Policey-Forschungen zu Foucault kaum etwas einfällt, sie mit Foucault als Ansatz, als Theorie, als Inspiration nichts anzufangen wissen. Dabei hat Foucault zum Konstrukteur des Volksglücks, also zur Policey, einen wunderbaren Text geschrieben: Das Leben der infamen Menschen (La vie des hommes infâmes, in: Les Cahiers du Chemin 29, 1977). Hierin ist die andere Seite der Policeyordnungen angedeutet. Die Seite, auf der Menschen ihre Familienangehörigen bei der Polizei, direkt beim König, denunzieren. Foucault wollte ein ganzes Buch über die daraus resultierenden lettres de cachet, die königlichen, eine Verhaftung oder Verbannung anordnenden Siegelbriefe, und deren Verursacher und Opfer, diese geringsten, schwächsten unter den Menschen, schreiben. Über die Menschen, die das Lebenselixier der Mächtigen sind. Menschen, die eine geheime Staatspolizei immer schätzt, denn ohne sie hätte die Gestapo nichts zu tun. Geblieben ist ein kurzer Text, wenige Seiten lang. Aber an dieser Einleitung zu einem nie geschriebenen Werk kann man gut studieren, warum die Historiker und Rechtshistoriker Foucault vergessen.

Sie vergessen ihn, weil er sich nicht um die Wissenschaft der Geschichte und der Rechtsgeschichte schert. Wenn Wahrheit und Wissen zum Diskurs »verkommen« – so sagen buhend die Wissenschaftsdogmatiker – oder nur als Diskurs erscheinen können – so sagen applaudierend die Wissenschaftskünstler –, dann bleibt nur noch Stil. »Es schien mir zum Beispiel, als sei die medizinische Wissenschaft seit dem 19. Jahrhundert weniger durch ihre Gegenstände oder ihre Begriffe als durch einen bestimmten Stil, einen bestimmten konstanten Charakter der Äußerung charakterisiert«, heißt es in der Archäologie des Wissens (S. 51).

Foucault ist weder Ansatz noch gar Theorie. Seine epigonalen Anwender sind von ihm genausoweit entfernt wie seine frenetischen Gegner. Nein, Foucault hat und ist: Stil. Und es ist der Grundton der Foucaultschen Sätze, der die aus diesen Sätzen gebauten Werke so einzigartig macht. Die Geschichte als Wissenschaft löscht den Stil, den am Subjekt haftenden Stil, aus. Es bleibt nur objektive Ödnis, die als Wahrheit verkauft von jedem anderen hätte erzeugt werden können. Objektivität ist prinzipiell stillos. Die Geschichte der Geschichtswissenschaft ist deren Ausbruch aus den Stilen der Geschichtsschreibung. »Wissenschaft aus Kunst«, so wie Daniel Fulda (de Gruyter: Berlin, New York 1996) diesen Prozess genannt hat – das bedeutet, dass die Wissenschaft sich aus der Kunst fortstiehlt, um dem flüchtigen, persönlichen, dem Dich Ansprechenden zu entgehen. Foucault spricht Dich, spricht jeden einzelnen Leser an. Seine Sätze brennen sich in den, der überhaupt entflammbar ist, unauslöschlich ein. Foucault ist ein Schriftsteller, ein Geschichten-Macher, ein Poet. Poesie aber bietet keinen Ansatz und keine subsumierbare Theorie an. Poesie ist Poesie.

Der Wahnsinn, das Absehen von dem einen Sinn, begann, als klar wurde, dass alles in der Welt ohnehin nur da ist, um in Büchern zu enden. Seitdem alles in der Welt in Bücher eingeht, seitdem unsere Tage schwarz und weiß sind, seitdem kommt es auf den Stil an, bleibt nur Stil übrig. Keine Ansätze, keine Theorien – es muss geschrieben werden: das Alphabet des Rechts. Und das, was aufgeschrieben wird, ist nur aufgeschrieben. Der Text verweist auf den Text. Dahinter ist nichts. Foucault – das bedeutet das Ernstnehmen des Stils, das Ernstnehmen des Literarischen an der sogenannten Wissenschaft. Sätze werden gebildet.

Foucault? Foucault hat einmal etwas über das Imaginäre, das zwischen dem Buch und der Lampe logiert, geschrieben, in der Einleitung zur »Versuchung des Heiligen Antonius« von Gustave Flaubert. Ob das ein Forschungsansatz ist? Ob das der Wahnsinn ist? Es ist ein Stil, der aus jedem Korn des entwickelten Films herauslugt, des Films, auf den ein Kopf, eine Hand, der Schein einer Lampe und eine Wasserkaraffe gebannt sind.

Postscriptum

»Le style est l'homme même«, sagte Georges-Louis Leclerc, comte de Buffon, in seiner Rede anlässlich der Aufnahme in die Académie française am 25. August 1753. Der Discours sur le style gilt bis heute als eine der besten Antrittsreden eines Unsterblichen. Wissenschaft und Literatur, Gegenstand und Gegenstandserkenntnis, Dargestelltes und Darstellung sind seither, unter der Herrschaft von Kritik und Positivismus, voneinander abgefallen (siehe hierzu Wolf Lepenies, Das Ende der Naturgeschichte. Wandel kultureller Selbstverständlichkeiten in den Wissenschaften des 18. und 19. Jahrhunderts, Hanser: München, Wien 1976, insbesondere S. 133 ff.). Mit Foucault ist der Stil, der Stil des Diskurses und der Diskurs des Stils, wieder auf die Bühne der Wissenschaft getreten. Das zweihundert Jahre während Trennungsdenken wird nun selbst zu einer Stilfrage. Ludwig Wittgenstein bemerkte bereits 1949: »›Le style c'est l'homme‹, ›Le style c'est l'homme même‹. Der erste Ausdruck hat eine billige epigrammatische Kürze. Der zweite, richtige [wenn man vom »c'« absieht, R.M.K.], eröffnet eine ganz andere Perspektive. Er sagt, daß der Stil das *Bild* des Menschen sei« (Werkausgabe Band 8, Suhrkamp: Frankfurt am Main 1984, S. 561).

Zum »Ton von Theorien« siehe Rainer Paris in: Merkur 56 (2002), S. 1109 ff., und auch Karl Heinz Bohrer, Stil oder »maniera«. Zu Aktualität und Geschichte eines nationalen Unvermögens, ebenda, S. 1057 ff. Zum »juristischen Schreiben im 18. Jahrhundert« nunmehr Michael Wieczorrek, »Stil und Status«, in dem von Ulrich Kronauer und Jörg Garber herausgegebenen Band »Recht und Sprache in der deutschen Aufklärung«, Niemeyer: Tübin-

gen 2001, S. 99 ff. Zu »Denken als Geste« bei Foucault und seiner selbstauslöschenden, prinzipiellen Bodenlosigkeit siehe Peter
Bürger in: François Ewald/Bernhard Waldenfels (Hrsg.), Spiele
der Wahrheit. Michel Foucaults Denken, Suhrkamp: Frankfurt
am Main 1991, S. 89 ff., 94, 97. Michèle Bancilhon hat Michel Foucault fotografiert. Das Foto befindet sich auf dem Umschlag des
von Marcus S. Kleiner herausgegebenen Bandes: Michel Foucault.
Eine Einführung in sein Denken, Campus: Frankfurt am Main/
New York 2001. Wenn nicht anders vermerkt, sind Übersetzungen ins Deutsche (auch im Folgenden) von R.M.K.

Prospekt

Alfred Kralik war Angestellter bei den Gebrüdern Matutschek, einem Budapester Lederwarenhaus, in den dreißiger Jahren des vergangenen Jahrhunderts. Er hatte die Position des Ersten Verkäufers erreicht und brachte in der virtuosesten Art Portemonnaies an den Mann und Handtaschen an die Frau. Doch Kralik hatte Höheres im Sinn. Er wollte etwas über Kunst, Literatur und das Leben der Menschen in Brasilien erfahren. Kralik hatte nicht viel Geld und auch nicht viel Zeit – schließlich arbeitete er in abhängiger Stellung von früh bis spät. Also suchte er im Anzeigenteil einer Zeitung nach einer gebrauchten Enzyklopädie. Aber er irrte sich in der Seite und schlug die Kontaktanzeigen auf, wo sein Blick auf die Annonce einer Frau fiel, die gern kulturelle Korrespondenz betreiben wollte. Kralik vergaß die Enzyklopädie und das von ihr versprochene Wissen und wendete sich dem Leben zu und schrieb Briefe und erhielt Briefe. Die Herzensbildung war Herzensbildung, die brieflich übertragene Kultur war abgeschriebener Victor Hugo.

Alfred Kralik wurde von James Stewart gespielt, in »The Shop around the Corner«. Ernst Lubitsch. 1940. Schon damals hatte die Enzyklopädie keine Zukunft. Sie war gegenüber dem blutgetränkten Leben, gegenüber dem, was passiert, gegenüber der Gegenwart ein bedeutungsloser Vorfall. Die Enzyklopädie war als Projekt längst an ihrem Ende angelangt. Was war das Projekt gewesen?

Das Unternehmen »Enzyklopädie« bestand seit jeher darin, dem Wissen ein Zuhause zu geben. Bezeichnenderweise ist das Wissen über diese Wissensgebäude vollkommen unvollkommen. Herkunftsgeschichten zu »Enzyklopädie« basieren bis heute auf Phantasie. Klar ist nur: Immer schon und auf der ganzen Welt haben Menschen ihr Wissen gesammelt, geordnet und aufgeschrieben. Die größten Labyrinthe des Wissens finden sich in China.

Ein Projekt wurde die Enzyklopädie aber erst mit Denis Diderot. Im Jahre 1751 bestand es darin, alle Kenntnisse der Menschen in ihrem Zusammenhang und ihrer Verkettung auf der Grundlage des aus Gedächtnis, Vernunft und Einbildungskraft gespeisten Verstandes aufzuschreiben und zu illustrieren. Mémoire, Raison, Imagination – das waren die Pfeiler des Projekts, das damit die Enzyklopädistik auf eine neue Stufe hob. Es sollte nicht mehr um die reine Sammlung, die Addition des Wissens gehen, sondern der Gegenwart ein Bild der Zukunft entworfen werden. Zum Nachdenken und als Programm. Damit gewann die Enzyklopädie einen politischen Impetus, der viele der Lemmata – mehr als 70 000 – in verschiedener und mehr oder weniger versteckter Weise beseelte.

Doch die *encyclopédie* blieb ein einmaliges Unternehmen. In ihr wurde – vielleicht nur dieses eine Mal in der Geschichte der Speicher des Wissens – die Lücke des Wissens unscheinbar, da Vernunft und Einbildungskraft ihrer Schwester, dem unvollkommenen Wissen, zur Hilfe kamen und das bloße, immer nur lückenhafte, Wissen transzendierten.

Strenggenommen duldet eine Enzyklopädie jedoch überhaupt keine Auslassung. Und so wurden Enzyklopädien vor und nach Diderot angelegt. Als lückenlose Speicher der Vergangenheit. Denn das ist das Kennzeichen der Enzyklopädien, Lexika, Schatzkammern oder Archive: Sie bewahren das Vergangene auf. Alles, was Menschen gedacht, gesehen, gebaut, geschmeckt, gefühlt, geschrieben und gerochen haben, alles, was gewesen war, saugte die enzyklopädische Verdauungsapparatur des Geistes seit Jahrhunderten in sich hinein. Je schneller aber die Gegenwart an die Vergangenheit rückte, desto schwieriger wurde das allumfassende Sammeln. Nun wurden Auslassungen das Hauptmerkmal aller Wissenssammlungen, weshalb immer mehr aufgefüllt werden musste, vor allem in Frankreich, England und Deutschland. Hunderte, Tausende von Bänden erschienen seit dem 18. Jahrhundert, im Wahn, das Wissen feststellen, stillstellen, verhaften zu können. Doch das Wissen klebte an der Zeit, und die Zeit beschleunigte sich. Das Vergangene wurde in den Jahrzehnten um 1800 immer schneller abgestreift, die Zukunft immer näher an die Gegenwart gezogen und damit die Gegenwart zu einem radikal vorübergehenden Moment. Enzyklopädien sind Momentaufnahmen, Gegenwartsprojekte. Und damit geraten sie in einer fortschreitenden Zeit zu bloßen Speichern einer ephemeren vergangenen Gegenwart. Zu Speichern, die dem Paradox eines jeden Speichers des Wissens ausgeliefert sind: Da alles, was passiert, immer nur jetzt passiert, da alles, was »gespeichert« ist, nur jetzt erweckt werden kann, da die Gegenwart die unhintergehbare Erzeugerin der Vergangenheit ist, ja, da die Vergangenheit nicht passieren kann und das Jetzt der Herrscher des Wissens ist – deshalb kann das Wissen nicht aufbewahrt werden und deshalb sind Speicher nichts anderes als Phantasma vorbeiziehender gegenwärtiger Zeiten.

Die unglaubliche Beschleunigung der Zeit, die ihren Anfang mit den Eisenbahnen des 19. Jahrhunderts nahm und ihren vorläufigen Höhepunkt in der aktuellen Gleichzeitigkeit weltweiter Kommunikationen findet, hat zur stetigen Auflösung der enzyklopädischen Gattung geführt. Naturwissenschaftliche Enzyklopädien sind zum Zeitpunkt ihres Erscheinens bereits hoffnungslos veraltet, und auch die stets lahmfüßigen geistes-, sozial- oder kulturwissenschaftlichen Enzyklopädien, wie etwa die kürzlich im Tradition und Hypermoderne verschweißenden Elsevier Verlag erschienene enorme Encyclopedia of the Social and Behavioral Sciences, können nichts anderes sein als Referenzwerke und damit Schädelstätten einer vergangenen Vergangenheit. Die klassische wissenschaftliche Enzyklopädie als literarisches Unternehmen, das Wissen der Zeit zu archivieren, hat ihre Zeit gehabt. Das Ganze der Welt und das Ganze der Teile der Welt war und ist nicht mehr zu fassen. Die Welt wurde spätestens ab dem Jahr 1900 unfassbar. Es war zuviel geworden. In der grenzenlosen Realität brachen die Enzyklopädien auseinander. Die Enzyklopädien zerbrachen an der Welt, am Leben, an den vielen Leben – sie zerbrachen an Alfred Kralik.

Wir können also festhalten: Nachdem die Vergangenheit ausgedient hat, nachdem die Gegenwart ihre Mutter – die Vergangenheit der Tatsachen – aufgefressen hat, nachdem die Gegenwart alles Geschehene okkupiert hat, übernimmt das Jetzt, das allgegenwärtige Jetzt die Herrschaft über das Handeln und Denken der Menschen. In dieser Situation sind Enzyklopädien unzeitgemäß. Als Werke, die immer nur Referenz sind, verstopfen sie unsere Bibliotheken mit stinkendem Papier und leisten der von Robert Burton am eindringlichsten perhorreszierten, uralten, offenbar unheilbaren Krankheit Vorschub, schreiben zu wollen. Für Enzyklopädien gilt im Besonderen das, was für fast alle Bücher gilt. Wer will diesen unzählbar oft aufgewärmten Kohl essen? Erdrückt nicht das unglaubliche Chaos der in Büchern abgelegten enzyklopädischen Kenntnisse unseren Geist? Ja, welcher Unersättliche wird noch eine Enzyklopädie lesen?

Alfred Kralik brauchte in dem Augenblick keine Enzyklopädie mehr, als das Leben in ihn einbrach. Das Recht hat ständig und ausschließlich mit einbrechendem Leben zu tun – mit Fällen. Im Gegensatz zum Fall des Budapester Maroquineristen führte diese Vitalität über Jahrhunderte hinweg nicht zu einer Abwesenheit enzyklopädischer und alphabetischer Arrangements des Wissens wie des Rechtswissens. Im Gegenteil. Die Geschichte der Versuche, dem Recht ein geordnetes, gesammeltes, komplettes Zuhause zu geben, wird nun in fünfundzwanzig Facetten, alphabetisch geordnet, erzählt – in der Hoffnung auf unersättliche Leser.

Anbruch

Am Anfang steht das Ende. Nicht das Ende der Geschichte, das Ende der Welt oder das Ende der Menschheit. Auch nicht das Ende des Rechts, um das es in diesem Alphabet in der Hauptsache – wenn auch vom Rand her betrachtet – gehen wird. Aber das Ende einer Vorstellung, die nicht immer in gleicher Weise vorgeherrscht hatte, doch nicht aufgehört hat einzuleuchten, seitdem Menschen von anderen Menschen erwarten, wie sie sich verhalten sollen, und seitdem sie diese normativen Vorstellungen in jenen Zusammenrottungen, die später Gesellschaften genannt wurden, zu einem Apparat der Organisation des gemeinsamen Lebens zusammensetzten – Recht. Um welche Vorstellung handelt es sich? Um die Vorstellung, dass dieser normative Apparat oder Organismus, diese Masse an Recht, dieser Kitt, der die Handlungen der Menschen von innen her, mag er sich auch auf ein Äußeres gründen, zusammenhält, prinzipiell erkennbar und darstellbar ist – als Ganzes. Die Idee, das Ganze des Rechts könne und müsse festgehalten werden, ist so alt wie das Recht selbst. Von den petrifizierten Rechten der antiken Welt auf mächtigen mesopotamischen Stelen über die handgeschriebenen Sammlungen der Spätantike bis zu den gedruckten Gesetzbüchern der bürgerlichen und industriellen Welt ist Recht keine partikulare, sondern eine umfassende Unternehmung gewesen.

Aber es gab Zeiten, in denen das Ganze des Rechts nicht mit dauerhafter, in Stein gehauener, Materialität in die Welt gesetzt wurde. In der antiken Welt Roms geriet das Gesetz der zwölf Tafeln nicht zum unverwüstlichen Digestum. Und in der Neuzeit, als gedruckte Bücher die Meinungen der Juristen in alle Welt zerstreuten, gab es zwar einen einzigen, allmächtigen Begründer des Rechts, der sich abwechselnd in das Gewand Gottes, der Natur oder der Vernunft kleidete, doch vereitelten die Menschen in der Gesellschaft die einheitliche Darbietung des normativen Theaters. Die Laiendarsteller ließen sich immer neue Handlungen einfallen, die den professionellen Schaustellern der Jurisprudenz immer mehr und immer mehr verschiedene und gar sich widersprechende Antworten abrangen. Die Einheit der Rechtsordnung, die im Zeitalter der Renaissance, des Barock und der Aufklärung noch nicht so genannt wurde, blieb allerdings ein Wunsch für die Ordnung der Sozietät. Einer Sozietät, die durch Handel, Buchdruck, Reisen und Krieg sich im Plural wahrnahm und fremden Gewohnheiten ausgesetzt wurde – Rechtsgewohnheiten. Vom 16. bis zum 19. Jahrhundert versuchte Europa in unterschiedlich ausgeprägter Weise, die Vorstellung der Ganzheit des Rechts zu verfolgen. Eine Waffengattung bei der Jagd nach dem Ganzen waren Enzyklopädien und Alphabete des Rechts.

Am Anfang steht das Ende. Das Ende für die zahlreichen ganzheitsverliebten Alphabete und Enzyklopädien des Rechts kam im 19. Jahrhundert. In Frankreich am Anfang, in Deutschland am Ende dieser hundert Jahre. Die beiden berühmtesten Gesetzbücher der Welt markieren die beiden Enden. Mit dem Code civil und dem Bürgerlichen Gesetzbuch wurde 1804 und 1900 ein neues Aufschreibesystem geschaffen, das in beiden Fällen das zuvor so vielfältige und mehrstimmige und unerhörte Recht festhalten, stillstellen, verzeichnen, begründen sollte. Das Recht bezog sich nun auf das Recht. Auf sich selbst. Mit dem Tod Gottes kam die Selbstreferenz – aufgeschrieben. Den Zweck dieses vom alten Notieren und Niederlegen und einfachen Schreiben so unterschiedenen neuen Aufschreibens sah niemand luzider als der Sohn des ersten Schrebergärtners.

Senatspräsident am Oberlandesgericht Dresden Daniel Paul Schreber, Doctor juris, bemerkte 1903: »Außerdem dient das Aufschreiben noch zu einem besonderen Kunstgriff [...] Man glaubte mit dem Aufschreiben den bei mir möglichen Gedankenvorrath erschöpfen zu können, sodaß schließlich einmal ein Zeitpunkt kommen müsse, wo neue Gedanken bei mir nicht mehr zum Vorschein kommen könnten.« Die alten mündlichen und schriftlichen Rechte, wie sie in verzweigten und diversen

Rechtsquellenhierarchien theoretisch verortet, in Gutachten, Papieren, Lehrbüchern, Enzyklopädien und Lexika geordnet und in den juristischen Urteilen ausgesprochen worden waren, wichen dem einen generellen Gesetz, das Antworten für das Leben bot, in völliger Erschöpfung des Vorrats an Problemen und Lösungen. »Das erwähnte Aufschreibesystem ist eine Thatsache, die anderen Menschen auch nur einigermaßen verständlich zu machen außerordentlich schwer fallen wird […] Man unterhält *Bücher oder sonstige Aufzeichnungen*, in denen nun schon seit Jahren alle meine Gedanken, alle meine Redewendungen, alle meine Gebrauchsgegenstände, alle sonst in meinem Besitze oder meiner Nähe befindlichen Sachen, alle Personen, mit denen ich verkehre usw. *aufgeschrieben* werden«. In den Motiven und Protokollen, in den travaux préparartoires und procès verbaux zu den beiden großen Gesetzbüchern, wurde in der Tat alles verzeichnet, was ge- und bedacht werden konnte. Nichts ist weggelassen worden. Die Bände sind zahlreich und münden alle in dem einen Buch, dem Gesetzbuch. Und dieses hat keinen Autor mehr: »Wer das Aufschreiben besorgt, vermag ich ebenfalls nicht mit Sicherheit zu sagen […] [ich] vermuthe, dass das Aufschreiben von Wesen besorgt wird, denen auf entfernten Weltkörpern sitzend […] menschliche Gestalt gegeben ist, die aber ihrerseits des Geistes völlig entbehren und denen von vorübergehenden Strahlen die Feder zu dem ganz mechanisch von ihnen besorgten Geschäfte des Aufschreibens sozusagen in die Hand gedrückt wird, dergestalt, daß später hervorziehende Strahlen das Aufgeschriebene wieder einsehen können.« Das Recht im Gesetz ist nicht mehr abhängig (von einem Geber), und es ist auch nicht willkürlich, es ist als Recht auf sich selbst geworfen. Das positive Gesetz hat so am Anfang und am Ende des 19. Jahrhunderts seine neue Mechanik erhalten: Es ist, wie Rudolf Wiethölter formulierte, »Recht als Recht durch Recht« geworden.

Doch Schreber junior sah genau, dass diese Erschöpfung des Rechts »auf einer gänzlichen Verkennung des menschlichen Denkens beruht«. Die Vorstellung des Feststellens, Anhaltens,

Stillstellens der Produktivkräfte »ist natürlich völlig absurd, da das menschliche Denken unerschöpflich ist und z. B. das Lesen eines Buches, einer Zeitung usw. stets neue Gedanken anregt«. Und so besteht der erwähnte Kunstgriff darin, »daß, sobald ein bereits früher einmal in mir entstandener und daher schon aufgeschriebener Gedanke wiederkehrte – eine solche Wiederkehr ist natürlich bei sehr zahlreichen Gedanken ganz unvermeidlich [...] – man nach Wahrnehmung des betreffenden Gedankenkeims den heranziehenden Strahlen ein ›Das haben wir schon‹ (gesprochen: ›hammirschon‹) scil. aufgeschrieben, mit auf den Weg gab«. Und so war es bei den beiden Gesetzbüchern: Alles war in ihnen enthalten, die Vergangenheit der Suche nach dem Ganzen des Rechts konnte abgelegt werden, war das Ganze doch nun realisiert – und dennoch waren die Provokationen des Lebens und die (Re)Aktionen des Rechts unerschöpflich phantasiereich.

Senatspräsident Schreber war ein Irrer. Nachdem er bereits in seiner Zeit als Landgerichtsdirektor in Chemnitz 1884 und 1885 sechs Monate in der Nervenklinik verbracht hatte, wurde er kurz nach seiner zum 1. Oktober 1893 erfolgten Berufung auf die zweithöchste Richterstelle Sachsens in die Nervenklinik der Leipziger Universität, wieder bei Professor Flechsig, seinem »Seelenmörder«, eingeliefert. 1902 wurde Schreber entlassen und erhielt seine ihm zuvor entzogene Mündigkeit zurück. 1900 hatte er die Hauptteile seiner »Denkwürdigkeiten eines Nervenkranken« geschrieben, die 1903 als Buch erschienen, 1907 kam er bis zu seinem Tod 1911 wieder in die Anstalt.

Irresein. Das heißt, dass die Repräsentationen der Repräsentanten das Repräsentierte, die Dingwelt, die Realität überwuchern. Die Phantasie kommt an die Macht. Die Signifikanten übernehmen das Nach-Denken. Und sie okkupieren den Platz des Rechts, das weder mit dem vermeintlich konkreten Code civil noch mit dem vermeintlich abstrakten BGB stillgestellt werden konnte. Nach der Realisierung des ganzen, einheitlichen und begreifbaren Rechts in den Gesetzbüchern

Frankreichs wie Deutschlands ließen sich die einzelnen, verschiedenen und dunklen Meinungen zum Recht nicht durch das Gesetz zähmen. Die Vereinheitlichung (der Jurisprudenz) trat nicht ein. Die divergente Masse an Rechtsansichten wurde gerade nicht geringer nach der Installierung des einen ganzen Rechts für alle, als das Gesetz den totalitären Gedanken der Enzyklopädie und des Alphabets sublimierte. Der Begriff der Lücke konnte erst jetzt, da das Ganze realisiert schien, überhaupt aufkommen. Die juristische Phrasenmaschine ließ das Recht über die Ufer treten. Das Recht funktionierte zwar noch, aber es funktionierte nur noch. Der Grund, die Einheit, das Ganze des Rechts ließen sich nicht mehr begreifen. Sie zerstoben in den Wirbelwinden der juristischen Interpretation, die auf jeden Zwischenfall eine neue Antwort kreierte. Diese abgrundtiefe Grundlosigkeit und argumentative Uferlosigkeit des Rechtssystems durfte nicht offenbar werden. Denn, wie könnte sich eine Gesellschaft bewusst aufgrund grundlosen Rechts organisieren? Eingebettet in die industrielle Revolution, stellte die Beobachtung und Beschreibung des Rechtsdiskurses dementsprechend von Begründung auf Funktion um. Recht funktionierte. Warum, war nicht mehr die Frage, durfte nicht mehr die Frage sein, weil es keine Antwort mehr darauf geben konnte.

Die Bezeichnungen wachsen also dem Bezeichneten über den Kopf. Was bleibt, nach der Installation der unitarischen Kodifikation, sind Bücher und Entscheidungen, die wiederum zu Büchern werden. Diese hatten nichts mehr gemein mit den alten juristischen Enzyklopädien und Alphabeten des Rechts, welche die Welt des Rechts einzufangen suchten – wie damals im klassischen Zeitalter der Repräsentation, als die Vorstellung noch von der Welt abhing. Einzufangen war nichts mehr. Für die Rechtssucher, die Rechtsgeber und die Rechtsdenker blieb gerade noch so viel Sicherheit übrig, wie ein Zinnsoldat unter sich hat, um nicht umzufallen.

Die Welt, auch die Welt der Rechtsansichten, war nach 1900 nicht mehr in Büchern eingrenzbar. Es war zu viel geworden.

Keine Einheit, keine Ganzheit, keine Klarheit zeigte sich am Horizont. Im ersten modernen deutschen *Irr*ealitätsroman ahnte Malte Laurids Brigge das neue Problem dieser »immensen Wirklichkeit«, die 1910 emblematisch Paris hieß, diese hypermoderne Stadt, in der fabrikmäßig gestorben wird, in der sich hüpfende Männer von der Brücke stürzen und in der so viele Leute in der Bibliothèque Nationale sitzen und »in den Büchern« sind. Rainer Maria Rilkes Alter Ego sah, »daß man nicht das Recht hatte, ein Buch aufzuschlagen, wenn man sich nicht verpflichtete, alle zu lesen«. Warum? »Mit jeder Zeile brach man die Welt an. Vor den Büchern war sie heil und vielleicht ganz dahinter.« Damit sie ganz bleibt, muss man also alles lesen, das Repräsentierte und die Repräsentation zusammenbringen, die Ganzheit ins Auge fassen. Doch wie sollte dies in der »unendlichen Realität« möglich sein? Bücher. Wie sollte Malte »es mit allen aufnehmen? Da standen sie, selbst in diesem bescheidenen Bücherzimmer, in so aussichtsloser Überzahl und hielten zusammen.«

Mit dem Bürgerlichen Gesetzbuch, also ab dem 1. Januar 1900, wurde das neue Paradox des Rechts offenbar. Das eine Buch, das Buch der Bücher, der Katechismus für den Aufstieg Deutschlands zur wirtschaftlichen Weltmacht war das Buch, das alle bisherigen Bücher des Zivilrechts ersetzte. Jeder hatte das Recht, es aufzuschlagen, kein anderes gab es zu lesen. Alles war darin. Die Welt war ganz dahinter und heil. Die Bibliothek des Rechts – zusammengeschrumpft auf 2385 Paragraphen zwischen zwei Buchdeckeln. Buch und Welt waren eins. Für einen Moment. Noch am Tag der Inkraftsetzung traten Urteiler, Deuter, Ausleger, Erklärer, Glossatoren, Kommentatoren, Professoren auf den Plan und fügten dem einen Buch weitere Zeilen zu, die sich zu neuen Büchern auswuchsen. Das BGB, das die zum Teil Jahrtausende alten Ansichten des Rechts in einem Band bündeln sollte, hatte nur eine juristische Sekunde lang Erfolg. Danach driftete die Welt wieder fort. Im BGB lagen Anfang und Ende der juristischen Vielfalt geborgen, in einem bis heute andauernden paradoxen Kreislauf. Immer wenn das Bürgerliche Gesetzbuch eine Diskussion (etwa durch Änderung, Hinzufügung, Streichung eines Paragraphen) beenden soll, schafft es gerade durch diese Operation eine neue Diskussion. Das Recht lässt sich nicht stillstellen, und wenn es stillgestellt wird, gerät es just dadurch in neue Bewegung. Dieser Mechanismus versetzt den Juristen in die Situation Maltes: »Ich stürzte mich trotzig und verzweifelt von Buch zu Buch und schlug mich durch die Seiten durch wie einer, der etwas Unverhältnismäßiges zu leisten hat.«

Am Anfang steht das Ende. Das Ende liegt im Schoß des Anfangs. Das Gesetzbuch, obwohl Ersatz für alle anderen Bücher, vermochte eben diese anderen Bücher nicht zu verhindern. Und damit war die Verpflichtung, alles zu lesen, nicht mehr auf das BGB beschränkbar. Die Ganzheit wurde wieder zum Problem, nachdem sie sich für einen Augenblick eingenistet hatte. Der Schrebersche Kunstgriff hielt zwar die Idee aufrecht, jede rechtliche Lösung sei eigentlich in dem einen Buch verborgen. Doch dies funktionierte nur, soweit man das Recht als ein funktionales System ansah, in dem die Vorstellung von Ganzheit keine Rolle mehr spielt, da es nur noch auf die Geschlossenheit der Operationen ankommt. Der Abschied von der Ganzheit und die Aufmerksamkeit für die Funktion bedeutete auch die Lösung des Problems der Leseverpflichtung. Dort, wo es nicht mehr darauf ankommt zu wissen, Welt und Vorstellung zusammenzubringen, dort wo vom Heil abgesehen wird, da kann das ständige Weiterlesen, Interpretieren, Argumentieren, Phrasendreschen abgebrochen werden. Die Justiz, solange sie funktioniert – und sie funktioniert, solange sie funktioniert –, ist der neue alte Akzelerator des Rechts, dort, wo Urteile gesprochen werden, damit nicht mehr das Ganze gelesen werden muss und so weiter Urteile gesprochen werden können.

Malte konnte nicht lesen. »Ich, der nicht lesen konnte.« Darauf aber kommt es seit 1900 nicht mehr an. In einer Zeit, in der Gesetzbücher nur für den Moment des Inkrafttretens gelten, in einer Zeit, in der Gerichtspräsidenten nur für einen

Moment Gerichtspräsidenten sind, um sogleich in die Welt des Irreseins entlassen zu werden, in einer Zeit, in der endlich das Wort Friedrich Nietzsches gilt: »Das Ganze lebt überhaupt nicht mehr«, in einer solchen Zeit ist die Verpflichtung, alles zu lesen, sinnlos. Sinnlos, weil die Erfüllung der Verpflichtung »aussichtslos« ist. Deshalb kann Malte, der nicht lesen kann, sagen: »Und trotzdem las ich.«

Und so ging es weiter, dass mit jeder Zeile die Welt angebrochen wurde. Und es wird weiter geschrieben werden, damit gelesen und die Welt verletzt werden kann. »Dieser junge, belanglose Ausländer, Brigge, wird sich fünf Treppen hoch hinsetzen müssen und schreiben, Tag und Nacht: ja er wird schreiben müssen, das wird das Ende sein.«

Accessoire

Die Idee einer Sammlung des ganzen Rechts wird etwa in den Einführungskonstitutionen Justinians immer wieder hervorgehoben. In der Constitutio »Dedoken« aus dem Jahr 533, die in griechischer Sprache die Inkraftsetzung der Digesten betrifft, heißt es (1, Übersetzung nach der von Okko Behrends, Rolf Knütel, Berthold Kupisch, Hans Hermann Seiler herausgegebenen Ausgabe des Corpus Iuris Civilis, Band II, C. F. Müller: Heidelberg 1995): »Dieses Gesetzbuch haben wir Digesten oder Pandekten genannt, und wir gaben ihm diese Bezeichnung, weil es die begriffliche Ordnung und lebendige Veranschaulichung des Rechts enthält und weil es das Ganze zu Einem versammelt aufnimmt.« In der Constitutio »Deo auctore« von 530, die die Herstellung der Digesten betrifft, liest man (5, ebd.): »Und sobald dieser Stoff dank höchster göttlicher Güte gesammelt ist, gilt es, aus ihm ein herrliches Werk zu errichten und ihn gleichsam zu einem eigenen und allerheiligsten Tempel der Gerechtigkeit zu weihen und das ganze Recht [totum ius] in fünfzig Büchern und in bestimmten Titeln zu ordnen [digerere].« In der Constitutio »Omnem« (533) zur Studienreform steht gleich zu Beginn (ebd.): »Daß die gesamte

Rechtsordnung unseres Staatswesens nunmehr gereinigt ist und geordnet vorliegt, sowohl in den vier Büchern der Institutionen oder Anfangsgründe wie in den fünfzig Büchern der Digesten oder Pandekten als auch in den zwölf Büchern der kaiserlichen Konstitutionen, wer weiß das besser als ihr?« Und in der Constitutio »Tanta« aus dem Jahr 533 zur Inkraftsetzung der Digesten trifft man auf Ideen, die weit über tausend Jahre später ebenso die französischen Enzyklopädisten vertraten, wenn auch preislich nicht realisierten (12–13, ebd.): »Nachdem auf diese Weise die gesamte Ordnung des römischen Rechts zusammengestellt und in drei Bände gebracht worden ist [...] Wir haben daher als notwendig erkannt, allen Menschen diese Gesetzgebung vor Augen zu führen, damit ihnen bekannt werde, [...] daß die Menschen nicht mehr nur unter Aufwendung ganzer Vermögen Werke des Rechts voll von überflüssigen Rechtsregeln erwerben können, sondern Reichen wie Armen der für sehr wenig Geld leicht mögliche Erwerb [der neuen Rechtsbücher] offensteht, so daß für einen sehr geringen Preis die gesamte Rechtswissenschaft erworben werden kann.« Zur Idee des Ganzen im Codex Theodosianus aus dem Jahr 438/439 siehe das Lemma »Théodosien (code)« von Jean Gaudemet im »Dictionnaire de droit Canonique«, 7. Band, Letouzey et Ané: Paris 1965, Sp. 1215 ff. Der Totalitätsanspruch, alles in einem Buch zu vereinen, war auch den Glossatoren im Mittelalter eigen, zum Beispiel in der wohl berühmtesten Glosse überhaupt, der Glossa ordinaria des Accursius, in der geschrieben steht (Gl. Notitia zu D.1.1.10.2): »... omnia in corpore iuris inveniuntur ...« – siehe hierzu Hermann Lange, Römisches Recht im Mittelalter, Band 1, Beck: München 1997, S. 116 f., 362 ff.

Zur allgemeinen, bis in die ganz alten Zeiten zurückreichenden Geschichte des Rechts und dessen Aufschreibe- und Publikationsarten bietet einen raschen Zugang Uwe Wesel mit seiner »Geschichte des Rechts. Von den Frühformen bis zur Gegenwart« (2. Auflage, Beck: München 2001). Zu Geschichte und Gegenwart der Einheit der Rechtsordnung sind zuletzt zwei grundlegende Analysen vorgelegt worden: Manfred Baldus, Die Einheit der Rechtsordnung. Bedeutungen einer juristischen Formel in Rechtstheorie, Zivil- und Staatsrechtswissenschaft des 19. und 20. Jahrhunderts, Duncker & Humblot: Berlin 1995; Dagmar Felix, Einheit der Rechtsordnung. Zur verfassungsrechtlichen Relevanz einer juristischen Argumentationsfigur, Mohr Siebeck: Tübingen 1998; siehe zudem den Klassiker von Santi Romano, Die Rechtsordnung, Duncker & Humblot: Berlin 1975 (das italienische Original erschien 1918), und den von Karsten Schmidt herausgegebenen Sammelband: Vielfalt des Rechts – Einheit der Rechtsordnung? Hamburger Ringvorlesung, Duncker und Humblot: Berlin 1994, sowie, zum Chaos des historischen Rechts, Peter Oestmann, Rechtsvielfalt vor Gericht. Rechtsanwendung und Partikularrecht im Alten Reich, Klostermann: Frankfurt am Main 2002.

Der erste Schrebergärtner war Dr. Daniel Gottlieb Moritz Schreber (geboren 1808, gestorben 1861), ein Arzt, der für eine harmonische Ausbildung der Jugend, für das Zusammenwirken von Familien- und Schülererziehung sowie für Körperpflege und Körperarbeit zwecks nachhaltiger Stärkung der Gesundheit eintrat. Bereits zu Beginn des 20. Jahrhunderts gab es – vor allem in Sachsen – zahlreiche Schrebervereine. Schreber gilt als Begründer der Heilgymnastik und ist Autor der weit verbreitet gewesenen Schrift »Ärztliche Zimmergymnastik«.

Die Schrift des Daniel Paul Schreber hat den vollständigen und sofort den Juristen decouvrierenden Titel: »Denkwürdigkeiten eines Nervenkranken nebst Nachträgen und einem Anhang über die Frage: ›Unter welchen Voraussetzungen darf eine für geisteskrank erachtete Person gegen ihren erklärten Willen in einer Heilanstalt festgehalten werden?‹«. Die Originalausgabe erschien 1903. Hier wird benutzt der Neudruck des Kadmos Verlages: Berlin 1995. Die Zitate finden sich dort auf den S. 92 f., 96 f. Zu Schreber (S. 369 ff.) und vor allem zu Aufschreibesystemen lohnt die Lektüre des Buches von Friedrich A. Kittler, Aufschreibesysteme 1800/1900, Fink: München 1995. Elias Canetti hat in »Masse und Macht« (Claassen: Hamburg 1984, S. 500 ff.) dem Fall Schreber zwei Kapitel gewidmet. Die »Massenhaftigkeit« (S. 507) der von

Schreber in den »Denkwürdigkeiten« beschriebenen Vorgänge, der maßlose gedankliche Verkehr »der Gesamtheit aller Seelen« (ebd.) untereinander und die »Macht«-fixiertheit des Paranoikers weisen für Canetti schon auf die »feindlichen Massen« des Ersten Weltkriegs und auch auf das »politische System einige Jahrzehnte später« hin (S. 515). Novalis schrieb bereits 1798 auf: »Man wird vielleicht einmal in *Masse* schreiben, denken und handeln« (Novalis, Werke, Tagebücher und Briefe Friedrich von Hardenbergs, hrsg. von Hans-Joachim Mähl und Richard Samuel, 3 Bände, Wissenschaftliche Buchgesellschaft: Darmstadt 1999, Band 2, S. 418, Nr. 463). Zu »Text und die Masse des Wissens«, zur »Darstellung der Masse« und zu »Massen und Literatur« siehe jetzt den von Inge Münz-Koenen und Wolfgang Schäffner herausgegebenen Band »Masse und Medium. Verschiebungen in der Ordnung des Wissens und der Ort der Literatur 1800/2000«, Akademie Verlag: Berlin 2002. Schreber liebte die massenhaften Schädelpyramiden der Mongolen und massenhafte Leichenfelder. Aber »das wichtigste war ihm die Unversehrtheit der Worte« (Canetti, S. 520). Die Worte sind überall. »Wie Ungeziefer« (S. 521). Der Paranoiker liebt die Worte, er leidet unter »Denkzwang« (ebd.). Er muss alles wissen, und das führt zur »Kausalitätssucht« (ebd.). Ja, »das Begründen wird zur Passion, die man an allem übt« (ebd.). Der Kopf wird zu einem Thesaurus, zu »einer irre laufenden Enzyklopädie« (Martin Burckhardt, Nachwort zum Neudruck der »Denkwürdigkeiten« im Kadmos Verlag: Berlin 1995, S. 263 ff., 266), die den Tanz der toten Buchstaben feiert.

Sigmund Freud hat dem »geistreichen Paranoiker Schreber« (Totem und Tabu. Einige Übereinstimmungen im Seelenleben der Wilden und der Neurotiker, in: Gesammelte Werke, 9. Band, Fischer: Frankfurt am Main 1999, S. 113) und seiner »unschätzbaren Veröffentlichung« (Eine Teufelsneurose im 17. Jahrhundert, in: ebd., 13. Band, S. 337) eine ganze Abhandlung gewidmet: Psychoanalytische Bemerkungen über einen autobiographisch beschriebenen Fall von Paranoia (dementia paranoides), in: ebd., 8. Band, S. 239–320.

Das Aperçu Rudolf Wiethölters findet sich in der Betrachtung »Julius Hermann von Kirchmann (1802–1884). Der Philosoph als wahrer Rechtslehrer«, in: Kritische Justiz (Hrsg.), Streitbare Juristen. Eine andere Tradition, Nomos: Baden-Baden 1988, S. 44 ff., 46.

Für die wahrlich unermessliche Debatte um das gesellschaftliche Funktionssystem Recht mag hier nur Niklas Luhmann mit seinen beiden Rechtssoziologien stehen: »Rechtssoziologie«, 2 Bände, Rowohlt: Reinbek bei Hamburg 1972; »Das Recht der Gesellschaft«, Suhrkamp: Frankfurt am Main 1993. Die Geschlossenheit der Operationen galt gerade als ein Signum der berühmt-berüchtigten Begriffsjurisprudenz des 19. Jahrhunderts, das heißt eines technizistischen Rechts, das mit seinen eigenen Begriffen rechnet und weder soziale noch politische Gründe und Ursachen von Rechtsproblemen und Rechtsstreitigkeiten in den Blick nimmt. Schaut man genauer hin, löst sich dieses Bild einer harten Schale des abgeschlossenen Rechts allerdings auf, nicht zuletzt in politischer Hinsicht, wie Walter Wilhelm, Zur juristischen Methodenlehre im 19. Jahrhundert. Die Herkunft der Methode Paul Labands aus der Privatrechtswissenschaft, Klostermann: Frankfurt am Main 1958, demonstrierte. Siehe auch Regina Ogorek (Richterkönig oder Subsumtionsautomat? Zur Justiztheorie im 19. Jahrhundert, Klostermann: Frankfurt am Main 1986) und Ulrich Falk (Ein Gelehrter wie Windscheid. Erkundungen auf den Feldern der sogenannten Begriffsjurisprudenz, Klostermann: Frankfurt am Main 1989). Und doch: So richtig und wichtig das genaue Hinschauen ist, man sieht immer nur, was man sieht – und kann es nur so oder so nennen.

Eine Antwort auf die in der funktional ausdifferenzierten Moderne aufkommende Frage »Warum funktioniert Recht?« könnte lauten: Weil es gesetzt ist. Doch auch dieser Satz erreicht die Kraft der alten Erklärungen (Gott, Natur, Vernunft, Wissenschaft) nicht. Denn die bloße, nackte Rechtssetzung hat keine mythische, theatralische, emblematische Qualität. Die jeder Metaphysik entbehrende Setzung strömt den Eros des Angestelltseins aus. Außerdem bedeutet (formale) Setzung, dass immer neu gesetzt werden kann. Selbst das Grundgesetz ist mitnichten – selbst in seinen Grundfesten, wie etwa dem Asylrecht – unveränderlich, wie die vielen Änderungen seit 1949 zeigen. Nein, Setzung kann keine adäquate Antwort sein, denn sie ist eine Antwort ohne Inhalt. Die Antwort lautet: keine Antwort. Also eine Paradoxie. Recht funktioniert, weil es funktioniert. Zwischen Pleonasmus und Paradoxon bewegt sich das neue nackte Recht. Aus diesem kann alles und jedes werden.

Das Friedrich-Nietzsche-Zitat darf nicht fehlen: »Der Fall Wagner. Ein Musikanten-Problem«, in: Nietzsche Werke. Kritische Gesamtausgabe, hrsg. von Giorgio Colli und Mazzino Montinari, 6. Abteilung, 3. Band, de Gruyter: Berlin 1969, S. 1 ff., 21.

Zur Theorie der juristischen Sekunde, dieses »wie viele Requisiten aus dem Handwerkszeug der traditionellen und selbstbewussten Juristenkaste […] bis zur Absurdität« missverständlichen »herkömmlichen Ausdruckes«, bleibt unübertroffen Franz Wieacker, Die juristische Sekunde. Zur Legitimation der Konstruktionsjurisprudenz, in: Existenz und Ordnung, Festschrift Erik Wolf, Klostermann: Frankfurt am Main 1962, S. 421 ff. »Die Beziehung der Worte ›logisch‹ oder ›juristisch‹ auf die natürliche Zeiteinheit der Sekunde oder Minute verdunkelt […] das Wesen der Erscheinung«, aber die Rechtsbegriffe, die »naturhistorischen Bilder der Rechtsdogmatik«, beispielsweise das allgemeine Anschauungsmodell der juristischen Sekunde, sind immer »ein unerschöpfliches Angebot, gleichsam ein Arsenal oder Thesaurus heuristischer Lösungsvorschläge«, derer sich die praktischen Juristen bedienen. Die juristische Sekunde – ein typischer »Juristentrick«, der als Trick zeigt, worauf es ankommt: praktische Problemlösung, nicht »widerspruchsfreie Deduktion aus allgemeinen Prinzipien« (Zitate auf den S. 421 f., 443, 452 f.).

»Die Aufzeichnungen des Malte Laurids Brigge« von Rainer Maria Rilke, einem der großen deutschen Prager Dichter, sind hier benutzt nach der Ausgabe Suhrkamp: Frankfurt am Main 1982, S. 26, 38, 183 f.

Inwiefern wird die Welt verletzt? Insofern, als »es passierte, dass aus Büchern, die irgendeine hastige Hand ungeschickt geöffnet hatte, Rosenblätter heraustaumelten, die zertreten wurden« (ebenda S. 14).

Bibliothek

Juristen müssen lesen können. Seitdem die alten Digesten, die Justinian zusammenstellen ließ, im 11. Jahrhundert im Westen wieder auftauchten und zuerst an den neuen Universitäten Norditaliens gelehrt wurden, griff das Schreiben und Lesen des Rechts um sich. Im Laufe der wissenschaftlich-gelehrten Revolution des hohen und späten Mittelalters, bis hin in das 15. Jahrhundert, professionalisierte sich der Juristenstand. Das Mündliche, das noch das altgermanische Rechtsverfahren auszeichnete, wurde mehr und mehr vom Schrifttum verdrängt. Die weltlichen und kirchlichen Quellen des Rechts wurden wieder und wieder aufgeschrieben. Das aufgeschriebene Normkorpus versahen die gelehrten, das heißt universitär ausgebildeten Juristen mit Glossen und Kommentaren, die jeweils wieder glossiert und kommentiert wurden. Die Normtexte und deren Kommentare gerieten zum wichtigsten Arbeitsmittel der Lehrer, Studenten und Anwender des Rechts. Auch die Gewohnheiten, die alten Coutumes, bannten die Schreiber auf Papier. Selbst bei Gericht wird jetzt geschrieben. Prozess und Urteil fallen auseinander. Entscheidungen brauchen mehr und mehr Zeit. Also muss geschrieben werden, damit nichts vergessen wird und damit der Postweg beschritten werden kann. Die Akten des Prozesses, inklusive lokaler, aufgeschriebener Normen, werden versendet. An die Universitäten, wo die alphabetmächtigen Rechtsgelehrten sitzen und zur Prüfung und Entscheidung des Verfahrens ausersehen sind. Die Professoren schicken die geschriebenen Gutachten wieder zurück, damit das Urteil ergehen kann. Die Gutachten oder Konsilien werden ihrerseits gesammelt, zusammengeschrieben und wieder verwendet.

Und dann kam Gutenberg. Nicht mehr Wochen und Monate dauerte es, bis ein Buch (ab)geschrieben war, sondern in Windeseile konnte nun gedruckt werden. Neben Biblischem sehr viel Juristisches, brauchten doch die Richter, Advokaten, Professoren Material, um Recht auszulegen, zu schaffen und zu geben. Das Recht versank in einer Unmenge juristischer Literatur.

So entstand bei allen Juristen zwar nicht gerade ein Bedürfnis, wie es sich bei Charles V. schon im 14. Jahrhundert regte, als er damit begann, die Bibliothèque royale, die Vorläuferin der Bibliothèque nationale de France, zu ersinnen, aber immerhin erkannten sie die einfache praktische Notwendigkeit, die Bücher und Akten und Papiere und Notizen zu verwahren – in einer Bibliothek.

Die Akten und Bücher der Bibliothek eines Juristen sind von einem breiten Publikum am eindrücklichsten wohl im Jahre 1961 zu sehen. Unzählige Bücher und unzählige Akten finden sich in der Kanzlei des Advokaten im Film Le Procès/ The Trial von Orson Welles. Die schönste Szene ist jene, in der Leni, die Gehilfin des Advokaten, und Josef K. in der Kanzlei Hastlers in einem Aktenmeer liegen. Unzählige Registraturen nicht enden wollender Prozesse.

Niemals war K. näher am Prozess als hier während des Liebesakts mit der schönen Leni. Und doch ist die Akte dem K. entrückt. Niemals wird er ihrer ansichtig, sowenig wie des Gerichts, des Gesetzes, der Anklage. Die Akten bewahren die Vergangenheit auf. Und diese Vergangenheit ist für immer verloren. Wer könnte sich in den Aktenbergen, den Bücherreihen in der Bibliothek des Advokaten oder in den mäandernden Aktenschränken der Gerichtskanzleien noch zurechtfinden? Nein, diese Welt der Akten und Bücher ist jetzt im 20. Jahrhundert obsolet geworden. Die Schriften werden von den Gerichtsbeamten hin und her bewegt und von den Angeklagten ehrfürchtig betrachtet, doch haben sie keine Bedeutung mehr. Die Registratur der Vergangenheit gehört selbst der Vergangenheit an. Die Welt des Prozesses von Orson Welles ist eine radikal moderne Welt, deren Bewohner keine Geschichte haben. Die Geschichte liegt in den zerfledderten Seiten zwischen den alten Aktendeckeln geborgen. Der Prozess ist die Gegenwart,

jeder Augenblick des Jetzt. Akten und Bücher sind für diese
stets gegenwärtige Gegenwart als Prozessmedium ungeeignet,
da sie nur im Modus der Vergangenheit registrieren können.
Die wahre Registratur des Jetzt kann nur der Computer leisten. In Echtzeit. Hier sind Bibliotheken und Gerichtshöfe
nicht mehr nötig, werden doch die Urteile sofort gesprochen,
in jedem Augenblick des menschlichen Lebens. In der hyper-
modernen Welt des Prozesses ist der jahrhundertealte Satz der
Juristen, wonach das, was nicht in den Akten ist, auch nicht in
der Welt ist, endlich vergessen. Gerade weil es bei Gericht kein
Vergessen gibt. Das Gericht der Welt, das Weltgericht, die Welt
selbst ist an die Stelle der Akte und des Buchs getreten. Jeder
von uns ist Teil dieses weltumspannenden Apparats, der die
partikulären Registraturen und Bürokratien alten Typs ersetzt.
Dieser neue Apparat, der auf alles eine Antwort hat, steht nicht
mehr in den bibliothekarischen Behausungen des juristischen
Diskurses. Er regiert das Büro Josef K.s, online. Er ist eine riesige Datenverarbeitungsmaschine.

Doch bevor es soweit kam, bevor das Recht im Laufe des 20.
Jahrhunderts zu einem monströsen, kaum noch fassbaren Imaginären geworden ist, bevor der Traum des einheitlichen, gleichen und damit gerechten Rechts ausgeträumt war, bevor das
Recht sich in den unzähligen Operationen des Rechtssystems,
den unzähligen Entscheidungen und den infiniten herrschenden, abweichenden und vermittelnden Meinungen auflöste,
bevor das Recht in den binären Rhythmus des elektronischen
Rechners geschrieben und gezwungen wurde, in dem es heute
fast ausschließlich notiert wird – davor befand es sich in der
Bibliothek.

Die Bibliotheken der vormodernen und modernen Zeit des
Rechts, also bis in das 20. Jahrhundert hinein, quollen über.
Wie im Film von Orson Welles. Überall Akten und Bücher.
Wie gefräßige Tiere nährten sie sich von den Fakten, die das
Leben schuf, und von den Normen, Gewohnheiten, Urteilen,
Meinungen, die juristische Gehirne ersannen. Wer sollte noch
den Überblick behalten?

Wie konnte man der ausufernden juristischen Literaturen Herr werden? In Frankreich war das Problem im 17. und 18. Jahrhundert insofern besonders virulent, als dort ein einheitlicher, zentraler Staat bestand, der ein natürliches Interesse an einer einheitlichen, zentralen, ja königlichen Rechtsprechung hatte. Aber die Situation des Rechts in Frankreich war komplex. Es war zersplittert in der Differenz zwischen dem pays coutumier, den nördlich gelegenen Landschaften des Gewohnheitsrechts, und dem pays de droit écrit, den südlich gelegenen Landschaften des aufgeschriebenen, das heißt römischen Rechts. Die Gesetze dieser beiden Landstriche bildeten gemeinsam mit dem kanonischen Recht und den ordonnances der Könige »diese so umfassende wie wichtige Wissenschaft, die man *jurisprudence* nennt«, wie Guyot 1775 in seinem 64bändigen Répertoire universel schrieb. Dem Leser wird vor Augen geführt, wie notwendig es ist, der Zersplitterung des Rechts zu begegnen. Die Fragmentierung habe zu unglaublich vielen Werken dieser »Jurisprudenz« geführt. Die Anzahl der Bücher entspricht mindestens der Anzahl der Objekte, über die die Gesetze ihre Herrschaft ausbreiten. In dieser immensen Masse von Büchern jedoch »findet man kein einziges, in dem die Autoren die Gesamtheit der von ihnen einzeln behandelten Gegenstände umfaßt hätten«. Niemand habe es bisher versucht, die verschiedenen Standpunkte, Materien, Gesichtspunkte, Entscheidungen, Doktrinen, etc. »dans un même livre«, in ein und demselben Buch zu vereinen. Wenn erst einmal das hier vorgeschlagene Werk den Grad der Perfektion erreicht habe, zu dem es in der Lage sei, dann werde es den Platz einer unendlichen Menge von anderen Büchern einnehmen, von denen es profitiert, deren Fehler es aber auch korrigiert haben werde. Es wird »une sorte de bibliothèque de jurisprudence« sein, in der die Richter mit Leichtigkeit »sichere Regeln« zur Befolgung finden werden, der aber auch die Verteidiger, Notare, Gerichtsvollzieher, Staatsanwälte, Minister, ja die Bürger selbst, alle ihre Funktionen und Interessen betreffenden notwendigen Informationen zuverlässig entnehmen können.

Die alte Bibliothek kann also ausgemistet werden. Und ersetzt werden durch eine Bibliothek neuen Typs: Ein einziges
Buch – »nur *ein* Buch ließ er in sein Haus«, berichtet Jean Paul
vom vergnügten Schulmeisterlein Wutz –, allenfalls ein mehr-
bändiges Werk, das als neue Bibliothèque sämtliche Bücher
und Werke der alten Bibliothek in sich aufsaugt. Diese Herku-
lestat besorgen im Ancien régime ganze Reihen alphabetischer
Werke von teils Ehrfurcht gebietendem Umfang mit Titeln
wie: Dictionnaire de jurisprudence, Dictionnaire des Arrêts,
Dictionnaire de police, Décisions du droit civil, Ordre alphabétique ou dictionnaire contenant les principales maximes
et décisions du palais, Collections de décisions, Nouveau recueil d'arrêts et reglements, Encyclopédie méthodique (Jurisprudence), Dictionnaire de Droit et de Pratique, Dictionnaire
ou traité de la police, Répertoire universel et raisonné de jurisprudence, Décisions sommaires du Palais, Nouveau Dictionnaire civil et canonique du droit et de pratique, etc.

Eine der damals berühmtesten dieser Schriften war diejenige
von Pierre Jacques Brillon: Dictionnaire des Arrêts, ou Jurisprudence universelle des Parlemens de France, et autres Tribunaux: contenant par ordre alphabetique les matieres beneficiales, civiles, et criminelles; les maximes du Droit ecclesiastique,
du droit romain, du droit public, des coutumes, ordonnances,
edits, et declarations. Sechs tausendseitige Foliobände kamen
damit 1727 auf den Markt. Es war die zweite Auflage. Fünfzehn Jahre hatte Brillon an der ersten und noch einmal fünfzehn Jahre an der zweiten Auflage gearbeitet.

Worum handelt es sich? Es ist nicht nur eine einfache Zusammenstellung von Urteilen, »une simple compilation des
Arrêts«, sondern ein Werk, das alles umfasst, »was wir von den
wichtigsten Doktoren, den Rechtsprechern, den Kommentatoren des Gewohnheitsrechts, von heiligen, weltlichen, lateinischen, französischen und ultramontanen Autoren haben, die
mit der *Jurisprudence* in Verbindung stehen«. Selbst das Recht
des Auslands wird berücksichtigt. Deshalb hätte das Werk auch
heißen können: »Bibliothèque Universelle de Jurisprudence«.

Doch Brillon blieb bei dem Namen, der mit der ersten Auflage auf das Wohlwollen des Publikums gestoßen war.

Die neuen Bibliotheken, die sich im Lexikon, im Wörterbuch, im Dictionnaire materialisieren, diese neuen Handapparate des Rechts mussten sich allerdings erst Respekt und Autorität verdienen. Brillon notierte genau, dass man zwar ihren Gebrauch liebe, den Namen aber nur wenig achte. Vor allem die Älteren im »Ordre« (d. h. der Advokaten) schätzten diese (diktionnarische) Art zu schreiben wenig. Sie meinten, dass sie solcher Kompilationen nicht bedürften, von denen sie sich nicht überzeugen lassen könnten, in denen es nichts für sie zu lernen gebe. Aber die Jungen dürften nicht mehr so agieren. Die Masse des zu Kennenden sei in allen Rechtsbereichen derart stark angewachsen, dass man nicht mehr alles profund wissen könne. Dennoch ist es wichtig, auf allen Gebieten ein Grundlagenwissen zu erwerben und greifbar zu haben. Deshalb: Den Jungen »kann verziehen werden, dass sie eine rasche und umfassende Anzeige der Gegenstände begehren [...] wesentlich ist, sich über die Prinzipien zu unterrichten, die guten Autoren zu kennen und zu wissen, wo das zu finden ist, wovon diese am besten gehandelt haben«. Brillon betont mehrfach, dass es sich nicht etwa nur um eine Sammlung von Entscheidungen/ Urteilen handele, vielmehr beinhalteten jedenfalls die wichtigeren Lemmata beinahe methodische Abhandlungen (»traité méthodique«). Das Werk hilft vor allem den Advokaten, denen es zur Gewohnheit geworden war, sich die ersten zehn Jahre ihres Berufes einen Zettelkasten anzulegen, um leichten Zugriff auf Entscheidungen, Maximen, Lehrmeinungen etc. zu haben. Der Dictionnaire nimmt ihnen diese Arbeit ab, damit sie gründlichen Studien mehr Zeit widmen mochten. Brillon ist sich bewusst, dass so auch der Faulheit Vorschub geleistet werden kann. Doch biete er den Benutzern nur eine Erleichterung und Abkürzung ihrer Arbeit.

Der explizite Anspruch der juristischen Lexika war deren Vollständigkeit, die eine ganze Bibliothek zu ersetzen vermochte. Für Claude de la Ville hatte 1692 noch ein tausendseitiger Folio-Band ausgereicht. Er kritisiert die mehrbändigen Volumina seiner Kollegen, die glauben, mit vielen Worten der Wahrheit und dem Recht auf die Spur kommen zu können. »Die Wahrheit braucht nicht so viel Gerede, sie lässt sich in wenigen Worten und fast von selbst erkennen, sie ist einfach, je mehr man sie zubereitet, desto weniger ist sie bereit zu erscheinen.« Doch die Wahrheit breitete sich auch in diesem neuen Typus der Bibliothek aus. Guyot brauchte schon 64 Bände. Und das war noch nicht das Ende der einen mehrbändigen Bibliothek, die, wie Laurent Bouchel in seiner Bibliothèque betonte, einer »bonne & briefve iustice« (zeitgemäß im Angesicht Gottes, der Kirche und seiner Majestät) dienen solle, um die »simplicité ancienne« wiederzuerlangen.

Allen Versuchen, in den Enzyklopädien, Lexika, Alphabeten des Rechts das Recht einzufangen, es handhabbar zu halten, zu (be)greifen, waren lediglich Erfolge von kurzer Dauer beschieden. Da alles in der Welt Eingang in das Buch und damit in die Bibliothek fand, ja, da alles in der Welt überhaupt nur da ist, um in ein Buch einzugehen, wurden aus dem einen Band der Bibliothèque mehrere, viele, unabgeschlossene, unabschließbare Bände, womit die Bibliothek, die unzählige Bücher in sich aufnehmende Bibliothek, erneut Platz, einen immensen Platz einnahm. Das in der Bibliothèque eingefangene Alphabet des Rechts brach aus dem Buch heraus und tummelte sich wieder in unzähligen Facetten auf den Regalen der Bibliothek. Das seit dem 12. Jahrhundert anwachsende, seit dem 16. Jahrhundert explodierende juristische Schrifttum, der ständige Rekurs auf das erst in der Neuzeit so genannte Corpus iuris civilis und das Corpus iuris canonici, auf die niedergeschriebenen Gewohnheitsrechte, auf die Einfälle und Abfälle der gelehrten Juristen, auf die gedruckten Plaidoyers und Harangues der praktischen Juristen, auf die Systeme des Naturrechts, des Vernunftrechts, des Ius publicum, auf die Policeyordnungen, dieses unablässige Hinweisen, Unterweisen, Abweisen, Verweisen, Abschreiben, Wegschreiben, Gegenschreiben – diese juristische Schreibwut, diese Akten und Bücher produzierende Passion des Juristen decouvriert ein fundamentales Gebot des Rechtssystems der alten Ordnung: Das Recht basiert auf dem, was geschrieben wurde, was früher einmal notiert worden ist. Das Recht basiert auf Vergangenheit. Deshalb benötigte und formte es Archive und Bibliotheken. Und deshalb war die Ersetzung der Bibliothek durch das Buch, die Bibliothèque, nicht von Dauer.

Nicht von Dauer, weil weder in den Büchern noch in dem einen Buch das Recht einem fixen und exakten Wissen zugänglich gemacht werden konnte. Dieses Wissen um das Recht, dieses Wissen, um dessentwillen die vielen Bücher in einem Buch kondensiert wurden, dieses gedruckte Wissen musste gelesen werden. Der Reichtum des juristischen Wissens war ein (an)gelesenes und ein (zu) lesendes Wissen. Erst das Lesen befreite dieses im Buch in Wartestellung befindliche Wissen. Lesen. Der Jurist muss lesen können. Damit sich das Recht zwischen Buch und Lampe entfalten kann. Damit dieses Imaginäre, das sich aus den unzähligen Einzelheiten, den infiniten schon gesagten und geschriebenen Wörtern, den immerwährenden Wiederherstellungen, den vergangenen Momenten und Monumenten zusammensetzt – damit dieses Imaginäre, das nichts anderes als *das* Recht ist, dem Leser, der zugleich Träumer ist, erscheint. Zwischen den Zeilen, zwischen den Büchern, in den Zwischenräumen des schon Gesagten und der Kommentare, in den Ritzen der Glossen und Bindungen, inmitten der Zeichen im Zwielicht der Texte breitet sich das Imaginäre aus. Das Recht befindet sich zwischen dem Buch und der Lampe. Das Recht ist ein Bibliotheksphänomen.

Accessoire

»Man spürt es, oder man spürt es nicht.« Mit diesen Worten erklärte Harold J. Berman das Ende einer Epoche, in der die alten Symbole der »abendländischen Gemeinschaft, die herkömmlichen Sinnbilder und Metaphern«, die »vor allem solche der Religion und des Rechts« waren, zerbrochen sind. Das Ende kam mit dem 20. Jahrhundert, das eine »größere revolutionäre Krise (der westlichen Rechtstradition) als je zuvor in ihrer Geschichte«, erlebte. Ob eine neue »integrative Rechtswissenschaft«, die das Recht »mit Gefühl, Intuition und Glauben« erfüllt, die Krise verscheuchen kann, ja ob überhaupt von einer Krise die Rede sein kann, mag dahinstehen, jedenfalls hat Bermans Gespür zu diesem seinem Hauptwerk geführt, das eine weit ausgreifende Geschichte der kanonischen und weltlichen gelehrten Rechtswelt im späteren Mittelalter darstellt: Harold J. Berman, Recht und Revolution. Die Bildung der westlichen Rechtstradition, Suhrkamp: Frankfurt am Main 1991 (Zitate auf den S. 9 ff., 15; amerikanische Originalausgabe: Law and Revolution. The Formation of the Western Legal Tradition, Harvard 1983). Skeptisch gegenüber dem Gefühl im Bereich der Rechtshistoriographie und kritisch gegenüber dem bei Berman repräsentierten Stand der rechtshistorischen Mediävistik ist Laurent Mayali, »One senses it or one does not«, in: Rechtshistorisches Journal 10 (1991), S. 78 ff. Zur Entstehung und dem Ausbau der immer mehr lesenden und schreibenden europäischen mittelalterlichen »Rechtswissenschaft« nach wie vor unerlässlich: Franz Wieacker, Privatrechtsgeschichte der Neuzeit unter besonderer Berücksichtigung der deutschen Entwicklung, 2. Aufl., Vandenhoeck & Ruprecht: Göttingen 1967, S. 45 ff. Und natürlich ist die Rede vom »Wiederauftauchen« der Digesten nicht wirklich korrekt. Sie waren nicht etwa vollkommen verschwunden. Gerade in Italien »lebte« das justinianische Recht in den Vulgarrechten »weiter«. Byzanz darf ebenfalls nicht vergessen werden. Die »Juristische Buchproduktion im Mittelalter« kann jetzt in dem von Vincenzo Colli herausgegebenen Band bei Klostermann: Frankfurt am Main 2002, betrachtet werden. Zur Aktenversendung und Konsiliarpraxis vgl. die Frankfurter Habilitationsschrift (2000) von Ulrich Falk, Von Gutachtern, Richtern und Parteivertretern. Zur Spruchpraxis der Juristenfakultäten und Schöffenstühle vom 16.–18. Jahrhundert.

Die Aktenberge des Rechts visitiert man am besten bei Cornelia Vismann, Akten. Medientechnik und Recht, Fischer: Frankfurt am Main 2000. Der Umstand, dass viel geschrieben wurde und damit viel Lesematerial entstand, führte im 18. Jahrhundert zu einer eigenen Diskursform: der »Klage über das schnelle Anwachsen von Geschriebenem« (ebd., S. 213). Zur allgemeinen Multiplikation des gedruckten Papiers und den Auswirkungen auf den Bau und das Arrangement von Bibliotheken siehe Peter Burke, A Social History of Knowledge. From Gutenberg to Diderot, Polity: Cambridge 2000, S. 92 f., 103 ff.

»Es geht kein Akt verloren, es gibt bei Gericht kein Vergessen«, sagt der Maler Titorelli dem Josef K., als er ihm die »scheinbare Freisprechung« erklärt (Franz Kafka, Der Proceß, Kapitel: Advokat, Fabrikant, Maler).

Die genannten französischen Meister der enzyklopädischen alphabetischen Bibliothèques und ihre Werke sind:

Laurent Bouchel, La bibliotheque ou tresor du droit françois, ou sont traitées les matieres civiles, crimineles, et beneficiales, Tant Reglées par les Ordonnances & Coustumes de France, Que Decidées par Arrests des Cours Souveraines; sommairement extraites des plus celebres Iurisconsultes & Practiciens François, & conferées en plusieurs endroits avec les Loys, & Coustumes des Nations Estrangeres, augmenté en cette nouvelle edition par Maistre Iean Bechefer, 3 Bände, Iean Girin, Barthelemy Riviere: Paris 1671 (Zitate: 2. Band, Au lecteur vray françois);

Pierre Jacques Brillon, Dictionnaire des Arrêts, ou Jurisprudence universelle des Parlemens de France, et autres Tribunaux: contenant par ordre alphabetique les matieres beneficiales, civiles, et criminelles; les maximes du Droit ecclesiastique, du droit romain, du droit public, des coutumes, ordonnances, edits, et declarations, Nouvelle Édition, 6 Bände, Guillaume Cavelier, Michel Brunet, Nicolas Gosselin, Guillaume Cavellier Fils: Paris 1727 (Zitate: 1. Band, Préface);

G(uyot), Répertoire universel et raisonné de jurisprudence civile, criminelle, canonique et bénéficiale. Ouvrage de plusieurs jurisconsultes. 64 Bände, Panckoucke, Visse: Paris 1775–1783. Erst in der späteren In-quarto-Ausgabe wird der Name des Initiators (Guyot) und auch die Mitarbeiterliste mitgeteilt. Fast ausschließlich Advokaten haben mitgearbeitet. Insgesamt sind es 43 Mitarbeiter, ein einziger Agrégé de la faculté des droits de Paris (Berthelot): Guyot, Répertoire universel et raisonné de jurisprudence civile, criminelle, canonique et bénéficiale. Ouvrage de plusieurs jurisconsultes. Nouvelle édition corrigée, & augmentée tant des loix nouvelles que des arrêts rendus en matière importante pour les parlements & les autres cours du royaume, depuis l'édition précédente, 17 Bände, Visse: Paris 1784–1785;

(Prost de Royer), Dictionnaire de Jurisprudence et des Arrêts, Ou Nouvelle édition du Dictionnaire de Brillon, connu sous le titre de *Dictionnaire des Arrêts & Jurisprudence universelle des Parlemens de France & autres Tribunaux*; augmentée des matieres de Police, d'Agriculture, de Commerce, de Manufactures, de Finance, de Marine & de Guerre, dans le rapport qu'elles ont avec l'administration de la Justice, 7 Bände, Aimé de la Roche: Lyon 1781–1788. Das Werk kommt im 7. Band nur bis zu den Buchstaben Ass (Assignation). Mehr Bände sind nicht erschienen;

Claude de la Ville, Ordre alphabetique ou dictionaire contenant les principales maximes et decisions du palais. Confirmées par les Arrests du Parlement de Paris, & des autres Parlemens de France, Veuve C. Osmont: Paris 1692.

Bibliothèque kann übersetzt werden mit: Bibliothek, Bücherei, Büchersammlung, Bücherschrank, Bibliotheksgebäude, Bibliothekssaal – und Wörterbuch: C'est une bibliothèque vivante, er ist ein wandelndes Wörterbuch.

Zum Imaginären und dem Bibliotheksphänomen siehe einen der schönsten Texte von Michel Foucault, (Sans titre), in: ders., Dits et écrits. 1954–1988 (hrsg. von Daniel Defert und François Ewald), 1. Band (1954–1969), Édition Gallimard: Paris 1994, S. 293 ff., 297 f.: »L'imaginaire se loge entre le livre et la lampe«. Der Text erschien zuerst in deutscher Sprache als Nachwort zu: Gustave

Flaubert, Die Versuchung des Heiligen Antonius, Insel: Frankfurt am Main 1964, S. 217-251. Später publizierte Foucault auch eine französische Version und gab ihr den Titel: Un »fantastique« de bibliothèque, in: Cahiers de la compagnie Madeleine Renaud-Jean-Louis Barrault 59 (1967), S. 7 ff.

»Tout, au monde, existe pour aboutir à un livre.« Mit diesen Worten hat Stéphane Mallarmé (Variations sur un sujet: VI. – Le Livre, Instrument Spirituel, in: La Revue Blanche, Nr. 50 [1895], S. 32 ff., 32; Œuvres complètes, Gallimard: Paris 1945, S. 378) lange vor Michel Foucault klargemacht, dass die Welt ein Bibliotheksphänomen ist. Siehe dazu auch Jorge Luis Borges, Vom Bücherkult, in: ders., Essays 1952–1979 (Gesammelte Werke, Band 5/II), Hanser: München, Wien, o.J. (ca. 1980), S. 117 ff. Und das bedeutet: Seitdem alles in der Welt in Bücher eingeht, sind unsere Tage schwarz und weiß – noch einmal Michel Foucault, diesmal L'obligation d'écrire, in: ders., Dits et écrits. 1954–1988 (hrsg. von Daniel Defert und François Ewald), 1. Band (1954–1969), Édition Gallimard: Paris 1994, S. 437.

Der Traum, das Wissen der Welt in einer Super-Bibliothek zu sammeln, ist ein sehr alter Traum. Ein Traum, der in Alexandria bekanntlich in Flammen aufging. Auf Brandspurensuche – mit überraschenden Ergebnissen – begab sich der klassische Philologe Luciano Canfora. In seinem Buch »Die verschwundene Bibliothek« (Rotbuch: Hamburg 1998, S. 125 f.) findet sich eine Bibliotheksgeschichte von Isidor von Sevilla, der in seinen enzyklopädischen »Etymologien« in Kapitel VI,3 schreibt: »*Über die Bibliotheken*. Bibliothek ist ein griechisches Wort. Der Ausdruck leitet sich von der Tatsache ab, daß an jenem Ort Bücher aufbewahrt werden. Zu übersetzen ist *biblíon* = der Bücher, *théke* = Lager. 2. Die Bibliothek des Alten Testaments erstellte, nachdem die Gesetzesbücher von den Chaldäern verbrannt worden waren, der Schreiber Esdras zum zweiten Mal; er war vom Heiligen Geist inspiriert; er korrigierte alle Gesetzesbücher und die prophetischen Bücher, die durch die Heiden verfälscht worden waren, und faßte das ganze Alte Testament in zweiundzwanzig Büchern

zusammen, so daß die Zahl der Bücher der Zahl der Buchstaben
des Alphabets entsprach. 3. Bei den Griechen wird hingegen angenommen, daß Peisistratos, der Tyrann von Athen, der erste gewesen sei, der eine Bibliothek eingerichtet hätte: diese Bibliothek,
die in der Folge durch die Athener angereichert worden sei, habe
Xerxes – nachdem er Athen in Brand gesetzt hätte – nach Persien
gebracht; geraume Zeit später brachte sie Seleukos Nikanor nach
Griechenland zurück. 4. Hieraus ergab sich bei allen Herrschern
und in allen Ländern die Sucht, sich die Bücher der verschiedenen
Völker zu verschaffen und sie durch Übersetzer ins Griechische
zu übersetzen. 5. Dies ist auch der Grund, warum Alexander der
Große und vielleicht auch seine Nachfolger sich bemühten, Bibliotheken zu begründen, die alle Bücher enthielten. Und vor allen anderen Ptolemaios, genannt Philadelphos, höchst beschlagen
in der Literatur, der in seiner Hingabe an die Bibliotheken mit
Peisistratos wetteiferte, versammelte in seiner Bibliothek nicht
nur Werke der Heiden, sondern auch die Heiligen Schriften. Tatsächlich befanden sich zu jener Zeit in Alexandrien siebzigtausend
Bände.«

Code

Das Recht ist im Laufe der Zeiten bibliophil geworden. Das rhetorisch procedierte Recht der römischen Antike und das weitererzählte habituelle Recht des Mittelalters wurden aufgeschrieben, abgeschrieben, ausgeschrieben, umgeschrieben – manchmal verschrieb sich der Schreiber auch. Das Schreiben des Rechts, das Weiterschreiben führte zu einer Materialisierung des normativen Materials. Das Recht konnte nun angesehen, angefasst werden. In Schriftform. Die Schriftform verschlang die lokalen, kommunalen, landschaftlichen auf generationeller Übertragung beruhenden Rechte. Wie ein Krake drang sie in die Poren der verschiedenen Leben, der verschiedenen lebenden Rechte ein und zwang das Leben in buchstäbliche Regeln, deren Verständnis ebenso buchstäblich geregelt wurde.

Immer wieder ist gesagt worden, das Aufschreiben des Mündlichen habe die Flüchtigkeit des gesprochenen Wortes und das Abdrucken des Aufgeschriebenen habe die Fehlerhaftigkeit des abgeschriebenen Manuskripts ausgelöscht. Die Aufschreiberevolution des Mittelalters, als Heerscharen von Kopisten die Welt verschriftlichten, und die Medienrevolution des Buchdrucks, als zum ersten Mal die unfehlbare Eins-zu-eins-Abbildung der aufgeschriebenen Welt möglich schien: Dies sind zwei eminente Etappen auf dem Weg, die Welt textuell zu begreifen, gerade in normativer Hinsicht. Doch merkwürdigerweise wurde im hohen Mittelalter immer mehr geschrieben und in der Neuzeit immer mehr gedruckt. Warum? Warum schwoll die juristische Literatur noch lange nach Einführung des Buchdrucks an, dieser Verhaftung des mündlichen und handgeschriebenen Wortes?

Einmal, weil das Wort gar nicht wirklich verhaftet wurde. Auch nach Erfindung des Buchdrucks in Europa waren die Texte nicht zuverlässig. Innerhalb einer Auflage wurden Veränderungen am Text vorgenommen, Seiten eingefügt, weggenommen – bis 1600 bleibt der Begriff »Auflage« unsicher, soweit er eine Anzahl identischer Exemplare bezeichnet. In der frühen Zeit des Druckes hatten die einzelnen Drucke (einer »Auflage«) noch viel vom Status einer Handschrift – es waren häufig Einzelstücke, die als gedruckte Einzelstücke die nun technisch vor- und herstellbare Einheitlichkeit der Bücher innerhalb einer Auflage nicht verwirklichten. Die einzelnen Bücher einer Auflage blieben wegen der Einfügungen und Streichungen nicht selten unterschiedlich. Die verschiedenen Nuancen der Rechtsansichten wurden durch den Druck gerade nicht eingeebnet. Und dieser immer wieder uneinheitliche Druck, der immer wieder neu korrigierte Druck, die Attraktivität der neuen Textherstellungstechnologie, führte zu einer unglaublichen Diffusion juristischer Literatur in ganz Europa.

Die Verhaftung der (juristischen) Wörter war aber nicht nur wegen der nach wie vor bestehenden, durch die Kapazität der Verbreitung quantitativ sogar erhöhten Unsicherheit, »Fehlerhaftigkeit«, und das heißt nichts anderes als Verschiedenheit der Texte, ja selbst der »selben« Texte kein wirkliches Einsperren. Dieses Fehlschlagen der Text- und Sinn-Verhaftung steht – nebenbei bemerkt – in auffälligem Kontrast zu dem später im 20. Jahrhundert von Rechtshistorikern glattpolierten, die enorme Text- und Sinnvarietät des Rechts der Barockzeit nivellierenden Ius-commune-Spiegel und wirft auf dieses so brillante wie falsche Einheitsbild schon auf der Ebene der Materie, des Papiers, auf dem das Recht steht, Bleiflecken und -einsprengsel, das Blei der beweglichen Lettern Gutenbergs. Doch, neben dem technologischen Grund für die, wenn auch eingeschränkt, fortbestehende Freiheit der Wörter, neben der baren Technik konnte der Sinn der Wörter nicht festgehalten werden.

Das ständige, durch die Gesellschaft und die in ihr praktizierte Lebensweise angeregte, juristische Argumentieren, die Suche nach dem für die vertretene Partei günstigen Sinn, die Jagd nach dem gerechten Urteil, das Abwägen der richtigen Doktrin – alles wurde gedruckt und in den Alphabeten, Bibliotheken, Archiven des Rechts gesammelt, geordnet und abgelegt. Der Schutthaufen des rechtlichen Materials wuchs zu einem im Laufe des 17. und 18. Jahrhunderts kaum überwindbaren Gebirge an. Am Anfang steht immer schon das Ende.

Das Größenwachstum des aufgeschriebenen und abgedruckten Rechtsdiskurses hatte in Deutschland und Frankreich zwei völlig verschiedene Konsequenzen. Auf der westlichen Seite des Rheins kam die Revolution der Implosion der gewaltigen juristischen Alphabete zuvor. Prost de Royer, der Neuaufleger des grandiosen Brillon, ahnte in seinem Vorwort von 1781 bereits den neuen Star – das unitarische Gesetz: »Wer sagt uns« – schreibt er – »oh mein König!, dass Sie nicht eines ruhigeren Tages in *dieses finstere und gewundene Labyrinth, in dem sich die Allererleuchtetsten verirren,* eindringen und das erhabene Projekt gründen, *einen Code zu haben, in dem jeder Ihrer Untertanen sich bequem über seine Pflichten unterrichten kann*; in dem das Eigentum, die Ehre und das Leben nicht ständig in Verlegenheit gebracht werden durch die Mannigfaltigkeit, die Verworrenheit, die Dunkelheit und die unzählbare Menge der Gesetze?« In der Tat löste Napoleon 1804 das Problem der Masse (der verschiedenen Texte und des multiplen Sinns) durch die Einsetzung von 2281 Artikeln im Code civil. Die Richter hatten nun alle dasselbe Gesetz vor Augen. Aber sie blieben im dunklen Labyrinth des Rechts gefangen. Merlin (in den Neuauflagen des erstmals vor der Revolution erschienenen Répertoire universel et raisonné de jurisprudence) und Dalloz versuchten bis zur Mitte des Jahrhunderts noch ein letztes Mal, mit Hilfe des Alphabets die neuen Jurisdiktionen zu sammeln. Doch wuchs die Masse der (uneindeutigen) Rechtsprechung in einer Weise an, die noch nie dagewesen und die auch nicht durch Dutzende, fast unleserlich eng gedruckte, alphabetisch geordnete Bände der Encyclopédie juridique von Dalloz zu fassen war. Das war das Ende des (französischen) Alphabets des Rechts. Das Gesetz hatte es geschafft. Alles war in ihm enthalten – ausgesprochen und unausgesprochen.

In Deutschland – mit seiner Tradition der systematisch orientierten juristischen Enzyklopädie – kam es zunächst nicht zu dem einen Gesetzbuch für alle Deutschen. Dem wegen der territorialen Zersplitterung für die einzelnen Länder nicht ganz so eminenten, wenn auch virulenten und auf das gesamte Reich bezogen wahrlich chaotisch anmutenden Größenwachstum des Rechts wurde anders begegnet als in Frankreich. Mit Wissenschaft. Aus den Rechtslehren des 18. Jahrhunderts wurde die Rechtswissenschaft des 19. Jahrhunderts. Der allgemeinen Bildung wissenschaftlicher (und universitärer) Disziplinen wollte sich die deutsche Jurisprudenz nicht entziehen. Die Jurisprudenz musste Wissenschaft werden. Erst jetzt stellte sich die Frage, welche Wissenschaft eigentlich. Ein langes Defilée der entstehenden »Nachbarwissenschaften«, an die man sich anlehnen konnte, begann. Denn das System und die Enzyklopädien konnten die Gewissheiten nicht mehr liefern, die der Rechtsprecher und der Rechtsucher so dringend brauchten. Zum einen wurde es immer schwerer, die Masse der verschiedenen Interpretationen in ein System zu zwingen, zum anderen: Was sollte man von einer systematischen Enzyklopädie halten, von der es bis 1840 bereits über hundert Varianten von über hundert Autoren gab? Die Enzyklopädie erlitt das Schicksal des Alphabets. Das einheitliche Ganze starb.

Nachbarn, bei denen die Rechtswissenschaft Unterschlupf suchte, gab es reichlich. Da war zunächst die Geschichte (hatte man doch selbst eine ruhmreiche Geschichte), weiter ging es zur Naturwissenschaft (hatte man doch auch Gesetze, und wollte diese so fest und sicher machen wie vermeintlich diejenigen der Natur), man streifte die Geisteswissenschaft (hatte man es doch auch mit dem vertrackten Verstehen zu tun) und landete schließlich im 20. Jahrhundert bei der Sozialwissenschaft (war man doch mit gesellschaftlichen Phänomenen konfrontiert). Alle diese Versuche, den im Laufe der Zeit unglaublich angewachsenen Haufen von Normen, Entscheidungen, Lehren und Meinungen irgendwie zu sammeln, zu ordnen, zu strukturieren oder auch nur zu begreifen, blieben erfolglos.

Am Ende blieb nur der Name: Rechtswissenschaft. Eine Rechtswissenschaft, deren zweihundertjähriger Kampf um

Wissenschaftlichkeit inzwischen an sein Ende geraten ist. 150 Jahre lang erschienen apologetische Streitschriften gegen die vom preußischen Staatsanwalt Julius Hermann von Kirchmann am 12. November 1847 vor der Berliner Juristischen Gesellschaft getroffene Feststellung von der »Werthlosigkeit der Jurisprudenz als Wissenschaft«. Jetzt ist die damalige Provokation endlich verpufft. Die Franzosen ließen sich durch Wissenschaftlichkeitsfragen ohnehin nicht irritieren. Sie waren luzider, allerdings hatten sie das von Menschen gemachte und täglich änderbare und minütlich interpretierte Gesetz auch hundert Jahre früher bekommen. Kaum einmal erlagen sie der Versuchung, ihr juristisches Tun als Wissenschaft auszugeben; an den Universitäten studieren und lehren sie bis heute Recht (droit) und nicht Rechtswissenschaft. Die Anlehnung an Natur(wissenschaft) und Geist(eswissenschaft) erschien ihnen als Juristen fremd, nur die Sciences morales, die den Menschen als sittliches und soziales Wesen untersuchen, hatten ihnen etwas zu sagen. Auch wenn die Science du droit nicht selten in den Schriften der exégètes, den professoralen Auslegern des neuen Code, evoziert wird, letztlich blieben die Franzosen in ihrem Glauben an die Möglichkeit politischer Steuerung sozialer Systeme einem, allenfalls doktrinär stilisierten, Primat der Praxis verhaftet.

Was kam, war der Code. Das alles enthaltende Gesetz. Das Gesetz, das am Anfang des 19. und am Anfang des 20. Jahrhunderts zum Hauptobjekt des den Sinn und die Entscheidung begehrenden Verstehens wurde. Der Eros der Hermeneutik hatte, nach den alten Texten der Bibel und der Pandekten, eine neue, eine wirklich brandneue Zielscheibe vor Augen. Der Code, der für einen Augenblick die Druckerpressen angehalten hatte, stachelte die Phantasie der Auslegung erst richtig an. Die Maschinen konnten sofort wieder angeworfen werden. Ihre Produktivität sollte so hoch werden wie niemals zuvor.

Doch warum dieser ganze Aufwand um das Verstehen? »Das Gesetz soll doch jedem und immer zugänglich sein«, wie der Mann vom Lande in Kafkas Erzählung »Vor dem Ge-

setz« denkt. Jedem. »Schwierigkeiten« dürfte es eigentlich keine geben. Und doch verwehrte der vor dem Gesetz stehende
Türhüter dem Mann vom Lande den Eintritt. Gewalt wendet
er nicht an, das Tor zum Gesetz steht immer offen, dennoch
geht der Mann nicht hindurch. Der Türhüter hatte ihm von
anderen Türhütern erzählt, die vor weiteren Toren stünden,
»einer mächtiger als der andere«. Also wartet er auf die Erlaubnis zum Eintreten. Auf einem Schemel, den ihm der Türhüter
gegeben hat, »sitzt er Tage und Jahre«. Zwischenzeitliche Versuche, eingelassen zu werden, scheitern. Selbst Bestechungen
nutzen nichts. Der Türhüter nimmt alles an, sagt dabei jedoch:
»Ich nehme es nur an, damit du nicht glaubst, etwas versäumt
zu haben.« »Während der vielen Jahre« vergisst der Mann die
anderen Türhüter, die vor dem Gesetz stehen. »Dieser erste
scheint ihm das einzige Hindernis für den Eintritt in das Gesetz.« Schließlich werden seine Augen schwach, und doch erkennt er kurz vor seinem Tode »im Dunkel einen Glanz, der
unverlöschlich aus der Türe des Gesetzes bricht«. Sämtliche
Erfahrungen kondensieren sich im Kopfe des Mannes zu einer
Frage: »Alle streben doch nach dem Gesetz«, sagt er, »wieso
kommt es, daß in den vielen Jahren niemand außer mir Einlaß
verlangt hat?« »Der Türhüter erkennt, daß der Mann schon
an seinem Ende ist und, um sein vergehendes Gehör noch zu
erreichen, brüllt er ihn an: ›Hier konnte niemand sonst Einlaß
erhalten, denn dieser Eingang war nur für dich bestimmt. Ich
gehe jetzt und schließe ihn.‹«

Das Gesetz ist also unzugänglich, obwohl es offen steht. Das
Gesetz steht im Gesetzbuch. Es liegt vor uns, den Richtern,
den Advokaten und den anderen. Die Buchstaben der Paragraphen in den Texten des Gesetzes starren uns an, und doch
ist bereits die grammatikalische Auslegung, wie wir spätestens
seit Savigny wissen, eine Schimäre und muss »vereinigt« werden mit weiteren – logischen, historischen und systematischen
– Elementen der Interpretation, um die »Dunkelheit des Gesetzes« zu durchbrechen und so vermeintlich die »Reconstruc-
tion des dem Gesetze inwohnenden Gedankens« (Savigny) zu

ermöglichen. Mag auch einmal, nach langer Zeit, ein Glanz durch die Schwärze der Buchstaben brechen, ein Glanz, der uns etwas von dem ahnen lässt, was sich hinter den Buchstaben befinden mag, die Gerechtigkeit beispielsweise – es bleibt eine fundamentale Aporie: »Die Gerechtigkeit ist eine Erfahrung des Unmöglichen« (Derrida), eine Erfahrung, die selbst unmöglich bleibt. Unmöglich, weil wir nicht eintreten können, obschon wir es könnten. Der Mann vom Lande trat nicht ein, wiewohl der Türhüter, nachdem er die Erlaubnis zum Eintreten verweigert hatte, beiseite trat und lachend sagte: »Wenn es dich so lockt, versuche es doch, trotz meines Verbotes hineinzugehen.« Aber es folgen immer weitere Türhüter. Ad infinitum. Und dennoch bleibt etwas (offen): die Buchstaben, die Schrift.

Die Erzählung »Vor dem Gesetz« ist dem »Proceß«-Fragment entnommen, wie auch »Ein Traum«. Es sind die einzigen Stücke, die Kafka zu Lebzeiten aus dem »Proceß« veröffentlichte. Die Türhüterlegende wird im Kapitel »Im Dom« erzählt. Josef K. sollte einem italienischen Geschäftsfreund der Bank, bei der er Prokurist war, den Dom der Stadt zeigen. Zwar verstand K. den Italiener nur »bruchstückweise«, doch versicherte der Direktor, »für den Italiener sei es nicht gar so wichtig verstanden zu werden«. Am vorgesehenen Treffpunkt nun, nämlich im Dom, trifft K. nur auf einen Geistlichen, den Gefängniskaplan. Dieser berichtet K. die Geschichte von dem Türhüter und dem Mann vom Lande, die »in den einleitenden Schriften zum Gesetz steht«. Eine Präambel, die der Geistliche »im Wortlaut der Schrift erzählt«. Am Ende diskutieren beide über das Gehörte. K. wird dabei von dem Geistlichen ermahnt, »genug Achtung vor der Schrift« zu haben und die Geschichte durch seine Vermutungen und Interpretationen nicht zu verändern. Welches aber ist die Geschichte? Es gibt viele »Auffassungen«. Die »Erklärer der Schrift« sagen dazu: »Richtiges Auffassen einer Sache und Mißverstehn der gleichen Sache schließen einander nicht vollständig aus«. Aus der Aporie sticht nur eines heraus, ist nur eines evident: Die Schrift bleibt – allen Erklärungen zum Trotz. »Die Schrift ist unveränderlich und die Meinungen sind oft nur ein Ausdruck der Verzweiflung darüber«, sagt der Geistliche zu K. Die Schrift, die Buchstaben. Ihnen gegenüber kann man sich nur in zweifacher Weise verhalten. Lesen oder nicht lesen. Der Jurist liest.

Die gewissenhafte Entzifferung der Buchstaben des Gesetzbuches führt aber nicht zum Gesetz. Es gibt kein Kriterium, das dem Richter, dem Advokaten, dem Professor das richtige Verständnis der Lektüre garantierte. Schon für die juristischen Autoren der Scholastik war nach der sogenannten Wiederentdeckung des großen Textes klar, dass nicht der »Text als solcher«, der reine Text, zählen konnte. Es zählte die ratio scripta. Sicher, als Interpreten klebten sie »mit der Nase an ihren Texten […], aber genau in der von der römisch-christlichen Legalität autorisierten Art und Weise« (Legendre). Als Referenz diente eine Instanz, die selbst als beseeltes Gesetz (lex animata) und – an den alten römischen Praetor erinnernd – als lebende Stimme des Rechts (viva vox iuris) im Gesetz genannt ist. Zu dieser Instanz wurden der Papst oder der Kaiser. Die Autorität des Textes, dessen Kompilatoren und Kommentatoren »emblematisch […] den Diskurs der Wahrheit in die Körper [einstanzen]« (Legendre), hat bis heute eine nicht zu unterschätzende Virilität im Bau des römisch-christlich-industriellen Abendlandes.

Die klassischen vier Modi der Auslegung stellten den vorerst letzten Versuch dar, Interpretation und Vernunft zu liieren. Savignys wissenschaftlich-systematisches Bestreben galt dem Anliegen, von der Vernunft zu retten, was durch die Französische Revolution und ihre Derivate, die durch Menschengeist geschaffenen Gesetzbücher, nicht zerstört worden war. Es nutzte nichts. Die Zeit der Lichter, der lumières, hatte – neben dem Mangel an Brot und der königlichen Aufforderung, doch Kuchen zu essen – zu jener Revolution geführt, womit die Vernunft sich zu ihren Kindern gesellte. Die Vernunft gehörte nun allen, was der »wissenschaftliche« Jurist Savigny nur als Verlust begreifen konnte. Das Volk jedenfalls – zunächst eher das neue Bürgertum als der demos – nahm seine Gesetze mehr und mehr in die Hand. Die permanente juristisch-kodifikatorische Revolution war unaufhaltbar, und die Buchstaben der von Savigny so gefürchteten Gesetze breiteten sich aus. Die vier Arten der Interpretation blieben zwar »bestehen« und dienen bis auf den heutigen Tag als Vehikel des vernünftigen Verstehens. Doch unterminierten die Möglichkeit, »verstandene« Gesetze ständig zu ändern, sowie die Produktivität des »Gesetzgebers« das dauerhafte Verstehen.

Außerdem wurde deutlich, dass man versteht, was man verstehen will. Jeder (Leser) steht vor dem Eingang, der nur für ihn bestimmt ist, und kreiert eine Bedeutung eines Textes. Diese nachmetaphysische Vorstellung der Konstruktion von Sinn hat sich als schwer aushaltbar erwiesen. »Intersubjektivität« ist eine Antwort, um bei der kopernikanischen Wende nicht umzufallen. »Herrschende Meinung« eine primitive juristische. »Kulturelles« und »kollektives« Gedächtnis eine weitere und raffiniertere. So können die vielen (Möglichkeiten) auch auf dem Gang der Geschichte zusammengetrommelt werden. Die vier Auslegungen sind Teil jener Strategie ohne Strategen. Die geregelten Interpretationen bemänteln eine Entscheidung, die beim Richter in ein Urteil mündet. Eine Entscheidung, die nötig ist, weil das Gesetz hinter den Buchstaben der Gesetze nicht präsent ist. Und selbst wenn die Buchstaben des Gesetzes dem Menschen »auf den Leib geschrieben« werden, wie in Kafkas Erzählung »In der Strafkolonie«, führt dies nicht zum Verstehen, sondern zum Tod. »Lesen Sie«, forderte der Offizier den Reisenden auf, als er ihm die Mappe mit den Mustern für die in die Körper einzutragenden Urteile, die aus den gesetzlichen Geboten selbst bestehen, zeigt. »Ich kann es nicht entziffern«, bemerkte der Reisende. Der Offizier antwortete: »Man muß lange darin lesen. Auch Sie würden es schließlich gewiß erkennen. Es darf natürlich keine einfache Schrift sein; sie soll ja nicht sofort töten, sondern durchschnittlich erst in einem Zeitraum von zwölf Stunden.«

Wir wissen nicht, was das Gesetz ist, wir können es nicht wissen. Wir kennen es nicht, weil es in ihm nichts zu erkennen gibt. Es hat kein Inneres, keinen Inhalt, den man ausgießen könnte. Die Juristen glauben dennoch, hinter die Buchstaben blicken zu können. Durch Auslegung versuchen sie, das Gesetz zum Leuchten zu bringen. Doch die Buchstaben des Gesetzes bleiben schwarz. Allerdings scheinen sie etwas zu sagen und verführen uns dazu, einen Sinn zu entdecken in dem, was sie sagen. Respekt vor den Schriften! Aber sagen sie überhaupt etwas? Odysseus, so erzählt der blinde Homer, hörte, an den Mast gefesselt, während seine Ruderer sich mit Wachs in den Ohren vorsahen, den Gesang der Sirenen. Kafka erzählt, die Sirenen hätten »eine noch schrecklichere Waffe als den Gesang, nämlich ihr Schweigen«. Odysseus sah zwar die Hälse der »gewaltigen Sängerinnen« sich recken, die Münder halb geöffnet, »das tiefe Atmen« und »die tränenvollen Augen«. Doch er »hörte ihr Schweigen nicht, er glaubte, sie sängen«. Vor dem Gesang hätte er sich vielleicht retten können, »vor ihrem Schweigen gewiß nicht«. »Dem Gefühl, aus eigener Kraft sie besiegt zu haben, der daraus folgenden alles fortreißenden Überhebung kann nichts Irdisches widerstehen.« Und so offenbart »Das Schweigen der Sirenen«: »Gerade als [Odysseus] ihnen am nächsten war, wußte er nichts mehr von ihnen.«

Schwarze Buchstaben, Schweigen, Nichtwissen, die Ahnung eines Glanzes des Gesetzes – was ist geblieben von der bibliophilen Hoffnung des Prost de Royer, der einst 1781 das unitarische, allen verständliche Gesetz erträumte?

Das Recht ist nackt. Jetzt, nach zweihundert Jahren Gesetz in Frankreich und einhundert Jahren Gesetz in Deutschland, ist es als gesetztes Recht fragwürdig geworden. Die Welt ist dabei, sich überall einzurichten – Recht spielt dabei eine eher untergeordnete Rolle. Die Zweifel an der Steuerungsfähigkeit des Rechts für die Gesellschaft – neben virulenten allgemeinen wissenschafts- und erkenntnistheoretischen Zweifeln an der Möglichkeit und an dem Segen von Wissenschaft und Wissen – sind Legion und haben zum Verlust von Gewissheit sowohl bei den Normproduzenten als auch bei den Normadressaten geführt. Die frühere Einheit des Rechts und des Wissens, von der die alten Alphabete des Rechts und ihre Nachfolger, der Code und das Gesetzbuch, Zeugnis ablegen, ist zerbrochen. Die Rechts-Erkenntnis, die Vorstellung, dass Recht etwas mit Wissen zu tun haben könnte, kann nicht mehr festgehalten werden. Privatrechte – im unendlichen Plural – breiten sich in der Weltgesellschaft aus. Die Unterscheidung privat/öffentlich, die archaischen Konditional- und Zweckprogrammierungen, ja selbst die Idee von Gerechtigkeit und Verfassung verlieren an suggestiver Kraft, dort, wo nicht mehr klassische, durch »psycho-akustische Inszenierungen« (Sloterdijk) unterhaltene Nationen ihre Machtspiele treiben, sondern Global Players – inklusive des letzten in der politischen Weltliga agierenden Spielers – testen, was geht. Das Recht, das sich letztere selbst schaffen, mit eigener Jurisdiktion, gründet sich auf nichts mehr, allenfalls auf die Aussicht auf Profit. Es ist der Versuch, dem letzten Mythos, der dem Recht geblieben ist, den Schleier fortzureißen.

Nachdem Gott, Natur, Vernunft, Wissenschaft und Politik der Begründung des Rechts enthoben sind, bleibt ein Paradox übrig. Das Paradox der Unterscheidung der Unterscheidung von Recht und Unrecht. Ist die Unterscheidung von Recht und Unrecht mit Recht oder mit Unrecht getroffen worden? Diese Frage darf nicht auftauchen, muss ein blinder Fleck bleiben, da sonst jedes Gesetz hinterfragt werden könnte. Das Fragen aber muss aufhören – spätestens, wenn man bei der Verfassung angelangt ist –, da sonst nicht mit Recht entschieden werden kann. Es handelt sich um ein Verbot. Ein Verbot, das dem Legitimationsdiskurs in intern hierarchisch organisierten (Normen)systemen, wie einer vollpositivierten Rechtsordnung, eigentümlich ist. Die neuen, vor allem in der lex mercatoria erprobten Rechtsformen scheren sich nicht um Letztbegründungen. In einer radikal horizontalen, die mappemonde, die Weltkarte, durchziehenden Diskursordnung des Rechts der Unternehmen wird ein unglaubliches Experiment gewagt: Kommt der Mensch in der Gesellschaft ohne verfasstes, und sei es durch Tradition begriffenes, Recht aus?

Kann der Mensch hinter die Unterscheidung Recht/Unrecht blicken – den eigentlichen, jedes aufgeschriebene Gesetz transzendierenden Code der Moderne? Hält er die Fratze des gesetzlosen (Un)Rechts aus?

Accessoire

Das Schreiben des Rechts – gilt sowohl im Falle des genetivus objectivus wie im Falle des genetivus subjectivus: Das Recht schrieb sich selbst in das Buch des Rechts ein.

Die Rede von der Erfindung des Buchdrucks durch Gutenberg und somit im 15. Jahrhundert ist natürlich eine an sich unzulässige eurozentristische Verkürzung und Einschrumpfung der Geschichte. Weltgeschichtlich gesehen darf China nicht vergessen werden und damit eine um viele Jahrhunderte verlängerte Geschichte des Buchdrucks. Für Europa siehe die auch theoretisch anspruchsvolle Arbeit von Michael Giesecke, Der Buchdruck in der frühen Neuzeit. Eine historische Fallstudie über die Durchsetzung neuer Informations- und Kommunikationstechnologien, Suhrkamp: Frankfurt am Main 1991.

Zur Technologie der juristischen Textherstellung hält man sich am besten an Douglas J. Osler, Text and Technology, in: Rechtshistorisches Journal 14 (1995), S. 309 ff., sowie ders., Preface zum ersten Band der Bibliographica Iuridica: Catalogue of books printed on the continent of Europe from the beginning of printing to 1600 in the library of the Max-Planck-Institut für Europäische Rechtsgeschichte, Frankfurt am Main, compiled by Douglas J. Osler, Vittorio Klostermann: Frankfurt am Main 2000, S. VII ff.

Zum Mythos eines neuzeitlichen paneuropäischen Rechtssystems in Form eines ius commune und zu den historiographischen Phantasien einer darauf beruhenden Europäischen Rechtsgeschichte siehe Douglas J. Osler, The Myth of European Legal History, in: Rechtshistorisches Journal 16 (1997), S. 393 ff.

Der neue Star der juristischen Instruktion, der unitarische Code, wird von Prost de Royer enthusiastisch herbeigesehnt in dem von ihm neu bearbeiteten Dictionnaire de Jurisprudence et des Arrêts, Ou Nouvelle édition du Dictionnaire de Brillon, connu sous le titre de *Dictionnaire des Arrêts & Jurisprudence universelle des Parlemens de France & autres Tribunaux*; augmentée des matieres de Police, d'Agriculture, de Commerce, de Manufactures, de Finance, de Marine & de Guerre, dans le rapport qu'elles ont avec l'administration de la Justice, 7 Bände, Aimé de la Roche: Lyon 1781–1788, Vorwort.

Die nachbarschaftlichen Beziehungen der Rechtswissenschaft sind analysiert bei Dieter Grimm (Hrsg.), Rechtswissenschaft und Nachbarwissenschaften, 2 Bände, C.H. Beck: München 1976; zum Schlachtenlärm vergangener Grenzüberschreitungen siehe auch Dieter Simon, Es ist, wie es ist, in: Otto Gerhard Oexle (Hrsg.), Naturwissenschaft, Geisteswissenschaft, Kulturwissenschaft: Einheit – Gegensatz – Komplementarität?, Wallstein: Göttingen 1998, S. 79 ff.

Die Savigny-Zitate sind entnommen: Friedrich Carl von Savigny, System des heutigen Römischen Rechts, 1. Band, Veit: Berlin 1840, S. 215, 207 f., 213. Vgl. auch ders., Vorlesungen über juristische Methodologie 1802–1842 (hrsg. von Aldo Mazzacane), Klostermann: Frankfurt am Main 1993, S. 140 ff., 145.

Jacques Derridas Erfahrungssatz zur Gerechtigkeit findet sich in: ders., Gesetzeskraft. Der »mystische Grund der Autorität«, Suhrkamp: Frankfurt am Main 1991, S. 33.

Zu Interpretation und Leere des Gesetzes vgl. die Überlegungen von Pierre Legendre, »Die Juden interpretieren verrückt«. Gutachten zu einem klassischen Text, in: Psyche. Zeitschrift für Psychoanalyse und ihre Anwendungen XLIII (1989), S. 20 ff., 32, 30, sowie Gilles Deleuze, Sur quatre formules poétiques qui pourraient résumer la philosophie kantienne, in: ders., Critique et clinique, Éditions de Minuit: Paris 1993, S. 40 ff., 45 ff.

Für Kafkas Erzählungen »In der Strafkolonie« und »Das Schweigen der Sirenen« wurde herangezogen: Franz Kafka, Sämtliche Erzählungen, hrsg. von Paul Raabe, Fischer: Frankfurt am Main 1970, S. 100 ff.; 304 f. Für »Der Proceß« wurde benutzt die von Malcolm Pasley herausgegebene Ausgabe bei S. Fischer: Frankfurt am Main 1990.

Peter Sloterdijks Klingelwort gehört zu seiner Analyse des »Urtextes aller deutschen Ruck-Reden« (S. 35), Johann Gottlieb Fichtes »Reden an die deutsche Nation«: Der starke Grund, zusammen zu sein. Erinnerungen an die Erfindung des deutschen Volkes, Suhrkamp: Frankfurt am Main 1998, S. 27.

Zum modernen Welt(Wirtschafts)Privatrecht siehe Gunther Teubner, Globale Bukowina. Zur Emergenz eines transnationalen Rechtspluralismus, in: Rechtshistorisches Journal 15 (1996), S. 255 ff.; sowie ders. (Hrsg.), Global Law without a State, Dartmouth: Aldershot 1997. Was Recht und Gesetz im Weltmaßstab bedeuten, kann in ganz anderer Weise auch anlässlich der Debatten um den zweiten Golfkrieg, den Überfall der USA auf den Irak, beobachtet werden. Nichts! Das Völkerrecht ist ein Tummelplatz der verschiedensten Auffassungen, Traditionen, Überzeugungen, Machtspiele. Auch hier sind die Interpretationen massenhaft in der Welt. Und diese Interpretationsvielfalt, die durch kein Gesetz und kein Gericht auf eine Entscheidung reduziert werden kann, dieser medial angefeuerte weltweite Chor der Dissonanz macht das (Völker)Recht zu einem Spielball der Macht. Auch das nackte, selbstreferentielle, von Gott und Kaiser emanzipierte Recht bleibt ein willkommenes Fressen für die Mächtigen der Welt. Der moderne Code mag das Recht kommunikativ einschließen und universell verwendbar machen, die Macht lässt sich durch Codes wenig beeindrucken.

Dalloz

Das Gesetz vom 30. ventôse des Jahres XII war das folgen-
reichste in der Rechtsgeschichte Frankreichs. An jenem 21.
März 1804 vereinigte dieses Gesetz 36 Einzelgesetze, die getrennt dekretiert und promulgiert worden waren. Der Titel des
Gesetzes lautete: Code civil des Français. Victor Alexis Désiré Dalloz war zu diesem Zeitpunkt achteinhalb Jahre alt und
dachte auf den Höhen des heimatlichen Jura sicher nicht an
Gesetze und den einen Code, der den alten Traum der Rechtsvereinheitlichung endlich umzusetzen schien. Der kleine Désiré sollte noch viel Zeit in seinem Leben haben, in Gedanken
Gesetzen nachzuhängen. Er starb am 13. Januar 1869, und die
Zeit davor war ein einziger Parcours in Sachen Recht. Désiré
Dalloz absolvierte eine glanzvolle juristische Karriere. Advokat, Advokat an der Cour de Cassation, mit 31 Jahren Präsident
des Ordre (also der Rechtsanwaltskammer), große Prozesse,
ein Liberaler, Deputierter, ein Mann des öffentlichen Lebens
und Ansehens. Zur emblematischen Figur des juristischen 19.
Jahrhunderts in Frankreich wurde er jedoch nicht durch seine
oratorische und politische, sondern durch seine schriftstelleri-
sche Leistung, die »Jurisprudence générale du Royaume. Répertoire méthodique et alphabétique de législation, de doctrine
et de jurisprudence«. Allen nachfolgenden Collectionierungen
zum Trotz: Désiré Dalloz ist der letzte und der größte Or-
ganisator der Materialien des Rechts. Seine Sammelwut und
seine Anordnungsgabe sind auf dem Feld des Juridischen unübertroffen. 12 schwere Quartbände in der ersten Auflage,
1824/1825 kam der erste Band heraus. 44 Bände (in 47 Bänden)
in der Nouvelle édition ab 1845, bei der Armand Dalloz, der
Bruder, hilft. Eine literarische Sensation – am 5. Februar 1846
erhält D. D. das Offizierskreuz der Ehrenlegion –, gefolgt von
19, ein eigenes Alphabet bildenden Supplementbänden, der
letzte erscheint 1897.

Der napoleonische Code hatte die alte doktrinäre, jurispru-
dentielle und legislative Zersplitterung des Rechts aufheben
sollen. Der Code sollte der neue große Verdauer der Rechts-
materien sein, und aus ihm sollte sich die richtige – und das
hieß im Vergleich zu sogenannten ähnlich gelagerten Fällen
einheitliche – Entscheidung im Rechtsfall ergeben. Der Code,
der eine, überall im Land gleich gültige Code, versprach die
finale Aufhebung der vor 1789 so verschiedenen, in den gewaltigen Alphabeten des Rechts so sorgfältig wie vertrackt aufbewahrten Judikaturen. Die Vereinheitlichung der Rechtsprechung, die Entmachtung der mächtigen lokalen Gerichtshöfe
mit ihren eigenen Gesetzen und Stilen, die Zurichtung auf ein
Gesetz, einen Sinn, eine Entscheidung – das sollte der große
Code bewirken. Désiré Dalloz war ein Bewunderer des einen
Gesetzbuchs für alle Franzosen, aber 20 Jahre nach dessen
Verkündung musste er in der Einleitung zur 1. Auflage seines Mammutwerkes ernüchtert feststellen, dass er und seine
Zeitgenossen trotz der herrschenden Gesetze noch weit davon
entfernt waren, eine lange Serie von einheitlichen Urteilen zu
erleben und damit die universelle Vernunft am Werke zu sehen. Die Rechtsprechung blieb unsicher. Dalloz sah, was man
bis heute sehen kann: Niemand kann sich heute auf gestern
verlassen. »Jeden Tag geschieht es, dass ein Gericht genau das
Gegenteil von dem entscheidet, was ein anderes Gericht oder
mehrere andere Gerichte zuvor geurteilt hatten. Nicht selten
sieht man den Zwist sich inmitten ein und derselben Kammer
einrichten.« Immer wieder werden neue Lichter auf die Normen und die Fakten geworfen. Und immer sieht ein Jurist etwas anderes als ein anderer Jurist.

Hinzu kommen die Lehrmeinungen, die sich wissenschaftlich nennenden juristischen Überlegungen eines Individuums.
Der Code konnte sie nicht verhindern. Der Code war so wenig ein Automat wie der Richter. Die Ente des Mechanikers
Jacques de Vaucanson, die stets gleichmütig Körner aufpickt,
verdaut und den immergleichen Rest ausscheidet, oder der
großartige filigrane Flötenspieler, der ohne Zagen automatisch

Töne blies, waren Schaustücke eines 18. Jahrhunderts der Lumières, das auf die Berechenbarkeit der Vernunft, den Fortschritt und das Wohlergehen der Menschheit hoffte. Der Code als Gesetzbuch funktionierte nicht so, wie es die mechanischen Träume wenige Jahrzehnte zuvor suggeriert hatten. Der Code war, kaum in Kraft gesetzt, unwiederbringlich verloren. Er galt nur einen Moment lang. Neben den Rechtsprechungen und dem Leben waren Lehrmeinungen Urheber der Irritationen, die den Code im Sturm des Rechtsdiskurses schwanken ließen. Als Jacques de Maleville – neben Portalis, Tronchet und Bigot de Préameneu der vierte der von Napoleon am 24. thermidor des Jahres VIII berufenen offiziellen Redaktoren des Code civil – 1805 seine bescheidene »Analyse raisonnée de la discussion du Code civil au Conseil d'Etat« dem Kaiser vorlegte, erregte sich Napoleon, und es entfuhr ihm: »Voilà mon Code perdu!«

Die Feststellung der Buchstaben des Gesetzes auf den Seiten der offiziellen Ausgaben des Gesetzbuchs führte also gerade nicht zum Festhalten des Code. Der Code war verloren, in dem Augenblick, als er das Licht der Welt erblickte. Alle Gerichte des Reiches konkurrierten nun in der Interpretation der für jede Kammer, jeden Richter gleichen Buchstaben. Die Professoren und Advokaten beteiligten sich sofort an diesem Wettlauf, der ein unerreichbares Ziel vor Augen hatte – das Recht in eine Maschine zu verwandeln, die berechenbare Urteile ausspuckt. Désiré Dalloz unternahm als letzter noch einmal die Anstrengung, alle Elemente, deren eine derartige Maschine bedürfte, zusammenzuraffen. Im Gegensatz zu Merlin, der den inzwischen betagten Répertoire universel et raisonné de jurisprudence von Guyot, der seinerseits auf Brillon beruhte, mit neuer Gesetzgebung und Rechtsprechung auffüllte, machte sich Dalloz an ein grundlegend neues Werk. Den Ballast alter Zeiten warf er ab. Ausschließlich das neue Recht fand Eingang in seine Jurisprudence générale. Hauptmaterial war die neue Rechtsprechung. Dalloz sah genau, dass dort, wo entschieden wird, der Kern einer jeden Rechtsordnung liegt,

weshalb auch unveröffentlichte Urteile in großer Zahl wieder-
gegeben werden. Gesetzgebung und Doktrin bleiben natürlich
nicht unberücksichtigt, rücken jedoch in das zweite Glied.

Désiré Dalloz war also der letzte Konstrukteur einer ulti-
men, endlich die Zeit hinter sich lassenden Rechtsprechungs-
maschine. Eine veritable Wissenschaft der Urteile, eine Science
des arrêts, wollte er begründen. Die Urteile sollten nicht mehr
so kritiklos, fehlerhaft, unsystematisch wie bisher gesammelt
und angeordnet werden. Sie sollten eingefangen werden in ein
Netz, gewoben aus Methode und Alphabet. Methode ist wich-
tiger als Alphabet. Das Alphabet stellt ohne Ansehen der Relevanz der Materien und ohne Ansehen irgendeines Zusammen-
hangs alles nacheinander. Die Arretisten des 18. Jahrhunderts
waren Fetischisten des Alphabets gewesen. Sie hatten vor allem
darauf geachtet, dass alle nur erdenklichen Rechtsbegriffe lemmatisiert waren und so das Nachschlagen vereinfacht wurde.
Doch was fand man, wenn man nachschlug? Massakrierte Urteile, deren verschiedene, zu diversen Materien gehörende Teile
auf alle möglichen Lemmata verteilt waren. Der Zersplitterung
der Rechtsprechung entsprachen im alphabetischen Uniformi-
tätsapparat zerfetzte Entscheidungen. Dalloz erkannte zwar
die praktischen Vorteile der alphabetischen Ordnung an, deren Potential, Sinn und Zusammenhang zu zerstören, wollte
er aber möglichst minimieren. Er verringerte die Anzahl der
Lemmata drastisch, ließ nur Oberbegriffe zu und ordnete diesen alle Accessoria zu. Diese »methodische« Vorgehensweise
ließ riesige Einträge entstehen, die stets drei Teile beinhalteten:
Gesetzgebung, Lehre, Rechtsprechung.

Das war also die Idee des größten juristischen Nachschlage-
werks aller Zeiten: »in einem großen Rahmen und in Form von
Abhandlungen die Gesetzgebung, die Lehre und die Rechtsprechung über jeden Gegenstand zu vereinen und darzulegen;
dem letzten dieser drei Elemente des Rechts den berechtigten
Anteil der ihm eigenen Autorität zurückzuerstatten, indem es
Zugang erhält in den Bereich der Wissenschaft, aus der es an-
sonsten ausgeschlossen oder von der es mindestens getrennt

war aufgrund des Fehlens irgendeines speziellen Unterrichts und aufgrund der Verworrenheit seiner verstreuten Monumente in den Sammlungen; in einem Wort, die verschiedenen Begriffe und Vorstellungen näherzubringen und durch diese Annäherung ins Licht zu setzen, Begriffe und Vorstellungen, deren Gesamtheit allein die wirkliche und praktische Kenntnis der Gesetze schafft.«

Diese systematische Einordnung des zuvor additiv bewahrten jurisprudentiellen Wissens hatte einen immensen Erfolg. Die erste Auflage des Dalloz war in Windeseile vergriffen, die Italiener fertigten unter Einarbeitung eigenen Rechts eine Übersetzung an, die Belgier druckten eine Version, die schon Dalloz urheberrechtlich sehr bedenklich anmutete.

Und wie stand es mit dem »riesigen Chaos« mit seinen »unzählbaren Monumenten, die die *jurisprudence* darbietet«? Fiel Licht hinein? War nun der Ariadnefaden gesponnen, der Hilfe versprach in »diesem unentwirrbaren Wirrwarr, wo sich entmutigt der Verstand des Verwalters, des Richters und des Rechtskundigen verlor«? Fünfzehn Jahre nach der im Jahr 1830 erfolgten Auslieferung des 12. Bandes der ersten Auflage war das Licht fahl geworden und der Faden gerissen. 1845 erschien die neue Edition, das Monument der modernen französischen Rechtskultur. Zehntausende eng bedruckte Seiten. Dalloz führte Randnummern ein. Den Überblick auf einer einzigen Seite zu behalten wurde schwierig. Waren nun der Reichtum der Rechtsprechung, diese schweigende Gesetzgebungsmaschinerie, die Akkumulation von Sinn, die Verweigerung von Imitation, la confusion qui règne, erschöpft? Der junge Désiré Dalloz hoffte noch, die Anzahl der Volumina begrenzen, ja minimieren zu können. Das ist ihm schon 1824 bis 1830 nicht gelungen. Jetzt, in der Zeit nach 1845, gelang es ihm schon gar nicht mehr. Jeder Band, der erschien, war ein Pfahl im Fleische der einheitlichen Wissenschaft der Urteile. Jeder Band diente der Vereinheitlichung, und jeder Band zerstörte sie aufs Neue. Wie ein Krebsgeschwür fraßen die in den Bänden enthaltenen Tausende Gesetze, Theorien und Entscheidungen die Idee der

Einheit auf. Die alten Alphabete hatten noch durch unsauberes Zitieren, Weglassen von Gesichtspunkten und oberflächliche Konsiderationen einen Schein des einheitlichen Ganzen erzeugen können. Dalloz will sich das nicht leisten. Er kann es sich auch nicht so leicht machen und ein wenig phantasieren, wie die Alten. Schließlich werden Urteile jetzt, im 19. Jahrhundert, begründet. Das erfordert Genauigkeit, die Motive sind nicht zu erraten, sondern zu analysieren, die Fakten müssen sorgfältig berichtet werden, sonst versteht der Leser die rapportierten Motive der Richter nicht, und die winzigste Feinheit, »la plus légère nuance«, wird unverzichtbar.

Désiré Dalloz hatte 1824 ein jeden Juristen (und Klienten) faszinierendes Versprechen gegeben: Ein »clin-d'œil« sollte ausreichen, sich über ein bestimmtes Rechtsproblem zu instruieren. Im Stile des alten Brillon versprach er den Nutzern seiner Jurisprudence générale, seien es Advokaten, Richter oder allgemein »jeunes légistes«, leicht zugängliche, umfassende Information. Nichts davon wurde wahr. Die Bände schwollen an. Es wurden immer mehr. Dutzende. Die aneinandergereihten Bände quollen rechts und links aus dem Gesichtsfeld, wenn man vor ihnen stand. Ein Augenzwinkern reichte nicht. Die Augen ermüdeten vom langen Lesen der kleinen Schrift.

»Une encyclopédie du droit«, sogar eine »bibliothèque de jurisprudence« sollte das große Digestum in seiner 2. Auflage sein. So hoffte der große Dalloz. Doch er wäre nicht so groß gewesen, wenn er nicht geahnt hätte, dass sein Werk das Werk einer vergehenden Zeit war. »Bibliothèque de jurisprudence« – mit dieser Referenz an die alten Alphabete des Rechts hat Dalloz sein eigenes Alphabet in die historische Spur gesetzt, hat selbst seine Jurisprudence générale in die Geschichte eingeschlossen. Die zweite Auflage startet 1845 mit dem zweiten Band, der aber mit dem Eintrag »A (Première lettre de l'alphabet)« beginnt. Der letzte Band erscheint 1870. Es ist Band I, der nun die 1845 bereits in der Einleitung zum Gesamtwerk angekündigte historische Einführung, die Geschichte des französischen Rechts, enthält, die erst gegeben werden konnte, als das Ganze abgeschlossen war. Dalloz spannt mit dem letzten und zugleich ersten Band sein Werk in Geschichte. Eine Geschichte, aus der es kein Entrinnen gibt. Désiré Dalloz wusste, dass gerade ein Werk wie seines mit dem Versuch, das Ganze des Rechts einzufangen, unzeitgemäß war. Ein Strom lässt sich nicht im Glas, und sei es noch so groß, auffangen.

Gaston Griolet und Charles Vergé, die Herausgeber der Supplementbände, die von 1887 an erschienen, waren nicht so luzide wie der Begründer. Sie meinten, dass Komplettierungen, Ergänzungen, ausreichten, um »die wahre Enzyklopädie des französischen Rechts im 19. Jahrhundert« fortbestehen zu lassen. Sie waren überzeugt davon, dass der Code civil »intact« geblieben war, dass »sich das Recht Frankreichs noch nicht verändert hat, dass es nicht einmal merklich gealtert ist«. Sie hatten nicht begriffen, was das Gesetz für die Alphabete des Rechts bedeutete. Das Gesetz hatte zunächst die alten Alphabete scheinbar obsolet werden lassen. Allerdings nicht in der intendierten Weise. Der revolutionäre Code hatte die alphabetischen Ordnungen keineswegs überflüssig gemacht. Die Vereinheitlichung der Doktrin, der Jurisdiktion, des Rechts war gerade nicht eingetreten. Das Alphabet in Verbindung mit dem System wurde mehr denn je benötigt, deswegen gebar Dalloz seine Jurisprudence générale, und damit bekam das enzyklopädische Alphabet seine zweite Chance. Aber es war überfordert. Es war hoffnungslos überfordert. Das Recht änderte sich jeden Tag, es wurde jeden Tag gesprochen und lieferte so jeden Tag neues Material für die Enzyklopädie. Supplemente waren Zeichen ebenso großen Fleißes wie in die Augen stechender Fruchtlosigkeit. Schon vor dem zehn Jahre währenden Erscheinen waren die Bände veraltet und damit für den Juristen nutzlos, ein schöner Wandschmuck im Cabinet, allenfalls.

Désiré Dalloz hatte sich nicht der Illusion des kaum veränderten, ja immer noch frischen, dauerhaften Rechts hingegeben. Er wusste um die Macht der Rechtsprechung. Er wusste es, hatte er doch der Bändigung derselben in einer Enzyklopädie sein ganzes Leben gewidmet. Ein Leben, dem am Ende nur die Beschäftigung mit der Geschichte des Gegenstandes blieb, von dem er 1845 schrieb, dass er »die erhabenste und gewaltigste unter den Sozialwissenschaften« sei. Von diesem Gegenstand, dem Recht, wusste er aber schon zum Zeitpunkt, als der erste Band (Band II) der Mammutenzyklopädie erschien, dass er nicht enzyklopädisch zu fassen sei. Die Enzyklopädie war ein totgeborenes Kind, dessen Leiche von seinem Erzeuger in voller Pracht im Mausoleum der Jurisprudence générale aufgebahrt wurde.

Aber der Zwilling, der 1825 gemeinsam mit der ersten Auflage der Enzyklopädie auf die Welt kam, war lebensfroh und -tüchtig. Der Zwilling lebte. Dieser Zwilling brauchte keine Supplemente und Vorworte blinder Herausgeber. Er lebt noch heute und feuert jede Woche mit seinen verschiedenen Branchen die juristische Kommunikation an. 1825 gab Dalloz ihm, dem Nachfolger des urteilsfixierten »Journal des Audiences de la Cour de Cassation« (1791–1824), den Namen: Jurisprudence générale, recueil périodique. Es handelte sich um eine anfangs monatlich, später wöchentlich erscheinende Zeitschrift, in der die neuen Entscheidungen, Gesetze, doktrinären Strömungen dokumentiert, annotiert, diskutiert wurden. Aktuell. Damit hat das Alphabet endgültig ausgedient. In dem Augenblick, als die erste Ausgabe des größten Alphabets des Rechts erschien, mussten ihm Zeitschriften sekundieren. Monatlich, wöchentlich erscheinende Registraturen der jurisdiktionellen Polyphonien. Die Zeitschriften wurden zwar wieder mit Hilfe alphabetischer Indices erschlossen, doch ruhten sie nicht mehr im Schoße des Alphabets selbst. Der große juristische Traum, die Zusammenfügung der fragmentierten Rechte und Entscheidungen in der Form eines Alphabets des Rechts, war im Moment seiner größten Entfaltung ausgeträumt. Das Alphabet scheiterte an der Masse seiner Fragmente, der eingeführte unitarische Code erlebte seine eigene Fragmentierung. Es blieben atomisierte Fetzen in den juristischen Wochenschriften seither. Désiré Dalloz steht für das Ende und den Anfang des Prozesses der Eingrenzung und Entgrenzung des Ganzen des Rechts.

Kein Wunder also, dass die berühmteste juristische Zeitschrift Frankreichs, die 1825 ihr zersetzendes Licht auf die traute (Einheits)Welt des Rechts zu werfen begann, heute schlicht den Namen ihres Gründers trägt: Le Dalloz.

Accessoire

Neben dem Code civil dürfen natürlich die anderen auf ihn folgenden uniformierenden Legislationen nicht vergessen werden, wie der Code de procédure civile (1806), der Code de commerce (1807), der Code d'instruction criminelle (1808) und der Code pénal (1810).

Zur Familie Dalloz, die mit Désiré, dem Monsieur Dalloz Ainé, zur Juristenfamilie wurde, gehören neben dem Bruder Armand, Dalloz Jeune, noch die beiden Söhne Désirés, Edouard und Paul, beide Advokaten, der erste: Nachfolger des Vaters als Deputierter des Jura, der zweite: Direktor des Moniteur – und natürlich helfen sie dem Vater bei seinem Lebenswerk. Zum Familienunternehmen gehört auch, dass Désiré und Armand 1824 in Paris das Verlagshaus Dalloz gründen. Zu »Désiré Dolloz (1795–1869)« hat der Advokat François Papillard eine biographische Skizze verfasst (Paris 1964). Die Geschichte der Juristen Dalloz im 19. Jahrhundert ist noch nicht geschrieben.

Die bibliographischen Daten für die erste der beiden Enzyklopädien von Dalloz sind nicht eindeutig anzugeben. Ein weiterer Beleg dafür, dass mit dem Buchdruck die Varianz innerhalb einer Auflage keineswegs ausgeschlossen ist, was den Begriff der Auflage sogar bis in das 19. Jahrhundert hinein zumindest in einzelnen Fällen problematisch bleiben lässt. Die »Jurisprudence générale du Royaume, en matière civile, commerciale et criminelle, ou journal des audiences de la cour de cassation et des cours royales. Nouvelle collection entièrement refondue, composée par ordre alphabétique des matières; augmentée d'un nombre considérable d'arrêts, et contenant la jurisprudence depuis l'origine de la cour de cassation jusques et y compris l'année 1824« von M. (Monsieur) Dalloz und »plusieurs jurisconsultes« erschien in Paris bei Duverger. Aber wann? Die Angaben gehen auseinander. Entweder 1824 oder 1825. Der letzte Band erscheint entweder 1831 oder 1832. Das hier vorliegende Exemplar ist für die 12 Bände datiert von 1827 bis 1830. Wie lassen sich die verschiedenen Datierungen, ohne dass es sich um erkennbar neue, andere, verschiedene »Auflagen« handelt, erklären? Das Werk war ein großer Erfolg, die ersten Bände schnell vergriffen, also wurden einfach im Laufe der ersten drei Jahre, nach Bedarf, unveränderte Nachdrucke, wie man heute sagen würde, produziert, bei denen lediglich das Erscheinungsjahr entsprechend geändert wurde. Bei der zweiten, der großen Enzyklopädie gibt es keine Unregelmäßigkeiten. Monsieur D. Dalloz hat sie herausgegeben, unter Mitwirkung von Armand Dalloz, seinem Bruder, und natürlich wieder von »plusieurs jurisconsultes«. Titel: »Jurisprudence générale. Répertoire méthodique et alphabétique de législation, de doctrine et de jurisprudence en matière de droit civil, commercial, criminel, administratif, de droit des gens et de droit public. Nouvelle édition considérablement augmentée et précédée d'un essai sur l'histoire générale du droit français«. Der erste Band (Band II) erschien 1845, der letzte (Band I) 1870 in Paris im Bureau de la jurisprudence générale. Die Supplemente erschienen ebenda von 1887 bis 1897, herausgegeben von Gaston Griolet und Charles Vergé. Die Zitate im Text finden sich jeweils in den Einleitungen dieser Ausgaben.

Die Pflicht, Urteile zu begründen, beruht auf dem Gesetz vom 16.–24. August 1790. Die Begründungspflicht wurde am 20. April 1810 nochmals per Gesetz bekräftigt. Gemeinsam mit der Einrichtung der Cour de Cassation bedeutete dies den entscheidenden Umschwung zu einer neuen Konzeption der Rechtsprechung, deren alte »jurisprudence des arrêts« aus dem Ancien régime diskreditiert war. Vgl. dazu etwa Jean-Louis Halpérin, Histoire du droit privé français depuis 1804, Presses universitaires de France: Paris 1996, S. 53 f. Zur Begründungspflicht in Deutschland siehe nun Stephan Hocks, Gerichtsgeheimnis und Begründungszwang.

Zur Publizität der Entscheidungsgründe im Ancien Régime und im frühen 19. Jahrhundert, Vittorio Klostermann: Frankfurt am Main 2002.

Die Geschichte von Napoleons verlorenem Code erzählt Alfred Marcille, Eloge de D. Dalloz, Ancien Président de l'Ordre des Avocats aux Conseils; Discours Prononcé à l'ouverture de la Conférence du Stage des Avocats au Conseil d'Etat et à la Cour de Cassation, Le 23 Novembre 1907, S. 27. Doch was hat der Kaiser wirklich gesagt? Ganz genau lässt sich das naturgemäß – hat er doch gesprochen und nicht selbst aufgeschrieben – nicht mehr feststellen. Eugène Gaudemet hat den kaiserlichen Ausruf etwas anders gehört: In »L'interprétation du Code civil en France depuis 1804«, Helbing & Lichtenhahn, Sirey: Basel und Paris: 1935, ruft Napoleon auf Seite 13 aus (»s'écria«): »Mon Code est perdu!« Gaudemet erkennt hier den Ausbruch einer »colère« (S. 16). Auch R. Savatier berichtet in »L'Art de faire les lois. Bonaparte et le code civil«, Dalloz: Paris 1927, S. 39: »Napoléon s'écriera: ›Mon Code est perdu!‹ Toucher à la loi, c'est un sacrilège!« André-Jean Arnaud schreibt, auf Gaudemet hinweisend, in »Les origines doctrinales du code civil français«, Librairie Générale de Droit et de Jurisprudence: Paris 1969, S. 314, von »la célèbre exclamation de Napoléon: ›Mon Code est perdu‹«. Jean Gaudemet schreibt von einem »éclat de Napoléon« und ergänzt einen kleinen Vorspann: »Un commentaire, mon Code est perdu« (Les naissances du droit. Le temps, le pouvoir et la science au service du droit, Montchrestien: Paris 1997, S. 351). Gunther Teubner erörtert 1988 in einem Aufsatz »Napoleons verlorener Code. Eigendynamik des Rechts als politisches Problem« (Rechtsstaat und Menschenwürde, Festschrift für Werner Maihofer zum 70. Geburtstag, Klostermann: Frankfurt am Main 1988, S. 587 ff.), was es heute bedeuten mag, wenn ein Gesetz verloren geht, und stellt gleich im ersten Satz fest: »›Mon code est perdu!‹ – hat bekanntlich Napoleon verzweifelt ausgerufen, als er erfuhr, dass entgegen seinen Instruktionen Juristen damit begonnen hatten, den code civil nach den Regeln der Kunst zu interpretieren«. Gut zehn Jahre später sah Gunther

Teubner, sekundiert von Peer Zumbansen, (Rechtsentfremdungen. Zum gesellschaftlichen Mehrwert des zwölften Kamels, in: Zeitschrift für Rechtssoziologie 21 [2000], S. 189 ff., 201) die Situation noch dramatischer: »›Mon code est perdu!‹ – Napoleon brach bekanntlich in Tränen aus«. Wahrscheinlich sind weder die Verzweiflung noch die Tränen. Napoleon hat sich wohl schlicht geärgert, hatte er doch per Gesetz vom 18. März 1804 und per Dekret vom 21. September 1804 den neuen Rechtsunterricht in ein enges Korsett gefasst, in das Interpretationen, Kommentare, Freiheit der Lehre und Freiheit des Lernens nicht passten. Das Diktat, strikt nach der Ordnung des Code civil vorgehend, war Pflicht (siehe dazu auch: Karl H. Neumayer, Die wissenschaftliche Behandlung des kodifizierten französischen Zivilrechts bis zur Dritten Republik, in: Helmut Coing/Walter Wilhelm [Hrsg.], Wissenschaft und Kodifikation des Privatrechts im 19. Jahrhundert, Band 1, Klostermann: Frankfurt am Main 1974, S. 173 ff., 174 f. – hier wird auf Seite 184 »Mon code est perdu!« zum »berühmten Ausruf«). Wie Taine schon bemerkte: »Quand Napoléon se prépare des juristes, c'est pour avoir des exécutants, non des critiques« (vgl. E. Gaudemet, S. 13). Nicht kritische Juristen wollte Napoleon, sondern Vollstrecker. Die Quelle für den notorischen Ausspruch, sei es mit oder ohne zackiges »voilà«, bleibt jedenfalls unbekannt und lässt etwa Jean-Louis Halpérin (Histoire du droit privé français depuis 1804, Presses universitaires de France: Paris 1996, S. 57) sowie Jean-Marie Carbasse (Introduction historique au droit, Presses universitaires de France: Paris 1998, S. 335) die Sache vorsichtig im Konjunktiv berichten: »aurait fait dire« bzw. »aurait déclaré«.

Napoleon hat, wie alle großen Männer, viel gesagt, und vieles von dem, was er gesagt hat, hat er vielleicht nicht gesagt. So soll er etwa auch gesagt haben: »Une constitution doit être courte et obscure.« So Cornelia Vismann, Versäumnisurteile und andere Unverständlichkeiten, in: Rechtshistorisches Journal 20 [2001], S. 719 ff., 719, für den Ausspruch Napoleons auf Jürgen Schwarze verweisend. Dort (Ist das Grundgesetz ein Hindernis auf dem Weg nach Europa?, in: JuristenZeitung 1999, S. 637 ff., 639) steht der Satz tatsächlich, aber ebenfalls ohne Quelle. Bleibt der zweite Hinweis von Cornelia Vismann auf Friedrich Kittler, Vergessen, in: Ulrich Nassen (Hrsg.), Texthermeneutik. Aktualität, Geschichte, Kritik, Schöningh: Paderborn, München, Wien, Zürich 1979, S. 195 ff., 217. Dort steht allerdings nichts von einer kurzen und dunklen Verfassung, sondern eine Analyse des Rechtsverweigerungsverbots aus Artikel 4 des Code civil. Dazu siehe sub verbo *Jurisprudenz*. Kittler jedenfalls wendet sich auf Seite 217 seines Aufsatzes gegen die Auffassung, durch Artikel 4 CC würde deutlich, dass es die Texte selbst sind, die vom Interpreten Ergänzungen einforderten: »Die Sache ist viel einfacher: Unkenntnis des Gesetzes (subjektiver Genitiv) schützt vor Strafe nicht.« In der Tat obskur. Bei der Suche nach des Kaisers Worten landet man bei einer Vermischung von Code civil und Code pénal. Die Sache bleibt im Dunkeln. Bei Jean Gicquel, Droit constitutionnel et institutions politiques, 18. Aufl., Montchrestien: Paris 2002, stößt man auf S. 162 auf die Fußnote 4: »On connaît l'aphorisme de Napoléon: *Une constitution courte et obscure est la meilleure des constitutions.*« Das ist die einzige weitere, wenn auch variierte, Nennung des »bekannten« napoleonischen Ausspruchs, die gefunden werden konnte. Quelle: »man«. Der angeblich von Napoleon stammende Verfassungssatz lässt – wenn nicht dem Kaiser selbst – den Juristen die Macht der Auslegung. Er erscheint eher juristenfreundlich. Der ziemlich sicher von Napoleon stammende Verlustsatz zeigt eine starke, für Napoleon vielfach belegte, Juristenskepsis an. Er ist juristenfeindlich. Was der große Mann wohl gesagt hat? L'histoire est obscure. Übrigens: Im *Spiegel*, Heft 20 aus dem Jahr 2003, liest man auf Seite 37 von der »Maxime des französischen Staatsmanns Talleyrand, wonach eine Verfassung ›kurz und unklar‹ sein sollte«.

In den revolutionären Versammlungen, etwa des Jahres 1790, wurde noch einiges mehr zur Gestalt von Gesetzbüchern gesagt (vgl. Eugène Gaudemet, L'interprétation du Code civil en France depuis 1804, Helbing & Lichtenhahn, Sirey: Basel und Paris: 1935, S. 12). Sieyès spricht im April von einem neuen Code »complet et

simple«, von einem »Code uniforme de législation et de la nouvelle procédure, réduite l'une et l'autre à leur plus parfaite simplicité«. Größtmögliche Einfachheit der Gesetze war also gefragt.
Robespierre fordert im November: »Le mot de *Jurisprudence des
tribunaux* doit être effacé de notre langue.« Keine komplizierten
Rechtsprechungen mehr. Und Cambacérès proklamiert in seinem
Bericht zum ersten Projekt eines Code civil »la vérité une et in-
divisible« und fügt hinzu: »La nature est le seul oracle que nous
ayons interrogé.« Der Zitatenschatz ist unermesslich.

Enzyklopädie

Die große Enzyklopädie von Diderot und d'Alembert enthält in ihrem 5. Band den Artikel *encyclopédie*. Er stammt aus der Feder des Spiritus rector des vielleicht größten, jedenfalls aber bedeutendsten editorischen Unternehmens des Okzidents bis auf den heutigen Tag. Denis Diderot. Sohn eines Messermachers, Philosoph, Theologe, Jurist, Erotiker, Poetiker, Theatraliker. Und ein Aufklärer, zusammen mit Lamettrie, Montesquieu, d'Alembert, Condillac, Buffon, Rousseau, Grimm, Holbach, Helvetius, Voltaire. In Deutschland berühmt geworden wegen der Übersetzungen seiner Werke durch Goethe, Schiller, Gessner. Van Loos Porträt im Louvre zeigt einen weltoffenen, im Sitzen vorwärts eilenden, mit der Rechten schreibenden und mit der Linken zeigenden, nicht spöttisch und aufreizend, sondern dezent und neugierig lächelnden Mann des Lebens. Auf Kupferstichen der Zeit hat er sein Hemd fast immer bis weit unten aufgeknöpft. Ein Bohemien und ein harter Arbeiter. Das Leben, das Abenteuer, ist kurz erzählt: »Ich komme nach Paris. Ich nahm meinen Pelz, um mich zwischen den Doktoren der Sorbonne einzurichten. Ich begegne auf meinem Weg einer Frau, schön wie ein Engel; ich will mit ihr schlafen; ich schlafe mit ihr; ich habe davon vier Kinder; und so finde ich mich gezwungen, die Mathematik, die ich liebte, zu verlassen, so wie Homer und Vergil, die ich immer in der Rocktasche trug, und das Theater, an dem ich Gefallen hatte; allzu glücklich, die *Enzyklopädie* zu unternehmen, der ich 25 Jahre meines Lebens gewidmet haben werde.« Am 28. Juni 1751 wird der erste Band ausgeliefert. 1772 erscheint der 28. und letzte Band. Er enthält Bildtafeln. Insgesamt sind es 17 Textbände und 11 Bildtafelbände. Später kommen noch vier Textsupplementbände, ein Bildtafelsupplementband und die beiden Indexbände dazu. Tausende von juristischen Lemmata sind in den gewaltigen Folianten enthalten, die meisten davon redigiert von Antoine Gaspard Boucher d'Argis, dem 4268 Texte zugeschrieben werden. Die Autorschaft der einzelnen Artikel der gesamten *Encyclopédie* ist unsicher. Nur für die Hälfte der über 70 000 Einträge kann ein Autor ermittelt werden. Diderot gilt als Verfasser von 5394 Artikeln. Das Lemma *encyclopédie* gehört dazu.

Es ist mit Abstand der längste Artikel des ganzen Unternehmens. Diderot stellt in ihm die grundlegenden, die ersten Ideen für ein universelles und durchdachtes Wörterbuch des menschlichen Wissens dar. Am Ende des Artikels zählt er auf: »Das also sind die ersten Gedanken, die sich meinem Geist in Hinsicht auf das Projekt eines universellen und vernünftigen Wörterbuchs des menschlichen Wissens angeboten haben; in Hinsicht auf seine Möglichkeit; seinen Zweck; seine Materialien; die Anordnung dieser Stoffe im Allgemeinen und im Besonderen; den Stil; die Methode; die Verweise; die Nomenklatur; das Manuskript; die Autoren; die Zensoren; die Herausgeber und den Schriftsetzer«. 28 Seiten, 55 1/3 Spalten, wie immer eng bedruckt, braucht Diderot für die Darstellung der Bedingungen der Möglichkeit seiner *Encyclopédie*. Viel mehr als gedacht. Der Drucker kommt in Schwierigkeiten, sind doch die nachfolgenden Lemmata schon in Druck und entsprechend paginiert. Also passiert das, was das Zeitalter des Buchdrucks selbst noch dreihundert Jahre nach seinen ersten Schritten am Rhein in seiner Imperfektion so nah an die Manuskripte des Mittelalters rückt. Die Paginierung wird aufgehalten, verlangsamt, auf jeder zweiten Seite stillgestellt. Es beginnt auf Seite 635 (die eigentlich schon Seite 637 ist) und endet auf einer unpaginierten linken Seite, deren recto 648 zählt und deren rechtes Gegenüber mit 649 die fortlaufende Zählung wieder aufnimmt. Da verso nicht mitgezählt wird, die Seitenzahl fehlt, bleiben 14 gezählte Seiten übrig, so viele, wie vorgesehen waren. Ein schöner Betrug. Und en miniature ein gutes Beispiel für das Hauptproblem aller Enzyklopädien. Die Reduktion der Welt auf die Welt der Enzyklopädie, damit es nicht so kommt wie von Jorge Luis Borges auf der Grundlage einer alten Quelle aus dem 17. Jahrhundert erzählt: Es gab einmal ein Reich, in dem die Wissenschaft der Kartographie zur vollendeten Kunst gelangte. Zunächst gaben sich die Kartographen damit zufrieden, die Karte einer Provinz den Raum einer Stadt einnehmen zu lassen. Schließlich befriedigten aber diese »maßlosen Karten« nicht mehr, und die »Strenge der Wissenschaft« führte dazu, dass die Karte des Reichs so groß wurde wie das Reich selbst. Jeder Punkt der Karte deckte sich exakt mit jedem Punkt des Reiches. Die folgenden Generationen vernachlässigten das Studium der Kartographie, die in ihrer vollsten Blüte volle Ergebenheit erforderte, und meinten, solche ausgedehnten Karten seien nutzlos. Und so verrottete die große Reichskarte, und nur »in den Wüsten des Westens« bewohnten noch Bettler und Tiere einige Überreste, »zerstückelte Ruinen«, der Karte. Das war das Ende »Von der Strenge der Wissenschaft« und erinnert sehr an das Schicksal der encyclopédie.

Diderots Pagina-Betrug war auch ein schlagendes Beispiel dafür, wie unsteuerbar ein Gemeinschaftsunternehmen ist, das alle großen Enzyklopädien immer waren: »Und derjenige, der glaubt, mit seinen verschiedenen Kollegen Vorsichtsmaßnahmen in der Weise getroffen zu haben, dass die ihm übergebenen Stoffe sich ungefähr in seinen Plan einfügen, der ist ein Mann, der keine Ahnung hat, weder von seinem Gegenstand, noch von seinen Kollegen, die er sich zugesellt« (Seite 641). Diderot beweist sich unter dem Lemma *encyclopédie* selbst. So verhasst ihm die »volumineux écrivains« (644 verso), die Vielschreiber, auch waren, hier wurde er selbst zu einem. Eine Enzyklopädie lässt sich nicht befehlen, nicht einmal sich selbst.

Das Lemma »Enzyklopädie« einer Enzyklopädie ist ein unmöglicher Raum. Es kann nur mit dem Ganzen zusammenfallen und bezeichnet im Kleinen die Schwierigkeit der Enzyklopädie selbst, der Welt, der zu umfassenden Welt (der ganzen oder auch einer partikularen, wie des Rechts) zu entsprechen. Ein Artikel »Enzyklopädie« muss immer scheitern, im Angesicht der hier gesteigerten Schwierigkeit, nur Abbreviatur sein zu können. Noch im riesigen deutschen Universal-Lexicon des

Johann Heinrich Zedler wird das Problem gar nicht wahrgenommen, der Eintrag »Encyclopaedia« in einem Satz abgehandelt: »Ist ein Zusammenbegriff aller Wissenschafften, welche die Alten in eins zusammen brachten, um dadurch die Ordnung, wie sie auf einander folgten, vorzustellen.« Es schließt sich noch ein weiterer kurzer Satz bibliographischen Inhalts an. Neuneinhalb Zeilen einer Spalte. Das ist alles.

Der Versuch, den enzyklopädischen Zugriff auf das, was man gemeinhin »Alles« nennt, das All, selbst zu enzyklopädisieren, ist nur in *encyclopédie* der *Encyclopédie* unternommen. Im grandiosen Scheitern ist dieser Versuch gelungen, weil Diderot sich eben nicht, wie dies später wieder und wieder geschehen wird in den unzähligen Lemmata »Enzyklopädie«, »encyclopédie«, »encyclopaedia«, »encyclopedia«, mit Fragen der definitorischen Abgrenzung, der Geschichte, der Wissenschaft(lichkeit) abgibt, sondern, gewissermaßen ganz praktisch, schlicht erzählt, was zu bedenken ist, wenn man eine Enzyklopädie macht, verfertigt, schreibt.

Als die Revolution in Frankreich der politischen Verve der Enzyklopädie Leben einhauchte, war der Geist des Artikels *encyclopédie* und des gesamten dahinterstehenden Unternehmens bereits in die Einzelteile der »Encyclopédie méthodique« zerstoben. Der Artikel *encyclopédie* mit seiner träumerischen Skepsis konnte hier nur noch historischen Wert, als Posten der Erinnerung, haben. Der Verleger Panckoucke hat 1791 für seine methodische Enzyklopädie, die eine Ver- und Entschmelzung der großen Encyclopédie und neuer Texte darstellte, 39 einzelne Wörterbücher aufgezählt, von Jagd, Fischerei über Rechtswissenschaft, Innenverwaltung, öffentliche Aufgaben bis zu Chirurgie, Künste & Handwerke, Metaphysik, Moral, Logik, Erziehung. Noch niemand hat diesen gewaltigen, am Ende 202 Bände und einen halben Band umfassenden Wissenshof wissenschaftlich erkundet. Das enzyklopädische Projekt der Encyclopédie hat hier jedenfalls seinen Orkus gefunden. Das Ganze der Welt und das Ganze der Teile der Welt brach auseinander. Und das war das Ende des enzyklopädischen Projekts von 1751, das sämtliche Kenntnisse der Menschen verkettet, zusammengehalten und mit Hilfe des durch Gedächtnis, Vernunft und Einbildungskraft gestärkten Verstandes aufgeschrieben und bebildert hatte. Denn eine Enzyklopädie darf sich keine Lücken erlauben, wie Diderot in seinem »Prospectus de l'encyclopédie« festhielt. Gerade diese charakterisierten nun aber alle Sammlungen des Wissens. Also musste immer mehr Wissen aufgetürmt werden, wie bei Panckoucke oder in Deutschland bei Johann Georg Krünitz' »Oekonomischer Encyclopädie« oder Johann Samuel Erschs und Johann Gottfried Grubers »Allgemeiner Encyclopädie der Wissenschaften und Künste«. Hunderte von Bänden erschienen im Laufe von Jahrzehnten, auf der vergeblichen Jagd nach dem Ende, dem Stillpunkt, dem Ergebnis des enzyklopädischen Projekts: der Arrestierung des Wissens. Doch das Fortschreiten, die gnadenlose, immer wieder zeitgenössische Dynamisierung, die Beschleunigung eben dieses Wissens verhinderte seine Verhaftung. Das Wissen blieb nur an der Zeit haften, einer Zeit, die sich in den Jahrzehnten um 1800 herum von der Vergangenheit löste, die Zukunft annahm und so die Gegenwart mit sich fortriss. Enzyklopädien sind ein Projekt der Gegenwart und damit in der Zeit nach der *Encyclopédie* totgeborene Kinder der Zeit. Vom Wissensprojekt der *Encyclopédie* blieben übrig eingedampfte Informationsberge für die Allgemeinheit – Brockhaus, Meyer, Larousse, Britannica. Der partikuläre Hinweis hat das universelle Wissen abgelöst. Wissen reduziert sich auf Bildung – Allgemeinbildung.

Wie sieht der Artikel »Enzyklopädie« einer juristischen Enzyklopädie aus? Er sieht gar nicht aus. In den alphabetisch geordneten Enzyklopädien des Rechts existiert er nicht. Deshalb kann über ihn auch nichts berichtet werden. Hier kann nur ein solcher Artikel imaginiert werden. Als Abkürzung des Ganzen.

Der Terminus »Juristische Enzyklopädie« oder »Encyclopédie juridique« ist ein schillernder, weder formal noch inhaltlich eindeutig definierter Begriff. Er bezeichnet historisch und geographisch vollständig verschiedene Arten und Weisen, das juridische Wissen in einem Werk zu vereinen. Synonyme bzw. analoge Verwendungen sind z.B. Dictionnaire juridique, Thesaurus iuris, Recueil de jurisprudence, Juristisches Lexikon, Rechtswörterbuch etc. In jedem Fall handelt es sich bei den so oder anders genannten juristischen enzyklopädischen Werken um Darstellungen des gesamten juridischen Wissens. Insoweit ist die Rechtsenzyklopädie Teil der universellen, das menschliche Wissen umfassenden Enzyklopädie.

Einige Bemerkungen zur Geschichte: Die Herkunft des Begriffs »Enzyklopädie« liegt einigermaßen im Dunkeln. Er kommt aus dem Griechischen und bezeichnet als *enkyklios paideia* den Umkreis des (instruierenden) Wissens, allerdings nimmt man auch an, dass er ursprünglich mit der Stellung des (das Publikum belehrenden) Chors im griechischen Theater aufkommt. Etymologien sind immer ein schönes Spiel der Phantasie. In der (europäischen) Antike ist die vielbändige Historia naturalis des Plinius um 70 n. Chr. die bekannteste Enzyklopädie avant la lettre. Immer schon und überall haben Menschen ihr Wissen gesammelt, geordnet, aufgezeichnet und weitergegeben. Enzyklopädien gibt es also dort, wo die Gesellschaften eine gewisse literate Entwicklungsstufe erreicht haben. So haben Sumerer, Perser, Inder, Araber und Chinesen das ihnen verfügbare Wissen notiert. Diese Räume des Wissens sind vor allem in China zu gewaltigen Labyrinthen ausgebaut worden, die bis heute die größten Enzyklopädien der Welt geblieben sind.

Das Recht spielte in diesen Gebäuden des Wissens entweder gar keine Rolle oder nur eine Nebenrolle. Erst im Mittelalter entstehen unter dem Begriff *speculum iuris* Zusammenstellungen des gesamten geltenden (römischen und kanonischen) Rechts. Die berühmteste Übersicht ist diejenige des Spekulators Durantis gegen Ende des 13. Jahrhunderts. Das Wort *encyclopaedia* erscheint dann zum ersten Mal im Jahre 1444. In einem Manuskript der *Institutiones oratoriae* des Quintilian – dem klassischen Text zur Rhetorik – irrt sich (wahrscheinlich) der Kopist und transformiert *enkyklios paideia* in *ency-clopaedia*. Eine echte Erfindung! 1476 wird in einem frühen Druck der *Institutiones oratoriae* das erfundene Wort, für das der Drucker im Text Platz frei lässt (griechische Lettern hatte er offenbar nicht zur Verfügung), am Rand lateinisch mit der Hand aufgeschrieben, um dem Kopisten anzuzeigen, welches Wort er in griechischer Transkription in die Lücke eintragen soll. Im Exemplar der Pariser Nationalbibliothek (BnF, Rés. livres rares, Rés. X. 599) kann als Ergebnis der Operation der handschriftliche griechische Eintrag im gedruckten Text sowie die lateinische Kopieranweisung in der Marge eingesehen werden. Guillaume Budé führt dann 1522 in seinem Manuskript *L'institution du Prince* das französische Wort *encyclopédie* ein. Es ist vielleicht kein Zufall, dass es den unersättlichen Figuren des Rabelais zukommt, das erste Mal 1532 in gedruckter Form »le vrai puits et abîme d'encyclopédie« zu öffnen. Das ist das pädagogische Programm, wie es Gargantua seinem Sohn Pantagruel angedeihen lassen möchte. Die Enzyklopädie ist schon zum Zeitpunkt der Wortschöpfung im Druck ein Paradox, ein wahrer Brunnen und ein wahrer Abgrund. In der Folgezeit begannen auch die Juristen mehr und mehr Rechte, Entscheidungen, Meinungen zu sammeln und in eine enzyklopädische Form zu gießen, bis diese Tätigkeit im 18. und 19. Jahrhundert ihren luminosen Höhepunkt erfahren sollte.

Keine schlechte Zeit für Dictionnaires und Encyclopédies – damals. Nachschlagewerke, zumeist in Form eines Alphabets, hatten im 18. Jahrhundert Konjunktur. Auch und gerade im Recht. Warum hatten diese Werke Konjunktur? Weil das Recht zersplittert war. In Frankreich im Zuge der Teilung des Landes in das pays de droit écrit und das pays de droit coutumier. In Deutschland als Abbild des territorialen Flickenteppichs, den ein mehr theoretisch imaginiertes als praktisch appliziertes ius commune kaum und ohnehin nur subsidiär zusammenzubinden vermochte. Die der Praxis und nicht einer Doktrin oder Theorie dienenden alphabetischen oder systematischen Findbücher waren ein willkommenes und, wie die verschiedenen Wieder- und Neuauflagen zeigen, unter Juristen durchaus populäres Medium, um sich schnell und bündig über die Usance einer lokalen Rechtsprechung, über die Meinung eines angesehenen Professors, über die Volte eines famosen Plädoyers zu instruieren.

Von alters her war die Zersplitterung des Rechts das Hauptproblem der Juristen und Rechtsuchenden. Die nach dem Wiederauftauchen der Digesten im Westen ab dem 12. Jahrhundert aus der Feder fließenden Glossen und Kommentare waren nichts anderes als Bemühungen, den Text einer juristischen Ordnungsleistung festzuhalten und nicht im Wirbelwind der Interpretationen zerstieben zu lassen. Diese Ordnungsleistung, das Corpus iuris civilis, war, 600 Jahre zuvor, selbst ein Versuch gewesen, das auseinanderdriftende Recht der Antike, eine Assemblage verschiedener juristischer Meinungen zu Einzelproblemen, zu verknüpfen, indem Widersprüchliches und Minderwertiges fortgelassen wurde und der Kaiser Justinian Kommentierungen verbot.

Die Zersplitterung des Rechts hat drei charakteristische Gesichter. Zum einen dasjenige der Repräsentation. Was bedeuten die Wörter, und was bedeuten die Dinge, und was ist die Beziehung zwischen den Wörtern und den Dingen? Die Juristen haben es immer mit »Les mots et les choses« (Foucault) zu tun. Aus der römischen Antike sind zwar noch keine Rechtslexika bekannt, doch in den Digesten (50,16) gibt es eine – nicht alphabetische – Zusammenstellung: De verborum significatione heißt es da, und solche juristischen Wortbedeutungsbücher wurden, inzwischen alphabetisch geordnet, noch in der Neuzeit immer wieder verfasst. Auch in Byzanz begann man ab dem 9. Jahrhundert, juristische Materien, Wörter, lateinische Wörter mit ihren griechischen Übersetzungen, in lexikalische Werke zu pressen. Juristen werden zu Experten des Übersetzens, des Aufdeckens von Sinn. Das 12., 13. und 14. Jahrhundert, das Zeitalter der Glossen und Kommentare zum kirchlichen und weltlichen Recht, den erst später so genannten Corpus iuris civilis und Corpus iuris canonici, boten den

Schauplatz der (westlichen) Revolution des Interpreten. Doch gab es sofort Streit. Klebten doch verschiedene Juristen-Interpreten mit ihren Nasen an den Texten. Und sie rochen bei der Dechiffrierung des Geheimnisses des Textes, bei der Enthüllung des Sinns der Wörter und der dahinterliegenden Sachen, beim Empfang der jahrhundertealten Nachrichten jeweils etwas anderes. Aller Rekurs auf die ratio scripta, den Papst, die Wahrheit, die Natur vermochte die Vielfalt der Interpretationen nicht einzudämmen. Die Interpretationen waren im Plural in die Welt geraten.

Das zweite Gesicht der Zersplitterung des Rechts ist die Rückseite des ersten. Auch die Gesetze breiteten sich im Plural aus. Das eine Recht Gottes, der Natur oder des Menschen war niemals mehr als eine Idee des Geistes. Schon früh standen Gottes-, Natur- und Menschenrechte gegen die Positivität des von Menschen geschaffenen, gesetzten und gesprochenen Rechts. Welche Sorgen machten sich im Mittelalter die gottesfürchtigen Juristen beim Interpretieren der sorgsam aufgezeichneten Texte! Doch umschlangen und schließlich verschlangen nicht nur die Interpretationen die Texte, sondern vor allem breiteten sich die Texte selbst aus, indem die alten Gewohnheiten und Gebräuche aufgeschrieben wurden. Überall, bis in den letzten Winkel der kontinentaleuropäischen Menschheit. Diese Gewohnheitsrechte, coutumes, gesellten sich nun mehr und mehr auch schriftlich zum gelehrten, schon längst niedergeschriebenen Recht. Mit Beginn des Buchdrucks war die Revolution des gesetzten juristischen Textes nicht mehr aufzuhalten. Allenthalben gesetzte Texte, deren Einheitlichkeit trotz Gutenberg nicht gesichert war. Auch der König setzte nun (Rechts)Texte, ordonnances, in die Welt. Zu Rom und der Provinz stellte sich die zentrale Gewalt, ohne je das juristische Zentrum besetzen zu können – bis zum ersten Kaiser aller Franzosen, Napoleon.

Das dritte Gesicht der Auflösung des einen Rechts in unzählig viele Rechte ist das der Rechtsprechung. Die Jurisdiktion versetzt der doktrinären Voraussetzung des einen Rechts den endgültigen Todesstoß – bis heute. Von den Richtern mochte die perfekte Beherrschung des Sinns der von Gott oder der Natur oder der Vernunft gegebenen Worte verlangt werden, niemand konnte die in den gesetzten Worten kaschiert geglaubte Wahrheit entdecken. Vielmehr entwickelten sich Stile, individuelle Weisen der Rechtsprechung. Die Dompteure des juristischen Sinns begannen früh, ohne Scheu ihre eigene Perspektive zum Maßstab zu erheben. Persönliche Konsiliensammlungen, also Kollektionen von Gutachten in Verfahren, sind schon aus dem Mittelalter bekannt. Im 16. Jahrhundert beginnen die notablen Richter und Advokaten ihre persönlichen Urteile und Plädoyers drucken zu lassen. Bis ins 18. Jahrhundert hinein konnte alle vernünftige und natürliche Systematik an der Proliferation von massenhaften Einzel- oder Gruppenmeinungen nichts ändern. Ebensowenig wie die allfälligen literarischen Dedikationen an die das Recht legitimierenden Gewalten, weltliche und geistliche Oberhäupter, Natur und Vernunft, etwas am Auseinanderbrechen der Vorstellung von dem einen Recht änderten. Der Gang von Theorie zu Praxis führte über unwegsames Gelände, so wie der Weg vom Buchstaben zum Sinn.

Das dritte Gesicht der Rechtszersplitterung wird seit dem 16. Jahrhundert besonders deutlich. Mit der Ausbreitung der kapitalistischen Wirtschaftsweise erhöhte sich die Anzahl der Kontakte zwischen den Menschen dramatisch. Die rechtlich relevanten Kollisionen nahmen ebenso zu. Immer mehr Fälle mussten mit immer mehr festgeschriebenen, gedruckten Regeln entschieden werden. Die Entscheidungen selbst wurden gedruckt und zukünftig berücksichtigt. Und so weiter. Die Menge an juristisch relevantem Material für die Rechtsprechung, den Kern einer jeden auf Recht beruhenden Gesellschaft, wuchs immens und wurde zum Problem. Kein systematisches Buch, kein System des Naturrechts, keines des Vernunftrechts vermochte dem Richter zu helfen. Die Kopfgeburten der juristischen Theorie mochten Legitimationen für ein weltliches Recht schaffen, das Recht auf der Welt wurde jeden Tag neu gesprochen.

Wie sollte sich der Jurist in dieser Welt zurechtfinden? Zwei

Wege boten sich zur Beherrschung einer unüberschaubaren textuellen Welt an: das System und das Alphabet.

Das System ist die Domäne der Enzyklopädien. Vor allem in Deutschland optierte man dafür, seit Pütter dem Älteren in Göttingen, also seit der Mitte des 18. Jahrhunderts. Weit über hundert Rechtsenzyklopädien erschienen hier bis zum Ende des 19. Jahrhunderts. Gedacht als Einführungen in das universitäre Rechtsstudium dienten sie dazu, dem Studenten das Ganze des Rechts vor Augen zu führen. Relativ kurz und knapp gehalten, vermittelten sie das Recht als eine verständliche, lehr- und lernbare Materie. In ihrer Art standen sie Lehrbüchern und damit den Institutionen – dem pädagogisch orientierten Teil der Sammlung Justinians – nahe. Die Ordnung stand im Vordergrund und sollte die Masse der Texte bändigen. Erste Gedanken machte sich schon Johann Jakob Schmauß in seinem aus dem Jahre 1737 stammenden Entwurf eines Collegii juris praeparatorii, in dessen Vorrede der Autor für eine »öffentliche Anleitung« an der Universität hinsichtlich der »Ordnung und Einrichtung der Studien, als insonderheit des Studii Juris« wirbt.

Einer Anordnung des Gründers der Reformuniversität Göttingen, Gerlach Adolph Freiherr von Münchhausen, folgend, der allen Fakultäten enzyklopädische Vorlesungen dekretiert hatte, begründete Johann Stephan Pütter mit seinem 1757 erschienenen »Entwurf einer Juristischen Encyclopädie« dann eine ganze Literaturgattung. Pütter der Jüngere, Karl Theodor, beschrieb knapp ein Jahrhundert später die in voller Blüte stehende Rechtsenzyklopädistik: »Die juristische Encyclopädie und Methodologie soll [...] ein Inbegriff der ganzen Rechtswissenschaft« sein, die »wahrhafte Erkenntniss des eigentlichen innersten Wesens des Rechtes« gewähren und auf »das Wesen der Dinge« und »die Wahrheit« zielen. Von der Mitte des 18. bis zum Ende des 19. Jahrhunderts hörte fast jeder deutsche Jurist in seinem Studium eine Vorlesung »Juristische Enzyklopädie«. Diese Vorlesung und die daraus resultierenden Bücher, recht dünne, nicht alphabetisch, sondern systematisch, nach dem Pandektenschema geordnete Bändchen, waren die Hauptorte der juristischen Bemühungen um die Konzentration des Rechts. »Die Rechtsenzyklopädie [hatte] eine Rundschau, einen systematischen Ueberblick über das ganze Gebiet des objektiven Rechts […] [zu] gewähren«. So fasste Carl Gareis 1887 in einer der letzten Rechtsenzyklopädien noch einmal deren immer wieder genannten Zweck zusammen. Im Mittelpunkt standen »das Ganze« und »das System«. Die einzelnen mehr oder weniger verstreuten Teile des objektiven Rechts sowie die einzelnen Disziplinen der Wissenschaft sollten verwoben und begründet werden, sodass »diese Einzelheiten als Theile eines zusammenhängenden Ganzen« erscheinen. Die Ordnung des Wissens, die dadurch entsteht, dass »das Zerstreute zur innern Einheit verknüpft« wird, nannte man damals System. Die Enzyklopädie – oder das »System der Rechtswissenschaft«, wie Alexander Friedländer sie 1847 bezeichnet – wird so zur »Wissenschaft der Wissenschaften«. Lücken sind nicht erlaubt – betonte schon der ältere Pütter. »Das Ganze des Rechts« – darum geht es, so Nikolaus Falck in seiner »Juristische[n] Encyklopädie, auch zum Gebrauche akademischer Vorlesungen« oder etwa Adolf Merkel in seiner »Juristische[n] Encyclopädie«. »Vollständigkeit, Gründlichkeit und Ordnung« (Falck) sind das Kennzeichen der hundert Enzyklopädien, die in der deutschen Rechtswissenschaft zwischen Pütters erster 1757 und der letzten, von Birkmeyer 1901 herausgegebenen erscheinen. Typisch deutsch.

Das Alphabet ist die Domäne der Wörterbücher, der Dictionnaires. Der Zufall (in Form eines alten Zählprinzips) wird hier zum Prinzip der Ordnung. Einer Ordnung, die nur noch durch ein komplexes System von Verweisen als eine geordnete Ordnung zu begreifen ist. Diderot und d'Alembert sind letztlich daran gescheitert. Die beiden Verweisbände (Tables genannt) erschienen erst Jahrzehnte nach dem ersten Band ihres einmaligen Unternehmens, das in der Bezeichnung »Encyclopédie, ou Dictionnaire raisonné des sciences, des arts et des métiers« alle Definitionsfetischisten ridikülisiert. Enzyklopädie oder

Wörterbuch? Wissenschaften, Künste und Handwerke – Wissenschaft als Kunst(handwerk)? Das Alphabet erweist sich jedenfalls, mehr und vor allem geduldiger noch als das System, als großer Verdauer für die Masse an juristisch Entschiedenem und Gewusstem. Alles verarbeitet es im Modus der simplen Buchstabenordnung. Die ganze Jurisprudenz lässt sich aufnehmen im Alphabet. Das Alphabet als erstes großes Digitalisierungsprojekt. Das Alphabet zerstört die Geschichte. Es vernichtet alles Lineare, weil es die Linien zerstückelt. Und gleichzeitig zieht es eine sehr radikale neue Linie von A bis Z. Es ist willkürlich und damit brutal. Es orientiert und desorientiert zugleich, es täuscht mit seiner zwingenden Anordnungsgabe über seine Beliebigkeit. Der Lockruf des Sinns bleibt unerhört. Der Verweis auf anderes wird im Alphabet unnötig. Übrige Disziplinen finden sich in anderen Dictionnaires, oder unter anderen Lemmata, oder in einem Unterlemma. Das Alphabet separiert alles und stellt alles nebeneinander. Auf dem selben Niveau. Hierarchien gibt es nicht, Qualitäten auch nicht. Oder wie Voltaire, selbst Verfasser eines philosophischen Wörterbuchs, sagt: »Das Alphabet war der Ursprung aller Kenntnisse des Menschen, und aller seiner Torheiten.« Das Alphabet lässt Ableitungen nicht zu. Legitimationen sind unnötig. Das Alphabet ruht in sich selbst. Die alphabetische (Un)Ordnung ist selbstreferentiell, sie wird (zufällig) von außen gefüllt, aber gnadenlos innen arrangiert. Ausnahmen gibt es nicht.

Das Alphabet war für eine sich in der Praxis immer mehr autonomisierende Rechtsordnung der kongeniale Wissenshort. Dem Zufall der Justiz entsprach der Zufall der Anordnung der Ergebnisse eben jener Justiz. Dem Rekurs auf Gesetze außerhalb des Gesetzten blieben mit dem Alphabet alle Systemschlüssel verwehrt. Das Alphabet war der begleitende Chorgesang einer auf radikale Positivität umstellenden Rechtsordnung, einer Positivität, die in der Theorie, d. h. der Reflexion einer virtuellen Praxis, erst im 19. Jahrhundert begriffen werden sollte, die aber in der historischen Praxis dem Recht und seiner herstellenden Anwendung prinzipiell inhärent war.

Es ist sicher kein Zufall, dass man dieses Phänomen – das autonome Alphabet des Rechts – zuerst und hauptsächlich in Frankreich beobachten kann. In einem zentral regierten großen Staat musste das Problem des Wachstums von Rechtsentscheidungen früher und schärfer wahrgenommen werden als in einem kleinteiligen, partikularen Flickenteppich wie Deutschland. Das Alphabet stellte das rein formale Instrument zur Verfügung, um (für eine gewisse Zeit, etwa zwei Jahrhunderte lang) ein immer mehr auf sich gestelltes Recht zu begreifen. Außerjuristisches, der Rekurs auf andere Welten, war unnötig. Pierre Jacques Brillon – der große Arretist (Arrêt = Urteil) – hielt 1727 unmissverständlich fest: »Brauche ich, zum Beispiel, um zu wissen, in welchem *Alter* ein Mensch mit der Tonsur versehen werden kann, die Pubertät, die Volljährigkeit erreicht, muss ich dafür also, sage ich, vergangene Jahrhunderte durchlaufen, wissen, wie die Menschen einst lebten, und mich auf Untersuchungen werfen, die Medizinern, Astronomen, Naturforschern gewidmet sind? Eine ziemlich einfache Nachforschung ist diese: Welches Alter hat das Kirchenrecht für die Tonsur, die Priesterweihe, die Prälatenwürde vorgeschrieben? Welches Alter wird für den Ehestand, für die Gültigkeit der Verträge zwischen Bürgern, für die Verfertigung von Testamenten verlangt? Ich kenne also nur das Zivilrecht, das Gewohnheitsrecht, die Erlasse unserer Könige, die Rechtsprechung; nun, das ist es, was ich euch beibringen möchte. Bei anderen Dingen verhält es sich genauso, wo ich einer nutzlosen Neugierde Einhalt gebiete, um der raschen und soliden Unterrichtung Platz zu geben.« Und diese Instruktion stellt das Rechtswörterbuch zur Verfügung. Nicht Gott, und schon gar nicht die Natur oder die Geschichte ist bei der Lösung und Entscheidung einer juristischen Frage nötig – eine Sichtweise, die es bis heute dem Richter gestattet, sachverständige Gutachten, und seien sie noch so komplex, von Medizinern, Ingenieuren, Naturwissenschaftlern nach eigenem Maßstab zu bewerten.

Aber es wurde immer mehr. Guyot brauchte von 1775 bis

1783 bereits 64 Bände für sein Répertoire universel. Den Lemmata wurden zum Teil eigene Inhaltsverzeichnisse gegeben. Das Dictionnaire im Dictionnaire begann seinen Siegeszug. Die große Enzyklopädie von Diderot und d'Alembert wird nach diesem Prinzip ausgeschlachtet. In der über 200 Bände umfassenden Encyclopédie méthodique werden die mehreren tausend Rechtsartikel in zehn Bänden ab 1782 neu gefasst und erheblich erweitert. Prost de Royer unternimmt 1781 eine Neuauflage des Dictionnaire von Brillon. Ein monumentales Unternehmen, das alle Länder und Zeiten umfaßt. Im Rahmen der Lemmata werden ganze Abhandlungen präsentiert. In der Einleitung heißt es: »Ich unternehme das größte Werk der Jurisprudenz, das existiert, eines der nützlichsten, wenn es sein Ziel erfüllt, und ohne Zweifel eines der schwierigsten.« Das Dictionnaire soll ein Bollwerk sein gegen das Labyrinth des Rechts, eines Rechts, das sich »au milieu d'une nuit obscure« befindet, inmitten »une infinité de Livres«, »de Loix diverses«, eines »vaste Océan«, »sur un sable mouvant«. Finstere Nächte, unendliche Bücher, verschiedene Gesetze, unermessliche Ozeane, Treibsand. In der Tat: »Wenn ein Wörterbuch nützlich ist, dann in einem Jahrhundert, in dem sich der Horizont des menschlichen Wissens ausdehnt.«

Doch es dauerte nicht mehr lange, und eine ganz neue Zeit brach an, in der die Dictionnaires du droit überflüssig werden sollten. Die Menschen warteten nicht mehr auf Gott, die Natur, die Vernunft und das Recht – sie behaupteten ihre eigenen Rechte und machten Revolution. Danach war es aus mit den schönen Alphabeten des Rechts. Die angekündigte synoptische Tafel der Encyclopédie méthodique (Jurisprudence), die – ganz im Geist der alten Encyclopédie – die verschiedenen Zweige des Rechts binden und zusammenhalten sollte, erschien nicht mehr. Auch das größte juristische Unternehmen aller Zeiten, die Neuauflage Brillons, die als »Cicerone« durch das Dickicht der Jurisprudenz dienen sollte, kommt nur bis zum 7. Band und damit lediglich bis zu den Buchstaben Ass, ironischerweise dem Artikel »Assignation«, also bis zur »Vorladung vor

Gericht«. In der Revolution war für allumfassende Tafeln und Großunternehmen keine Zeit, die Buchstaben des Rechts stoben in der Bewegung der Menschen auseinander.

In der neuen Welt des Rechts gibt es keine Abecedarien mehr. Die massenhafte Gleichzeitigkeit privater Rechtsoperationen lässt sich mit dem Alphabet nicht einfangen und auch mit dem System nicht bändigen. Es gibt keine Könige mehr, die den großen Alphabeten des Rechts alles Gute wünschen und die um den Schutz eben dieses Rechts gebeten werden könnten. Überhaupt ist fraglich geworden, ob König und Recht gute Taten vollbringen. Für solche »einfachen« Verursachungen hat der in die letzten Winkel vordringende moderne Blick keinen Sinn mehr. Eiskalt ist es in der unendlich komplexen Welt des Wissens(netzes) geworden – und die neuen Eispaläste bieten keine Heimstatt. Friedrich Nietzsche sah das bereits im Frühjahr des Jahres 1884, als er in Nizza am ersten Hauptstück – »Es ist Zeit!« – der Wahrsagung der ewigen Wiederkunft schrieb: »Das Auseinanderfallen, also die Ungewißheit ist dieser Zeit eigen: nichts steht auf festen Füßen und hartem Glauben an sich: man lebt für morgen, denn das Übermorgen ist zweifelhaft. Es ist Alles glatt und gefährlich auf unsrer Bahn, und dabei ist das Eis, das uns noch trägt, so dünn geworden: wir fühlen Alle den warmen unheimlichen Athem des Thauwindes – *wo* wir noch gehen, da wird bald Niemand mehr gehen *können*.« Nichts trägt mehr, wenn alles auseinanderdividiert werden kann. Das Alphabet war der heimliche Akzelerator dieses Prozesses, vermochte es doch viel eher als das System, alles, alles einzusammeln. Nun ist es zu viel, zu glatt, zu gefährlich geworden. Selbst die Bezeichnungen sind unsicher und werden dekonstruiert. Der Zufall wird selbst zufällig und das Netz online allgegenwärtig. Und damit werden die Enzyklopädien des Rechts abgelöst von einer Situation, in welcher der Überblick und die Instruktion schwierig werden, einer Situation, die Denis Diderot in seinem Artikel *encyclopédie* der großen *Encyclopédie, ou dictionnaire raisonné des sciences, des arts et des métiers* bereits voraussahte: »Während die Jahrhunderte vergehen, wächst die Masse an Werken unaufhörlich an, und man sieht einen Moment kommen, in dem es fast ebenso schwierig sein wird, sich in einer Bibliothek zu unterrichten wie im Universum, und fast ebenso schnell, eine in der Natur bestehende Wahrheit zu suchen wie eine in einer unermesslichen Vielzahl von Bänden verlorene Wahrheit.«

Accessoire

Die Geschichte der *Encyclopédie* von Diderot und d'Alembert (der nach der scharfen Kritik von Rousseau an seinem Artikel *Genève* und nach fortgesetzten Schmähungen und Streitereien 1758 die Herausgeberschaft niederlegt) ist ausführlich, und erstmals den enormen ökonomischen Faktor des Unternehmens würdigend, beschrieben worden von Robert Darnton, The Business of Enlightenment. A Publishing History of the *Encyclopédie* 1775–1800, Belknap Press of Harvard University Press: Cambridge (Mass.), London 1979 (deutsche Teilausgabe unter dem Titel »Glänzende Geschäfte. Die Verbreitung von Diderots Encyclopédie. Oder: Wie verkauft man Wissen mit Gewinn?«, Wagenbach: Berlin 1993). Siehe weiter: Jacques Proust, Diderot et l'Encyclopédie, Paris 1962; Roland Barthes, Robert Mauzi, Jean-Pierre Seguin, L'Univers de l'Encyclopédie, Les Libraires Associés: Paris 1964; John Lough, Essays on the Encyclopédie of Diderot and D'Alembert, Oxford University Press: London, New York, Toronto 1968; ders., The Encyclopédie, London 1971; Franz A. Kafker/Serena L. Kafker, The Encyclopedists as individuals: a biographical dictionary of the authors of the Encyclopédie, Voltaire Foundation: Oxford 1988; Walter Tega, La »folie« de l'ordre alphabétique et l'«enchaînement« des sciences. L'Encyclopédie comme système entre le XVIII et XX siècle, in: Recherches sur Diderot et sur l'Encyclopédie 18/19 (1995), S. 138 ff.; Oskar Negt/Alexander Kluge, Was ist die »Enzyklopädie«? L'Encyclopédie (Dictionnaire raisonné), 35 Bände, 1751/1780, in: dies., Der unterschätzte Mensch. Gemeinsame Philosophie in zwei Bänden,

Band 1, Zweitausendeins: Frankfurt am Main 2001, S. 70 ff. Zur methodischen Umschmelzung der Encyclopédie siehe Kathleen Hardesty Doig, L'*Encyclopédie méthodique* et l'organisation des connaissances, in: Recherches sur Diderot et sur l'Encyclopédie 12 (1992), S. 59 ff.

Eine ins Deutsche übersetzte Auswahl von Artikeln der *Encyclopédie* haben jetzt herausgegeben Anette Selg und Rainer Wieland, Die Welt der Encyclopédie, Eichborn (Die Andere Bibliothek): Frankfurt am Main 2001. Hier findet sich auch der Eintrag »Enzyklopädie«, etwas gekürzt.

Seinen Lebensweg nach der Ankunft in Paris schildert Diderot in der Suite du Salon de 1767, in: Œuvres de Denis Diderot, 4. Band, Belin: Paris 1818, S. 385 f.

»Von der Strenge der Wissenschaft« kann man lesen in: Jorge Luis Borges, Gesammelte Werke, Band 6 (Borges und ich), Carl Hanser: München, Wien 1982, S. 121.

In den alphabetisch angeordneten »Fragmenten einer Sprache der Liebe« (Suhrkamp: Frankfurt am Main 1984, S. 21) schreibt Roland Barthes: »Um der Versuchung des Sinnes zu widerstehen, war es erforderlich, eine *absolut bedeutungslose* Gliederung zu wählen.« Das Alphabet ist ein Willkürakt.

Voltaires Zitat zum Alphabet findet sich in seinem »Dictionnaire philosophique«, das (neben anderem) alle Artikel Voltaires für die Encyclopédie von Diderot und D'Alembert vereinigt. Siehe: Œuvres complètes de Voltaire, 37. Band, Société littéraire-typographique: 1785, S. 23.

Die Zitate von Brillon und Prost de Royer finden sich in: Pierre Jacques Brillon, Dictionnaire des Arrêts, ou Jurisprudence universelle des Parlemens de France, et autres Tribunaux: contenant par ordre alphabetique les matieres beneficiales, civiles, et criminelles; les maximes du Droit ecclesiastique, du droit romain, du droit public, des coutumes, ordonnances, edits, et declarations, Nouvelle Édition, 6 Bände, Guillaume Cavelier, Michel Brunet,

Nicolas Gosselin, Guillaume Cavellier Fils: Paris 1727 (1. Band, Préface); (Prost de Royer) Dictionnaire de Jurisprudence et des Arrêts, Ou Nouvelle édition du Dictionnaire de Brillon, connu sous le titre de *Dictionnaire des Arrêts & Jurisprudence universelle des Parlemens de France & autres Tribunaux*; augmentée des matieres de Police, d'Agriculture, de Commerce, de Manufactures, de Finance, de Marine & de Guerre, dans le rapport qu'elles ont avec l'administration de la Justice, 7 Bände, Aimé de la Roche: Lyon 1781–1788.

Der Gang über das Eis der Moderne ist notiert in: Friedrich Nietzsche, Nachgelassene Fragmente. Frühjahr bis Herbst 1884, in: Nietzsche Werke. Kritische Gesamtausgabe, hrsg. von Giorgio Colli und Mazzino Montinari, 7. Abteilung, 2. Band, de Gruyter: Berlin/New York 1974, S. 8 (Nr. 25 [9]).

Johann Heinrich Zedlers »Grosses vollstaendiges Universal-Lexicon Aller Wissenschafften und Kuenste, Welche bißhero durch menschlichen Verstand und Witz erfunden und verbessert worden« erschien im eigenen Zedlerschen Verlag in Halle und Leipzig von 1733 bis 1750. 64 Folianten. Auch dieser, im Gegensatz zur weltläufigen Encyclopédie eher provinzielle Schatz ist, von einzelnen Spezialstudien abgesehen, noch nicht gehoben. »Encyclopaedia« findet sich im 8. Band (1734), Sp. 1138. Unter »Lexicon« im 17. Band (1738), Sp. 705, wird nur auf »Woerter-Buch« verwiesen. »Woerter-Buch« erschien 1748 im 58. Band, Sp. 68. Von den knapp zwei Spalten werden zwei Drittel auf die Forderung nach einem »Woerter-Buch von den neuen Aemtern« verwandt. L'esprit allemand.

Die beiden großen deutschen enzyklopädischen Unternehmen, die während der Sattelzeit um 1800 begonnen wurden, sind: Johann Georg Krünitz, Oekonomische Encyclopädie oder allgemeines System der Staats-, Stadt-, Haus- und Landwirtschaft, in alphabetischer Ordnung; der erste Band erschien 1773 (in zweiter Auflage 1782) bei Joachim Pauli in Berlin. 242 Bände erschienen bis 1858. Krünitz selbst betreute Band 1 bis 75. Beim Artikel

»Leiche« starb er (vgl. Gert A. Zischka, Index Lexicorum, Brüder Hollinek: Wien 1959, S. 3). Die zweite Mammutenzyklopädie ist die von Johann Samuel Ersch und Johann Gottfried Gruber: Allgemeine Encyclopädie der Wissenschaften und Künste in alphabetischer Folge; der erste Band erschien 1818 bei Johann Friedrich Gleditsch in Leipzig. Bis 1889 erschienen in drei Sektionen 167 Bände. Der letzte Band erreicht das Lemma »Phyxios«. Zu erwähnen ist noch das große, nicht wenig auf der Encyclopédie fußende, unvollendet gebliebene Gießener Unternehmen: Deutsche Encyclopädie oder Allgemeines Real-Woerterbuch aller Kuenste und Wissenschaften von einer Gesellschaft Gelehrten. Von 1778 bis 1807 erschienen bei Varrentrapp und Wenner in Frankfurt am Main 23 Textbände und ein erster Kupferband. Mit dem Eintrag »Kyrmischack«, einem am Kaspischen Meer lebenden Katzentier, war es vorbei.

Zu Enzyklopädien allgemein unterrichten, neben Einträgen in einschlägigen historischen und aktuellen Enzyklopädien, etwa: Jürgen Henningsen, »Enzyklopädie«. Zur Sprach- und Bedeutungsgeschichte eines pädagogischen Begriffs, in: Archiv für Begriffsgeschichte 10 (1966), S. 271 ff.; Jürgen Mittelstraß, Bildung und Wissenschaft. Enzyklopädien in historischer und wissenssoziologischer Betrachtung, in: Die wissenschaftliche Redaktion, Heft 4 (1967), S. 81 ff.; Ulrich Dierse, Enzyklopädie. Zur Geschichte eines philosophischen und wissenschaftstheoretischen Begriffs, Bouvier Verlag Herbert Grundmann: Bonn 1977 (Archiv für Begriffsgeschichte, Supplementheft 2); Annie Becq (Hrsg.), L'encyclopédisme, Éditions Klincksieck (Éditions aux amateurs de livres): Paris 1991; Béatrice Didier, Alphabet et raison. Le paradoxe des dictionnaires au XVIIIème siècle, Presses Universitaires de France: Paris 1996; Roland Schaer (Hrsg.), Tous les savoirs du monde. Encyclopédies et bibliothèques, de Sumer au XXIème siècle, Bibliothèque nationale de France/Flammarion: Paris 1996. Natürlich darf auch Leibniz mit seinen Ideen zur enzyklopädischen Ordnung des Wissens nicht vergessen werden, siehe etwa (auch zur Vorgeschichte) Arno Seifert, Der enzyklopädische Gedanke von der Renaissance bis zu Leibniz, in: Albert Heinekamp (Hrsg.), Leibniz et la Renaissance, Franz Steiner: Wiesbaden 1983, S. 113 ff.

Die deutsche Variante der Enzyklopädie des Rechts hat bislang kaum wissenschaftliche Bearbeitung gefunden. Erwähnen kann man: Arno Buschmann, Enzyklopädie und Jurisprudenz, in: Archiv für Kulturgeschichte 51 (1969), S. 296 ff.; ders., Rechtsenzyklopädie, in: Handwörterbuch zur deutschen Rechtsgeschichte, Band 4, Berlin 1990, Sp. 284 ff.; ders., Enzyklopädie und Recht. Johann Friedrich Reitemeiers »Encyclopädie und Geschichte der Rechte in Deutschland«, in: Gerhard Köbler (Hrsg.), Wege europäischer Rechtsgeschichte (Festschrift Karl Kroeschell), Peter Lang: Frankfurt am Main 1987, S. 29 ff.; Jan Schröder, Wissenschaftstheorie und Lehre der »praktischen Jurisprudenz« auf deutschen Universitäten an der Wende zum 19. Jahrhundert, Klostermann: Frankfurt am Main 1979, S. 79, 269 f.; Lars Björne, Deutsche Rechtssysteme im 18. und 19. Jahrhundert, Rolf Gremer: Ebelsbach 1984; Annette Brockmöller, Die Entstehung der Rechtstheorie im 19. Jahrhundert in Deutschland, Nomos: Baden-Baden 1997, S. 137–168; Heinz Mohnhaupt, Recht, Natur und Geschichte als Argument, Quelle und Autorität in deutschen Rechtsenzyklopädien des 18. und frühen 19. Jahrhunderts, in: ders./Jean-François Kervégan (Hrsg.), Recht zwischen Natur und Geschichte, Klostermann: Frankfurt am Main 1997, S. 73 ff.

Einige wenige deutsche Rechtsenzyklopädien sind in das Französische übersetzt worden. Aber man findet auch vereinzelt französische, nach dem deutschen Modell angelegte, Enzyklopädien, etwa vom Straßburger Professor Eschbach: Cours d'introduction générale à l'étude du droit. Ou manuel d'encyclopédie juridique, 2. Aufl., Joubert: Paris 1846. Belgien sieht im 19. Jahrhundert eine ganze Reihe von Rechtsenzyklopädien nach deutschem, also in das Universitätsstudium einführenden, Vorbild. Auch in Italien erscheinen einige Rechtsenzyklopädien, zum Beispiel von Giuseppe Buniva, Enciclopedia del diritto, ossia introduzione generale alla scienza del diritto ad uso degli studenti del primo anno di leggi, Paravia: Turin 1850; siehe auch Vittorio Emanuele Orlando, L'enciclopedia e il diritto, in: Rivista di Diritto Pubblico, 1938, S. 87 ff.; und den von Aldo Mazzacane sowie Pierangelo Schiera herausgegebenen Band: Enciclopedia e sapere scientifico. Il diritto e le science sociali nell'Enciclopedia giuridica italiana, Mulino: Bologna 1990. In Italien hat das Mailänder Verlagshaus Giuffrè 1958 noch einmal eine große – kulturell-historisch und nicht aktuell-dogmatisch orientierte – rechtsenzyklopädische Anstrengung unternommen: Im Jahr 1993 konnte die Enciclopedia del diritto schließlich mit dem 46. Band abgeschlossen werden. Seitdem sind noch Ergänzungen und Indexbände erschienen.

Die Datierung des Todeszeitpunktes der deutschen Rechtsenzyklopädie auf das Erscheinungsdatum derjenigen Birkmeyers, also 1901, ist natürlich ein wenig willkürlich. Zehn Jahre später heißt es aber immerhin in Wolfgang Mittermaiers »Wie studiert man Rechtswissenschaft? Das Studium der Rechtswissenschaft und seine zweckmässige Einrichtung« (Violet: Stuttgart 1911, S. 126): »›Einführung in die Rechtswissenschaft‹, früher gewöhnlich ›Rechtsenzyklopädie‹ genannt«. Birkmeyer markiert mit seiner »Encyklopädie der Rechtswissenschaft«, Berlin 1901, schon den Übergang zum neuen Typus der Kollektivenzyklopädie, der seine prachtvollste Entfaltung in dem berühmten, später von Josef Kohler fortgeführten Unternehmen von Franz von Holtzendorff fand (zu nennen sind auch die Werke von Stier-Somlo/Elster und Stammler). Hierbei werden mehrere monographische Abhandlungen zu einzelnen Rechtsgebieten unter einem gemeinsamen Reihentitel »Enzyklopädie« (»der Rechtswissenschaft« oder auch »der Staatswissenschaft«) zusammengefasst. Vom alten systematischen und verbindenden Ganzheitsgedanken der Enzyklopädie findet sich, genauso wie in den »Einführungen«, beinahe nichts mehr. Die folgenden Referenzen bilden nicht den gesamten Bestand der alten, klassischen deutschen Rechtsenzyklopädien ab. Auch werden die feinen, individuell sehr unterschiedlich konturierten Unterscheidungen etwa zwischen den Bezeichnungen Enzyklopädie, Wissenschaftslehre, Einleitung, Lehrbuch biblio-

graphisch nicht getrennt. Es soll lediglich ein alphabetisch geord-
neter Eindruck der Literaturgattung, einschließlich dazugehören-
der zeitgenössischer Übersichten, vermittelt werden (die Zitate im
Text sind hier zu finden):

Julius Friedrich Heinrich Abegg, Encyclopädie und Methodologie der Rechtswissenschaft im Grundrisse, August Wilhelm Un-
zer: Königsberg 1823.

Heinrich Ahrens, Juristische Encyclopädie oder organische Darstellung der Rechts- und Staatswissenschaften auf Grundlage einer ethischen Rechtsphilosophie, Gerold: Wien 1855.

Ludwig Arndts, Grundriß der juristischen Encyclopaedie und
Methodologie, Cotta: München 1843.

Ders., Juristische Encyklopädie und Methodologie, 2. Aufl., Cotta: München 1850.

Anton Barth, Vorlesungen über sämmtliche Hauptfächer der
Staats- und Rechtswissenschaft. Zum Selbststudium für jeden
Staatsbürger allgemein verständlich bearbeitet, Erster Band, ent-
haltend die juristische Encyclopädie und einen Theil des Naturrechts bis zum natürlichen Staatsrecht, Jenisch und Stage: Augs-
burg 1835.

Karl Birkmeyer (Hrsg.), Encyklopädie der Rechtswissenschaft,
Häring: Berlin 1901.

Friedrich Bluhme, Encyclopaedie der in Deutschland geltenden
Rechte, 1. Abteilung, 2. Aufl., Marcus: Bonn 1854.

Christoph Christian Dabelow, Einleitung in das gesammte positive Recht und in das Deutsche Recht insbesondere, Hemmerde
und Schwetschke: Halle 1803.

Ernst Ludewig August Eisenhart, Die Rechtswissenschaft nach
ihrem Umfange, ihren einzelnen Theilen und Hülfswissenschaf-
ten nebst einer juristischen Methodologie zum Gebrauch encyclopädischer Vorlesungen, Fleckeisen: Helmstedt 1795.

Nikolaus Falck, Juristische Encyklopädie, auch zum Gebrauche bei akademischen Vorlesungen, hrsg. von R. Jhering, 5. Aufl., Verlags-Magazin: Leipzig 1851 (S. 31, 35).

Alexander Friedländer, Juristische Encyclopädie oder System der Rechtswissenschaft, Julius Groos: Heidelberg 1847 (S. 3).

Ernst Friedlieb, Juristische Encyclopädie, Akademische Buchhandlung: Kiel 1853.

Carl Gareis, Encyclopädie und Methodologie der Rechtswissenschaft, Roth: Gießen 1887 (S. 1, 12 f.).

Johann Friedrich Gildemeister, Juristische Encyclopädie und Methodologie, Benthon: Duisburg 1783.

Levin Goldschmidt, Encyclopädie der Rechtswissenschaft im Grundriss, Bangel und Schmitt: Heidelberg 1862.

Carl August Gründler, Institutionen des Rechts. Enthalten die Einleitung, Encyklopädie und Methodologie des Rechts, Gredy und Breuning: Erlangen 1809.

Eduard Henke, Ueber das Wesen der Rechtswissenschaft und das Studium derselben in Deutschland, Montag und Weiß: Regensburg 1814.

Albert von Heß, Encyclopädisch-methodologische Einleitung in das juridisch-politische Studium an den Universitäten und Lyceen der deutschen Erbländer des österreichischen Kaiserthums nach seiner jetzigen Einrichtung, Geistinger: Wien und Triest 1813.

Franz von Holtzendorff (Hrsg.), Encyclopädie der Rechtswissenschaft in systematischer und alphabetischer Bearbeitung, 3 Bände, Duncker und Humblot: Leipzig 1870/71, später von Josef Kohler herausgegeben.

Gottlieb Hufeland, Abriss der Wissenschaftskunde und Methodologie der Rechtsgelehrsamkeit. Zu Vorlesungen, Akademische Buchhandlung: Jena 1797.

Ders., Lehrbuch der Geschichte und Encyklopädie aller in Deutschland geltenden positiven Rechte, Akademische Buchhandlung: Jena 1796.

Ders., Institutionen des gesammten positiven Rechts, oder systematische Encyklopädie der sämmtlichen allgemeinen Begriffe und unstreitigen Grundsätze aller in Deutschland geltenden Rechte, 2. Aufl., Akademische Buchhandlung: Jena 1803.

Gustav Hugo, Lehrbuch eines civilistischen Cursus, Erster Band, welcher als allgemeine Einleitung die juristische Encyclopädie enthält, 8. Aufl., August Mylius: Berlin 1835.

Albrecht Hummel, Encyclopädie des gesammten positiven Rechts, 4 Bände, Tasché und Müller: Gießen 1804–1813.

Ferdinand Kämmerer, Grundriß der Encyclopädie und Methodologie des positiven in Teutschland geltenden Rechts, Rostock 1816.

Karl Christian Kohlschütter, Propädeutick, Encyclopädie und Methodologie der positiven Rechtswissenschaft, Grieshammer: Leipzig 1797.

Christian Gottlieb Konopak, Über den Begriff und Zweck einer Encyklopädie im Allgemeinen und der Encyklopädie der Rechtswissenschaften insbesondere. Zur Ankündigung seiner Vorlesungen über die letztere, Schimmelpfennig: Halle 1800.

Carl Friedrich Ludwig Freiherr von Löw, Einleitung in das Studium der Rechtswissenschaft. Ein Lehrbuch für akademischen Unterricht, Orell Füssli: Zürich 1835.

Adolf Merkel, Juristische Encyclopädie, Guttentag: Berlin und Leipzig 1885 (S.1).

Robert Mohl, Literarhistorische Uebersicht über die Encyklopädien der Staatswissenschaften, Zeitschrift für die gesammte Staatswissenschaft (1845), S. 423 ff.

Ders., Die Encyklopädieen und Systeme der Staatswissenschaften, in: Die Geschichte und Literatur der Staatswissenschaften, Band 1, Ferdinand Enke: Erlangen 1855, S. 111 ff.

Ders., Encyklopädie der Staatswissenschaften, Laupp: Tübingen 1859.

Christian Friedrich Mühlenbruch, Lehrbuch der Encyclopädie und Methodologie des positiven in Deutschland geltenden Rechts, Stiller: Rostock und Leipzig 1807.

Hermann Ortloff, Die Encyclopädie der Rechtswissenschaft in ihrer gegenwärtigen Bedeutung. Zur Einleitung in das Studium der Rechtswissenschaft, Friedrich Mauke: Jena 1857.

Johann von Perthaler, Recht und Geschichte. Zur encyklopädischen Einleitung in das Studium der juridisch politischen Wissenschaften, Beck: Wien 1843.

Georg Friedrich Puchta, Grundriß zu Vorlesungen über juristische Encyclopädie und Methodologie, Carl Heyder: Erlangen 1822.

Ders., Encyclopädie als Einleitung zu Institutionen-Vorlesungen, Reimer: Leipzig und Berlin 1825.

Johann Stephan Pütter, Entwurf einer Juristischen Encyclopädie, Vandenhoeck: Göttingen 1757.

Ders., Neuer Versuch einer Juristischen Encyclopaedie und Methodologie, Vandenhoeck: Göttingen 1767 (S. 4).

Karl Theodor Pütter, Der Inbegriff der Rechtswissenschaft oder Juristische Encyclopädie und Methodologie, Reimer: Berlin 1846 (S. III, IV).

Mathias Ratkowsky, Encyklopädie der Rechts- und Staatswissenschaften als Einleitung in deren Studium, Hölder: Wien 1890.

Johann Friedrich Reitemeier, Encyclopädie und Geschichte der Rechte in Deutschland. Zum Gebrauche akademischer Vorlesungen, Christian Dieterich: Göttingen 1785.

J. C. E. Fr. Roßhirt, Encyclopädie der Rechtswissenschaft, in: Zeitschrift für Civil- und Criminalrecht 5 (1845), S. 1 ff.

Carl von Rotteck/Carl Welcker (Hrsg.), Staats-Lexikon oder Encyklopädie der Staatswissenschaften, 15 Bände, Hammerich: Altona 1834–1843.

Ignaz Rudhart, Encyclopaedie und Methodologie der Rechtswissenschaft, Joseph Stahel: Würzburg 1812.

Friedrich Carl von Savigny, Vorlesungen über juristische Methodologie 1802–1842 (hrsg. von Aldo Mazzacane), Klostermann: Frankfurt am Main 1993.

Albert Eberhard Friedrich Schäffle, Bau und Leben des socialen Körpers. Encyclopädischer Entwurf einer realen Anatomie, Physiologie und Psychologie der menschlichen Gesellschaft, Band 4 (Spezielle Socialwissenschaft, 2. Hälfte: Encyclopädie der Staatslehre), Laupp: Tübingen 1878.

August Ludwig Schlözer, Allgemeins StatsRecht und StatsVerfassungsLere. Voran Einleitung in alle Statswissenschaften. Encyclopädie derselben. Metapolitik, Vandenhoeck: Göttingen 1793.

Theodor Anton Heinrich Schmalz, Encyclopädie des gemeinen Rechts. Zum Gebrauch academischer Vorlesungen, Nicolovius: Königsberg 1790.

Ders., Encyclopaedia juris per Europam communis, Mittler: Berlin und Posen 1827.

Julius Theodor Friedrich Schnaubert, Lehrbuch der Wissenschaftslehre des Rechtes, Bran: Jena 1819.

August Friedrich Schott, Entwurf einer juristischen Encyclopädie und Methodologie zum Gebrauch akademischer Vorlesungen, Heinsius: Leipzig 1772.

Fritz Stier-Somlo, Alexander Elster (Hrsg.), Handwörterbuch der Rechtswissenschaft, 7 Bände, de Gruyter: Berlin und Leipzig 1926–1931.

Rudolf Stammler u. a., Systematische Rechtswissenschaft, Teubner: Berlin und Leipzig 1906.

Heinrich Robert Stoeckhardt, Allgemeine juristische Fundamentallehre, Eggers und Pelz: St. Petersburg 1837.

Wilhelm Gottlieb Tafinger, Encyclopädie und Geschichte der Rechte in Teutschland, 2. Aufl., Heerbrandt: Erlangen 1800.

Ders., Versuch einer juristischen Methodologie zum Gebrauch bei seinen Vorlesungen, Cotta: Tübingen 1796.

Reinhard Friedrich Terlinden, Versuch einer Vorbereitung zu der heutigen positiven in Teutschland üblichen gemeinen Rechtsgelahrtheit für angehende Rechtsgelehrte, Perrenon: Münster und Osnabrück 1787.

Anton Friedrich Justus Thibaut, Juristische Encyclopädie und Methodologie zum eignen Studio für Anfänger, und zum Gebrauch academischer Vorlesungen entworfen, Hammerich: Altona 1797.

Karl August Tittmann, Handbuch für angehende Juristen, zum Gebrauche während der Universitätszeit und bei dem Eintritte in das Geschäftsleben, Hemmerde und Schwetschke: Halle 1828.

Karl August Dominicus Unterholzner, Allgemeine Einleitung in das juristische Studium, Fleischmann: München und Burghausen 1812.

Anton Virozsil, Encyclopädie und Methodologie des Juridisch-Politischen Studiums oder der gesammten Rechts- und Staats-Wissenschaften, Universitäts-Buchdruckerei: Ofen 1852.

Emil Ferdinand Vogel, Lehrbuch der Encyclopädie und Methodologie der Rechtswissenschaft, Hartmann: Leipzig 1829.

Ferdinand Walter, Juristische Encyclopädie, Marcus: Bonn 1856.

Leopold August Warnkönig, Juristische Encyclopädie oder organische Darstellung der Rechtswissenschaft, Enke: Erlangen 1853.

Ders., Ueberblick der juristischen Encyclopädik in Deutschland, in: Jahrbücher der deutschen Rechtswissenschaft und Gesetzgebung 1 (1855), S. 1 ff.

Ders., Encyclopädik in: Jahrbücher der deutschen Rechtswissenschaft und Gesetzgebung 3 (1857), S. 193 ff.

Karl Theodor Welcker, Die Universal- und die juristisch-politische Enzyklopädie und Methodologie, zum Gebrauche bei Vorlesungen und für das Selbststudium, Metzler: Stuttgart 1829.

Carl Friedrich Christian Wenck, Lehrbuch der Encyclopädie und Methodologie der Rechtswissenschaft, Friedrich Traugott Märker: Leipzig 1810.

Johann Nepomuk Wening, Lehrbuch der Encyclopädie und Methodologie der Rechtswissenschaft, Weber: Landshut 1821.

Carl Salomo Zachariä, Grundlinien einer wissenschaftlichen juristischen Encyclopädie, Johann Gottlob Feind: Leipzig 1795.

Ders., Enzyklopädisch-juristische Literatur, in: Wilhelm Traugott Krug (Hrsg.), Versuch einer systematischen Enzyklopädie der Wissenschaften, 3. Theil, 2. Band, 4. Heft, Darnmann: Leipzig und Züllichau 1806.

Eine der schönsten Geschichten über den höchsten Traum, das »teuerste Ideal – das größte und vollkommenste Buch«, die Enzyklopädie, hat der liberale, antiklerikale, atheistische Freigeist, später religiös neugeborene Anarchist, Mussolini zwei Bücher widmende Faschist, die Menschheit durch Gift auszurotten vorschlagende Moderne Giovanni Papini erzählt. In dem zur Autobiographie einer Generation gewordenen Roman »Un Uomo Finito« aus dem Jahre 1912 (Ein erledigter Mensch, Suhrkamp: Frankfurt am Main 1980, vgl. S. 24 ff., »Erst alles – dann nichts«) beschreibt er seine jungen Tage und Träume, die Erinnerungen an »so hohe Zimmer, an den endlosen Reichtum alter und neuer Bände, Lexika, Zeitschriften, Broschüren, Atlanten, Gesetzbücher und Manuskripte. [...] Nur wissen, wissen, alles wissen! (Hier ist

das Wort meines Verhängnisses: ›Alles‹!) [...] warf und verlor ich
mich in dieses Meer des Wissens [...] bemerkte ich, daß die vollständige und vollkommene Enzyklopädie noch gar nicht existier-
te. [...] Also nahm ich mir vor, eine Enzyklopädie zu schreiben,
die nicht nur die Materie sämtlicher Enzyklopädien aller Länder
und Sprachen enthalten, sondern sie sogar übertreffen und über-
holen und alles enthalten sollte, das in diesen zersplittert und
zerstreut war. [...] zum ersten Male las ich Gesetzbücher, um mit
Kennermiene über Viehraub schreiben zu können. [...] langweilte
mich [...] verschiedene griechische Wörter, die ich nicht verstand
[...] Ich sah ein, daß echte Gelehrsamkeit nicht aus einem Haufen
zusammengelesener und abgeschriebener und hinterher in alphabetische Ordnung gebrachter Notizen bestand, aus Angelesenem
und Abgeschriebenem, das mechanisch geordnet, aber ohne Le-
benshauch oder beseelenden Gedanken war. Ich ließ die Arbeit an
der Enzyklopädie liegen.«

Fabrik

Eine immense Anzahl von Bänden. Seit dem späten 11. Jahrhundert wächst das Recht in Büchern unaufhörlich an. Das Recht ist eine Fabrik. In ihren Hallen wird das normative Gerüst der Gesellschaft geschmiedet. Jeder juristische Gedanke, jedes Gesetz, jede Zeile eines Rechtsbuches, jedes Urteil, jedes im Namen des Rechts gesprochene oder geschriebene oder gedachte Wort, alles, was Recht ist, verstrebt das Gerüst. Ein verwinkelter, netzartiger, unregelmäßiger, seltsamer Bau. Ein Bau, der nie fabriziert ist und immer weiter fabriziert: diesen unheimlichen, numinosen Stoff Recht.

Fabrique. In den juristischen Alphabeten Frankreichs taucht die *fabrique* regelmäßig als Lemma auf. Auch in der großen Encyclopédie mit ihrem enormen juristischen Fundus. Fabrique steht für das Zeitliche, das Vergängliche, das Weltliche der Kirche. Es geht also um Gebäude, die Orte des Gottesdienstes, die Kirchen, deren Bau und deren Instandhaltung sowie die Gelder, die dafür erwirtschaftet und ausgegeben werden müssen. Zuweilen meint *fabrique* auch Personen, diejenigen, die mit der Verwaltung des Vergänglichen einer Kirche betraut sind. Das Lemma ist häufig umfangreich, und noch im Großen Larousse des 19. Jahrhunderts, dem Grand Dictionnaire Universel, der achte Band ist aus dem Jahr 1872, gelten sieben von insgesamt siebeneinhalb engst gedruckten Spalten dem *temporel des églises*.

Fabrik. In den Produktionsstätten des Rechts wird die Zeit getötet. Die massenhaften juristischen Kommunikationen, die in den vielen Abhandlungen niedergelegt sind, sollen die Zeit stillstellen, damit das Recht festgestellt werden kann. Sublimiert wird dieser Eros noch der partikularsten juristischen Schriftstellerei in den seit jeher unternommenen Versuchen, das Ganze des Rechts zu ordnen. Analytisch, synthetisch und dihairetisch sind die klassischen Schmiedewerkzeuge der Ordnungsmanie. Waren im späteren Mittelalter noch Summen, also Zusammenfassungen, en vogue, so entsann man sich ab dem 16. Jahrhundert wieder der schönsten, schon von Cicero besungenen Weise, eine vielfältige Materie zu entfalten. Die Bäume des (juristischen) Wissens blühten, und Ramus wurde (neben Agricola) zum Star des umfassenden und schönen Arrangements. Doch die ganze, unübersehbare, bald zunehmend wieder die analytische und systematische Methode aufgreifende Literatur der Ordnung des juristischen Wissens konnte allenfalls das Recht, wie es theoretisch gedacht werden mochte, zu fassen suchen. Jan Schröder hat jüngst diese doktrinale Literaturproduktion in einer »Geschichte der juristischen Methode vom Humanismus bis zur historischen Schule« gesichtet. Die 350 Jahre zwischen 1500 und 1850 boten keinen Halt. Eine Fassung, ein Stillstellen der individuellen Gedanken, eine einheitliche Methode, eine universelle Art des Denkens – daran war nicht zu denken. Der Autor, jeder einzelne Autor lebt. Jede Alternative, jede Möglichkeit, jede Art der Anordnung juristischer Gedanken wurde ausprobiert, das heißt niedergeschrieben, publiziert. Die Fabrik hatte einen gewaltigen Ausstoß. All dies wurde gelesen, benutzt, *nach*gedacht und damit der Möglichkeitshaushalt der juristischen Phantasie potenziert. Und immer wieder von neuem wurde geschrieben, jedes Mal mit dem Ziel, dass nicht mehr geschrieben zu werden brauchte, weil das Geschriebene als Geschriebenes zeitlos war. Die Zeit wird getötet mit dem Schreiben und Drucken. Aber die Zeit lässt sich nicht töten.

Die Zeit lässt sich nicht töten. Das ist für die theoretische Literatur, dort wo früher Autorität und später Zelebrität aspiriert werden konnte, kennzeichnend. Das beherrschendste Buch und das berühmteste Buch mochten richtungsweisend sein, die Zeitgenossen, die Späteren, die Modernen, die Leser schenkten dem Geschriebenen stets einen neuen Sinn, mochte das Neue daran auch noch so ephemer sein. Das Buch, das aufgeschlagen, bedacht, referiert, abgelehnt, gefeiert wird, jedes Buch, das nicht vergessen ist, steht in der Zeit und kann die

Zeit deshalb nicht töten und ist Teil der Fabrik des Rechts, die immer nur Temporalia herstellt.

Doktrin und Kodifizierung, Lehre und Gesetz sind in der Fabrik vergänglich. Deshalb werden sie ständig verändert, amendiert, verbessert, verschlechtert, modernisiert, angepasst. Große Teile der Produktion werden ohnehin sofort vergessen. Sie dienen nicht einmal als Ladenhüter. Sie dienen der Produktivkraft, der Aufrechterhaltung der Fabrik, der Großartigkeit des ganzen Gebäudes, das ohne die vielen unscheinbaren Teile nicht hätte errichtet werden können. Auch in den Kathedralen sieht der Besucher nur die glänzenden, hervortretenden, flächigen Teile des Baus. Das ganze verbaute Material, die Winkel, die versteckten Streben, all das, was man nicht zu sehen bekommt, weil es zu hoch, zu entfernt, zu klein (oder zu groß), zu verborgen ist, ja, das, was man nicht sieht – und man sieht fast nichts –, das sieht man nicht. Die über hunderttausend juristischen Dissertationen etwa, die während des Ancien régime im Heiligen Römischen Reich Deutscher Nation verfasst werden. Juristische Trivialliteratur sagt man heute dazu. Dabei waren viele der Autoren berühmte Juristen, schließlich wurden die schmalen Arbeiten meist von den Doktorvätern selbst, den Praesides, geschrieben. An jeder Universität, an der ius gelehrt wurde, disputierte man, lernte und lehrte man nach vor Ort gedruckten und verlegten Büchern – eine Unmenge von Literatur, die den Tod vor sich hatte, wie die Eintagsfliege die Nacht.

Die Zeit lässt sich nicht töten. Das gilt für »Gipfelleistungen« (Schröder) wie für die massenhafte Ausbildungs- und Berufsausübungsliteratur, also den Großteil der juristischen Literatur seit jeher. Juristen sind keine vom Wahren und Ewigen betörten Wissenschaftler. Jan Schröders fett- und großgedruckter Obertitel »Recht als Wissenschaft« führt in die Irre. Wissenschaft und ihr Anliegen, Wahres von Falschem zu scheiden, ist nicht Sache der Juristen. In einem früheren Buch hatte Schröder das deutlicher gesehen. Dort beschrieb er, wie praktische Jurisprudenz, Rechtsgelahrtheit, Rechtsgelehrsamkeit sich in der Sattelzeit vor der Wende und um die Wende vom 18. zum 19. Jahrhundert zu wissenschaftlicher Jurisprudenz, objektiver Rechtswissenschaft auswuchs. Jetzt, in dem neuen Buch, gilt Recht als Wissenschaft, ohne Fragezeichen, von 1500 an. Doch Juristen sind Arbeiter in der Fabrik des Rechts. Eine Fabrik, deren einzelne Elemente der Gesellschaft dienen. Ob im Guten oder Schlechten, hängt von den Zeitläuften ab. Juristen sind Spezialisten für das Vergängliche, das nichts anderes ist als das, was jeden Tag passiert.

Und die Urteile? Wird durch das Sprechen eines Urteils nicht die Zeit tranchiert, ein Fall abgeschlossen, ein Problem gelöst? Ja.

In dem Moment aber, in dem das Urteil gesprochen ist, wird es Teil der Fabrik und damit *temporel*. Die Urteile werden kommuniziert, reflektiert, abgelehnt, begrüßt – und sie werden aufgeschrieben und gesammelt. In den Alphabeten des Rechts. Und so werden auch die Entscheidungen, obschon sie Fälle abschließend entschieden hatten, Teil der unaufhörlich wuchernden Fabrik. Und als Entscheidungssammlung gehen sie endgültig den Weg jeder Literatur. Sie gehen in die Zeit. Die Fabrik – *le temporel du droit*.

Accessoire

Zur *fabrique* im alten Sinne siehe nur die entsprechenden Artikel in der Encyclopédie von Diderot und d'Alembert und etwa in der »Collection de décisions nouvelles et de notions relatives à la jurisprudence actuelle« von J. B. Denisart, 9. Aufl., 2. Band, Desaint: Paris 1775, S. 295 ff.

Einen bibliographischen Eindruck über die Produktivkräfte der Fabrik des Rechts vermittelt das von Helmut Coing herausgegebene »Handbuch der Quellen und Literatur der neueren europäischen Privatrechtsgeschichte«, das seit 1973 in mehreren Bänden bei C. H. Beck in München erscheint; sowie jetzt, auf dem bibliographisch avanciertesten Stand der Bücherjagd befindlich, Douglas J. Osler, von dessen umfassendem Census-Projekt in den von ihm begründeten Bibliographica Iuridica bislang 2 Bände vorliegen: Catalogue of books printed on the continent of Europe from the beginning of printing to 1600 in the library of the Max-Planck-Institut für Europäische Rechtsgeschichte, Frankfurt am Main, compiled by Douglas J. Osler, Klostermann: Frankfurt am Main 2000; und Catalogue of books printed in Spain, Portugal and the Southern and Northern Netherlands from the beginning of printing to 1800 in the library of the Max-Planck-Institut für Europäische Rechtsgeschichte, Frankfurt am Main, compiled by Douglas J. Osler, Klostermann: Frankfurt am Main 2000.

Zur Fabrikation von Techniken der Wissensspeicherung im Mittelalter vgl. die von Christoph H. F. Meyer rekonstruierten »Spuren im Wald der Erinnerung. Zur Mnemotechnik in Theologie und Jurisprudenz des 12. Jahrhunderts«, in: Recherches de Théologie et Philosophie médiévales 67 (2000), S. 10 ff. Jan Schröder ist für das Gebiet des Privatrechts einer der besten Kenner der juristischen Fabrikationsleistungen seit 1500. Theoretisch ausgreifend war seine Studie zu: Wissenschaftstheorie und Lehre der »praktischen Jurisprudenz« auf deutschen Universitäten an der Wende zum 19. Jahrhundert, Vittorio Klostermann: Frankfurt am Main 1979. In seinem neuen Buch »Recht als Wissenschaft. Geschichte der juristischen Methode vom Humanismus bis zur historischen Schule«, C. H. Beck: München 2001, tritt das (angesichts des immanenten Praxisbezugs eines jeden Rechts allerdings wenig überraschende und nur durch die nun zweihundert Jahre andauernde scientistische Vogue in den Hintergrund gedrängte) Fragmentarische der Methoden der Rechtsbeherrschung und -anwendung zutage. »Man sollte … die undifferenzierte Zusammenfassung verschiedenartigster Phänomene unter dem Stichwort ›vernunftrechtliche Methode‹ besser ganz aufgeben« (S. 172). Schröder bietet aber außer den Fragmenten wenig an und unterlässt es vor allem, über das ins Auge springende Phänomen des Fragmentarischen nachzudenken. Immerhin: Die Fragmente leben. Um

so rätselhafter dann allerdings der (Haupt)Titel des Buches von
Schröder. Die »Gipfelleistung« findet sich auf S. 85. Für die Publizistik veranschaulicht Michael Stolleis den immensen Ausstoß der
Fabrik in seinen seit 1988 verfassten, den Zeitraum von 1600 bis
1945 umfassenden, drei Bänden zur »Geschichte des öffentlichen
Rechts in Deutschland« (C. H. Beck: München). Auch hier wird
bei allen – im Staatsbezug vielleicht auch im Gegensatz zum »pri-
vaten« Individualbezug leichter handhabbaren – Einordnungen
das Nebeneinander, das Besondere, das (massenhaft) Vereinzelte,
das Fragmentarische der vielfältigen Rechtsliteratur deutlich.

Nun ist die Fabrik aber nicht nur der amorphe Bau der Produktion juristischer Gedanken und Schriften. Die Fabrik hat auch
eine andere Seite: »La fabrique de l'homme occidental«. In seinem
Film und dem dazugehörigen Buch (Éditions Mille et une nuits/
Arte Éditions: 1996) geht es dem Rechtshistoriker Pierre Legendre
um die Idee, den Menschen zu fabrizieren: »Fabriquer l'homme,
c'est lui dire la limite. Fabriquer la limite« (S. 22). Es handelt sich
um eine Reflexion über die listigen Konstruktionen, die dogmatischen Gedankengebäude, die Kräfte des römischen Rechts, die
den Menschen herstellen, ihm die Grenze sagen, sein Leben in-
stituieren, damit er nicht nur pures Menschenfleisch bleibt, das
den Segnungen der modernen Wissenschaften und Techniken ausgeliefert ist. In Legendres Werk, das seit den 60er Jahren des 20.
Jahrhunderts auf über 20 Monographien angeschwollen ist, kann
man diese Transformation der Fabrik nachlesen. Von einer Fabrik, die mittels (alter) Rechtsdogmatik den sozietal-psychischen
Apparat des Menschen konturiert und den Menschen in die Welt
stellt, hin zu einer Fabrik, die mittels (neuer) Wissenschaft den
biologisch-fleischlichen Apparat des Menschen konstruiert – und
im Konzentrationslager getötet hat. Jetzt – Anfang des dritten
Jahrtausends – geht es um die Grundlagen des Experimentierens,
um die Veränderung der Gattung, um das Herstellen des (neu-
en) Neuen Menschen (siehe hierzu etwa Pierre Legendre, De la
Société comme Texte. Linéaments d'une Anthropologie dogmatique, Fayard: Paris 2001, S. 33). Legendre schreibt eine melan-

cholische , zuweilen auch cholerische Verlustgeschichte, die dem dogmatischen Haus und der Fabrik des Rechts retrospektiv und als Antidot vielleicht zuviel zumutet.

Novalis sah in seinem Allgemeinen Brouillon (Novalis, Werke, Tagebücher und Briefe Friedrich von Hardenbergs, hrsg. von Hans-Joachim Mähl und Richard Samuel, 3 Bände, Wissenschaftliche Buchgesellschaft: Darmstadt 1999, Band 2, S. 473 ff., Nr. 187) die Fabrik und die Wissenschaft ganz prosaisch: »Academie des Sciences – wissenschaftliche Fabrick«.

Gargantua

Juristen sind gefräßig. Vielleicht sind sie deshalb so willkommene Diener des Staates – gleich und gleich gesellt sich gern. Im Namen *des* Rechts arbeiten Gourmands, die unablässig die Fakten des Lebens zurechtstutzen und die Dogmatik der normativen Ideenwelt zurechtsetzen. Täglich schreiben die Advokaten und Richter und Gelehrten juristische Texte, indem sie sich durch andere Texte hindurchfressen. Schon die Digesten waren das Ergebnis eines unheimlichen Verdauungsprozesses, der Einverleibung und Verarbeitung der römischen Juristenmeinungen zu Rechtsfällen. Seit der juristischen Revolution des Mittelalters, einer Revolution im Namen der Hermeneutik – der erläuternden Randbemerkung und des weiterführenden Kommentars –, beschleunigte sich die Digestion. Die Handschriften wurden im 15. Jahrhundert immer schwerer lesbar, die Hände mussten sich beeilen – der Buchdruck nahte. Mit ihm begann erst wirklich das große Fressen.

Jedes Gericht brachte seine Urteile, schön alphabetisch nach Materien geordnet, heraus. Die Advokaten ließen ihre juristischen Reden drucken. Die Universitätslehrer veröffentlichten auch noch den letzten rechtlich bedeutsamen Gedankenfetzen, der sich in ihrem Hirn eingenistet hatte. Das Recht profitierte davon, dass es eine der wenigen damaligen Universitätsdisziplinen war und dass die (östlich des Rheins) entstehenden Territorialstaaten Juristen brauchten. Die Auflagen jagten einander, gerade weil juristische Literatur – so wie heute noch – der Ausbildung zweckdienlich ist. Jeder Professor einer Universitätsstadt wollte seine eigene Kommentierungsvariante zu den großen alten Texten und den spektakulären neuen Schriften gedruckt sehen. Die größten Verdauer der juristischen Schreibwut waren die Sammlungen der alphabetischen Ordnungen, die dann im Brillon des 18. und im Dalloz des 19. Jahrhunderts ihre Sublimierung fanden.

Doch wer sollte das alles lesen? Man weiß naturgemäß wenig über das Lesen. Nachrichten darüber gibt es nur spärlich, und Zitate beweisen mitnichten eine Lektüre. Bei den Juristen gab es eine eigene Gattung der Zitatliteratur, die zitiert werden konnte, ohne dass gelesen werden musste. Ohne dass gelesen werden musste, was früher einmal geschrieben worden war. Diese Gattung hieß gelegentlich *Lexicon* (iuris civilis et canonici) oder, auf den Ursprung verweisend, *De verborum significatione*. Letzteres war die alte Bezeichnung des 16. Titels im 50. Buch der Digesten (D.50.16). Hier wurden 246 Begriffe und Begriffsfiguren in nicht alphabetischer Reihenfolge anhand klassischer Stellungnahmen von Ulpian, Paulus, Gaius, Iavolenus, Marcellus, Celsus, Pomponius, Modestinus, Proculus, Callistratus, Terentius Clemens, Macer, Licinnius Rufinus, Aelius Gallus, Iulianus, Alfenus Varus, Africanus, Florentinus, Marcianus, Papinianus, Hermogenianus, Venuleius, Tryphoninus, Quintus Mucius Scaevola, Labeo knapp erläutert. Die wenigen (in der Ausgabe von Mommsen: zwölf) im 6. Jahrhundert zusammengestellten Seiten schwollen im 16. Jahrhundert etwa in den beiden seinerzeit berühmten Werken von Pardoux DuPrat und Barnabé Brisson zu weit über tausend Folio-Spalten an. In seinem Lexicon bedient sich DuPrat der Texte von 93 anderen Werken. Diese stammen von griechischen und römischen *Iuris auctores*, griechischen und römischen *Interpretes*, aus dem *Iure pontificio*, von *Medicis* oder aus *Aliis classicis scriptoribus*. Es sind auch *Lexicographi*, also tote und lebende Kollegen dabei, Julius Pollux, Sudas, Rosatius, Brissonius, Hotomanus, Spiegelius, Oldendorpius, Varro, Festus Pompeius, Marcellus. Auch bei Brisson finden sich in den verschiedenen Widmungen zu Beginn des Werkes Danksagungen an Dutzende von Autoren, ohne die das vorliegende Werk niemals hätte entstehen, kompiliert werden können.

In beiden Fällen: Ein Bruchfeld. Ein Zitatkartell. Das sedimentierte Wissen über die Bedeutung der Wörter im Recht.

In den dichtgedruckten Spalten auf den foliogroßen Seiten der juristischen Lexika und Wortbedeutungsbücher seit dem

16. Jahrhundert spiegelt sich die Wörter- und Bücherproduktion der Neuzeit. Die Bücher, die seit dem 16. Jahrhundert über die literate Menschheit Europas hereinbrachen und die auf den Messen in Frankfurt ausgestellt wurden, waren vor allem ein Phänomen der Masse. Nicht der Masse an Lesern (wer konnte im 16. oder 17. oder 18. Jahrhundert wirklich lesen?), aber der Masse an übel riechendem Papier, das schon die Bibliotheken der damaligen Zeit verstopft. Wer sollte diesen Wust an Geschriebenem lesen? Die Krankheit der Bibliomanie ist von den Zeitgenossen eindringlich notiert worden. Eine Krankheit, die bereits die Antiken heimgesucht hatte. Also werden die alten Autoren zitiert, um das Zitieren, ja das Schreiben schlechthin zu diskreditieren – schreibend. Robert Burton zitiert, natürlich ohne Nachweis, Juvenals Satiren, als er 1621 die unheilbare Krankheit der Schreiberei beschreibt. Aber was würde aus den meisten Schriftstellern, wenn der von Burton aufgeführte Satz aus den Briefen des Synesios von Kyrene gerechtfertigt oder gar mit einer Sanktion belegt wäre, nämlich, dass es eine größere Untat, ein schlimmerer Angriff sei, die Arbeiten der Toten zu stehlen, als ihre Kleider? Nein, es gibt keinen Grund, die Bücher zu vermehren. Ist nicht schon alles gesagt? »No news here; that which I have is stolen from others, Dicitque mihi mea pagina, fur es.« Der Autor – ein Dieb. Die Anatomie der Melancholie ist ein Fatras, ein Wust von dreizehntausendeinhundertdreiunddreißig (13 133) Zitaten von eintausendfünfhundertachtundneunzig (1598) Autoren.

Ist somit der Inhalt der unzählbaren Bücher nur aufgewärmter Kohl? Ein Kohl, den niemand essen will? Schreiben die Autoren nur, weil sie die Drucker beschäftigen und vor allem beweisen wollen, existiert zu haben? Werden die wenigen bedeutenden, ja tatsächlich bedeutenden Werke nicht beschmutzt durch die pisse-copies allerorten, ohne eigene und häufig selbst ohne fremde Kultur? Sind wir nicht mit einem immensen Chaos konfrontiert, einem Durcheinander der Bücher, die uns erdrücken, zermalmen, unsere Augen ermüden und unsere Finger verschleißen durch das ständige Umblättern der Seiten? Ja, welcher Unersättliche wird alle diese Bücher lesen können?

Nur Riesen können alles lesen. François Rabelais ist der Größte unter den Riesen-Dichtern, sein Gargantua der Vielfraß an sich. Ein Riese. Der Sohn von Grandgousier und Gargamelle. Ein Riese, der, sich erleichternd, die Stadt Paris inondiert, unter Wasser setzt. Ein Riese, der die Menschenzwerge lieber genüsslich verschlingt, als sie auf seine Schultern zu setzen, damit sie weiter sehen, als er selbst es vermag. Ein Riese, der selbst weit sehen möchte, der sich über die alten antiken Geistesgrößen amüsiert und seinem Sohn, Pantagruel, das Studium der Modernen nahelegt. Der Sohn – ein Riese, der nach Paris geht, um zu studieren, und dort Briefe von seinem Vater Gargantua erhält, in denen er dazu angehalten wird, alles zu lesen und die schönen Texte des Zivilrechts auswendig zu lernen: »Du droit civil, je veulx que tu sache par cueur les beaulx textes.« Insgesamt möchte der Vater den ganzen Abgrund des Wissens beim Sohne sehen, alles, ja alles soll er kennen, »que je voye un abysme de science«. Natürlich soll der Schlund des Wissens nicht nur das Alte aufnehmen, sondern vor allem das Moderne, also insbesondere das Griechische, ohne dessen Kenntnis es eine Schande sei, sich gelehrt oder gar wissend zu nennen.

In den schrecklichen und entsetzlichen Taten und Heldentaten des sehr bekannten Pantagruel, König der Dipsodier und Sohn des großen Riesen Gargantua, findet die humanistische *Querelle des Anciens et Modernes* avant la lettre statt. Der Krieg der Texte wird nicht erst gegen Ende des 17. Jahrhunderts ausgetragen, als Charles Perrault 1687 mit der Verlesung seines Poems *Le siècle de Louis le Grand* eine gewaltige literarische Kontroverse auslöste. Der Krieg der Texte, der Krieg zwischen den alten Autoren und den modernen Schriftstellern ist schon Anfang des 16. Jahrhunderts voll ausgebrochen. Die Modernen lesen 1540 überall griechisch, das heißt, sie gehen zu den noch zugänglichen Originaltexten zurück.

Pantagruel studiert Jura, lange und fruchtbar. Der rätselhafte Begründer der französischen Prosa jedoch, der Mediziner

und Kirchenmann François Rabelais, Sohn des Advokaten Antoine Rabelais, hält nichts von den mittelalterlich wuchernden
Rändern der Gesetzestexte. So »élégans« die Pandekten auch
seien, so ekelerregend sei die »brodure«. Der Saum des Rechts,
dessen mit Kommentaren und Glossen gewirkter Rand, wird
für Rabelais und seinen Helden, den Jurastudenten Pantagruel,
zu einer Stickerei aus Abfall und Scheiße, »ordure« und »mer-
de«. »Brodure« – die Übersetzung findet sich zwischen dem
wörtlichen Sticken (eines Stoffes) und dem figurativen Dichten
(einer Geschichte).

Der Abgrund des Wissens. Alles kommt zusammen. Die
Griechensehnsucht, das Neue, die Medizin, die Gesetze, die
abscheulichen Randbemerkungen, das Reine und der Dreck.
Gargantua und Pantagruel, Vater und Sohn, beweisen vor allem ihren Geschmack am Ganzen. Die unbändige Lust, alles
zu essen, alles zu wissen, alles zu lesen. Rabelais' Welt, der Roman Rabelais' – ein einziges Sammelsurium des Wissens, hundert Jahre vor dem Oxforder Totivoren Burton. Ein Wissen,
das, wenn es darauf ankommt, nicht weiterhilft. Denn das ist
das Kennzeichen des locupletischen Unternehmens: Im Leben
hilft es nichts. Im Kapitel IX *bis* des Pantagruel wird dem gesamten Wissen, das Gargantua seinem Sohn zu verdauen aufgetragen hat, der dramaturgisch effektvolle Todesstoß versetzt.
Es geht um einen Prozess in einer Affäre, die »merveilleuse-
ment obscure et difficile« war. Die Doktoren hatten sich schon
abgemüht, Licht in die so wunderbar dunkle und schwierige
Streitsache zu bringen. Doch waren sie keinen Schritt weiter
gekommen. Der Prozess muss bereits lange gedauert haben.
Pantagruel fragt, ob die beiden Herren, die sich streiten, wohl
noch lebten. Pantagruel, der vom Vater animierte Vielfraß des
Wissens, schiebt das Papier vom Tisch – tabula rasa. Mit dem
ganzen aufgehäuften Prozesswissen macht er kurzen Prozess.
Wozu soll der unglaubliche Wust an Papieren und Kopien,
»que me baillez«, dienen? Dieser Berg an gähnender Langeweile pervertiert das Recht. Die lebendige Stimme zählt soviel
mehr als diese »subversions de droict«. Die Meinungen von

»Accurse, Balde, Bartole, de Castro, de Imola, Hippolytus, Panorme, Bertachin, Alexandre, Curtius« und anderer alter »mastins« sind unmaßgeblich – haben sie doch nie ein einziges echtes Gesetz der Pandekten verstanden, und nur bedeutungslose, dumme, das klassische Latein und die griechischen Worte ignorierende Kommentare abgegeben. Also, befiehlt Pantagruel, verbrenne man all diese unnützen Papiere. Und so geschieht es. Das aufgeschriebene juristische Wissen, »ces registres, enquestes, réplicques, duplicques, reproches, salvations« und weitere solcher Teufeleien, die nur den Prozess aufschöben und das Recht verdrehten, werden vergessen, Pantagruel lädt die Parteien vor und hört sie an.

Der Riesenprozess endete nicht in einer naiven, gewissermaßen freirechtlichen, Gerechtigkeitsfindung, die das menschlich Lebendige gegen das artifiziell Juristische ausspielte. Bei aller Skepsis gegen das in der Renaissance angesammelte Buchwissen ridikülisiert Rabelais zugleich die Alternative: die freie Rechtsfindung. Pantagruels Urteil im Prozess ist ein hyperbolischer Akt des Unsinns: Eine vollständig unverständliche Entscheidung, mit der die Parteien jedoch hoch zufrieden sind und die den Gerichtspräsidenten zu den höchsten Elogen hinreißt. Nicht die Scholastik allein ist lächerlich, die Welt als Ganzes ist lächerlich. Panurge, der Freund und Schüler Pantagruels, gewinnt einen gelehrten Disput bei den »Sorbonicoles« gegen einen angesehenen englischen Theologen nicht durch die besseren, anerkannteren Argumente aus dem Haushalt der Gelehrsamkeit, sondern durch unanständige Gesten. Zeichen, die nichts bedeuten, die sich von der Welt des Realen abgelöst haben, verhelfen zum Sieg. Sprache, Schrift, Bücher – gegen das selbsterfundene Imaginäre gelten sie wenig. Der mit allen Wassern Gewaschene (*panurgos*) siegt im Gelehrtendiskurs gegen Thaumaste durch Pantomime. Die Welt ist ein Irrenhaus.

Aber, es ist diese Welt, die Welt der Vielfraße, Zeichengeber und Riesen, die Welt der Übertreibungen und Zerstörungen, in der die Enzyklopädie geboren wird. Es ist Thaumaste, der englische Spitzengelehrte, der dem Auditorium des großen Dis-

puts am Ende, nach seiner Niederlage, zuruft: Ihr habt gesehen, wie Panurge, der Schüler von Pantagruel, mir mehr gesagt
hat, als ich fragte, wie vollkommen er mir alle Zweifel aufge-
zeigt und gelöst hat und wie er mir »le vray puys et abysme de
Encyclopédie« eröffnet hat. Der Begriff Enzyklopädie erblickt
hier in gedruckter Form das Licht der Welt – mitten im Wahnsinn. Die Enzyklopädie wird inmitten unverständlicher (und
unanständiger) Zeichen geboren. Kein Wort, kein Buchstabe
korrespondiert dem gedruckten Wort. Ein wahrer Abgrund.
Ein Höllenschlund. Die Enzyklopädie verweist von Beginn an
auf alles, was nicht gesagt wurde, was ohne die Möglichkeit
von Intelligibilität gezeigt wurde. Die Enzyklopädie verweist
von Beginn an auf – nichts.

1532. Dies ist das Entstehungsjahr des ersten französischen
Romans. 1532. Dies ist das Jahr der Zerstörung des Romans
als literarischer Gattung. Das Wagnis der Sprache, der Rausch
der Wörter, führt in das Chaos. Rabelais' Pantagruel wie der
1534 erschienene Gargantua bezeichnen zugleich Geburt und
Tod der romanesken Form. Das gilt ebenso für die »Enzyklopädie«. In der Geburt liegt die Zerstörung. Die Enzyklopädie
war von Beginn an ein Abgrund, ein unverständliches, maßlo-
ses Projekt. Thaumaste weckte zwar die Neugierde auf Enzyklopädien, die Enzyklopädien selbst jedoch waren Totgeburten
ex tunc. Enzyklopädien und Alphabete (des Rechts) waren
von Anfang an als diätetische Maßnahmen ungeeignet. In der
Welt des Irreseins, die Rabelais (wie später nur noch Mallarmé)
so grandios verschreibt, wird das große Fressen für Nichtrie-
sen unverdaulich. Es kommt so wie in La grande bouffe von
Marco Ferreri mit Marcello Mastroianni, Michel Piccoli, Ugo
Tognazzi und Philippe Noiret. Am Ende des Tages kommt das
große Sterben.

Die gargantueske Haltung gegenüber dem Wissen führt zu
Enzyklopädien und zum Wahnsinn. 1532 und 1534 in Lyon
machte sich der juristisch so versierte Rabelais keine Illusionen
über das Verhältnis von Wissen und Wahnsinn. Zweihundert
Jahre später, in der Dialektik der Aufklärung, drückte ein hell-

sichtiger Mann in aller Klarheit das aus, was bei Rabelais und Burton hinter einem Wust von Wörtern der Kritik am Wust der Wörter versteckt ist. Jean Jacques Rousseau schrieb am 10. September 1755 an Voltaire: »la fureur de savoir tout«. Ja, diese Besessenheit, diese Unersättlichkeit, dieser Wahnsinn, alles zu wissen. Wer zuviel isst, kommt dabei um. Wir sind keine Riesen.

Accessoire

Zum Immer-schneller-Schreiben im Laufe des 15. Jahrhunderts siehe Pierre Legendre, De la Société comme Texte. Linéaments d'une Anthropologie dogmatique, Fayard: Paris 2001, S. 141.

Der Umfang der Advokaten- und Juristenschriften nahm bis zum 18. Jahrhundert geradezu bedrohliche Ausmaße an. Man sehe nur die enormen gesammelten – arrêts, plaidoiries, harangues und observations sur les changemens de la jurisprudence enthaltenden – Werke etwa von Henrys oder d'Aguesseau, gegen die sich die Œuvres eines Molière, Corneille oder Racine mickrig ausnehmen: Œuvres de Claude Henrys, 5. Aufl., 4 Bände (in folio), Brunet: Paris 1738; Œuvres de M. Le Chancelier D'Aguesseau, 13 Bände (in quarto), Libraires associés: Paris 1759–1789.

Was es bedeutet, dass im Laufe von Jahrzehnten Dutzende verschiedener Auflagen einzelner Autoren in Deutschland kursieren, ist noch nicht erforscht, nicht einmal der Umstand selbst ist bislang einer eingehenden Betrachtung unterzogen worden. Kann man hier von einem (auctorialen/imaginären) Kommunikationsnetz sprechen? Pufendorfs Hauptschriften etwa zirkulieren im 17. und 18. Jahrhundert in weit über hundert Auflagen – eine Forschungsaufgabe.

Zur Geschichte des Lesens (auch des Lautlesens) siehe: Alberto Manguel, Eine Geschichte des Lesens, Rowohlt: Reinbek bei

Hamburg 1999; Matthias Bickenbach, Von den Möglichkeiten einer »inneren« Geschichte des Lesens, Max Niemeyer: Tübingen 1999, vor allem S. 55 ff.; und natürlich den Doyen der Leseforschung Roger Chartier, Lectures et lecteurs dans la France d'Ancien Régime, Paris 1987; sowie ders./Guglielmo Cavallo (Hrsg.), Die Welt des Lesens. Von der Schriftrolle zum Bildschirm, Campus: Frankfurt/New York 1999.

Die beiden juristischen Lexikographen des 16. Jahrhunderts sind (mit lateinischen Namen) Pardulphus Prateius mit seinem Lexicon iuris civilis et canonici: sive potius, commentarius de verborum quae ad utrumque ius pertinent significatione, Antiquitatum Romanarum elementis, & legum Pop. Rom. copiosißimo indice, adauctus, Apud Gulielmum Rovillium: Lugdunus 1580; sowie Barnabas Brissonius, De verborum quae ad jus pertinent significatione libri XIX. Jam ita aucti, ut absolutissimum in corpus juris civilis indicem, Dudum hactenus desideratum, atque Philologiae non minus & Historiarum, quam Jurisprudentiae, aliarumque artium Cultoribus maxime profuturum, praestare queant, hier in der bei Seiler gedruckten Ausgabe: Frankfurt am Main 1683. Zu den antiken, vorjustinianischen Verborum-Büchern siehe Ferdinando Bona, Alla ricerca del »De verborum, quae ad ius civile pertinent, significatione« di C. Elio Gallo, in: Bullettino dell'istituto di diritto romano »Vittorio Scialoja« 90 (1987), S. 119 ff. Im griechisch sprechenden Byzanz war die Bedeutung der Wörter des ursprünglich lateinisch geschriebenen römischen Rechts besonders prekär. Es entstand eine reiche Gattung von lateinisch-griechischen Rechtswörterbüchern, über die Ludwig Burgmann, Marie Theres Fögen, Roos Meijering und Bernard H. Stolte in Fontes Minores VIII, Lexica Iuridica Byzantina, Löwenklau: Frankfurt am Main 1990, informieren.

Die olfaktorische Charakterisierung der Bücherstätten und das Zitat können bei Robert Burton nachgelesen werden: Anatomy of Melancholy, Band 1, Dent & Sons/E. P. Dutton: London, New York 1961 (erstmals erschienen 1621), S. 22 ff.

Über die Bücherfluten auf den Frankfurter Messen berichten Robert Burton, ebenda, S. 24, und François Rabelais, Pantagruel, Kapitel XXIII.

Das erste noch erhaltene schriftliche Dokument des Advokatensohns François Rabelais ist ein Brief an Guillaume Budé aus dem Jahr 1521. Im übrigen weiß man bis heute nicht viel über das Leben von François Rabelais, nicht einmal das Geburtsjahr steht fest. Bei Rabelais wird jenseits biographischer Kenntnisse besonders deutlich, wie konstruiert und imaginär sogenannte literarische Epochen sind. Die moderne Literatur mag mit Mallarmé beginnen, das Fragmentarische, Phantastische, Surreale, Unverständliche in der Literatur ist schon bei Rabelais in vollster Blüte zu bewundern. Benutzt wurden hier die Ausgaben der Librairie Droz für Pantagruel (2. Aufl., hrsg. von V. L. Saulnier, Genève 1965) und Honoré Champion für Gargantua (hrsg. von Floyd Gray, Paris 1995). Nicht nur im Pantagruel finden sich von intimer Kenntnis der Materie getränkte Sätze zu Recht und Justiz. Rabelais erzählt im Tiers Livre (Droz: Paris 1974) in den Kapiteln 39 bis 43 vom Besuch des Pantagruel beim Richter Bridoye, der Prozesse durch Würfelwurf entscheidet, und berichtet davon, »Wie die Prozesse geboren werden, und wie sie zur Vollkommenheit gelangen« (Kapitel 42). Und im Quart livre (Gallimard: Paris 1994/1998) lebt Pantagruel einige Zeit unter den Chicquanous (Kapitel 12 ff.), also Schikaneuren oder *huissiers*, Gerichtsvollziehern, Amtsdienern. Diese Geschichten als »Satiren auf die Jurisprudenz« zu bezeichnen (so etwa Kindlers Literaturlexikon, Band V, Deutscher Taschenbuch Verlag: München 1986, S. 3778) mutet schon deshalb problematisch an, weil damit suggeriert wird, es ginge in Wahrheit, »eigentlich«, mit rechten Dingen zu.

Zur Griechensehnsucht der Renaissance im Recht siehe Hans Erich Troje, Graeca leguntur. Die Aneignung des byzantinischen Rechts und die Entstehung eines humanistischen Corpus iuris civilis in der Jurisprudenz des 16. Jahrhunderts, Böhlau: Köln 1971; sowie Douglas Osler, Feels Like Heaven. A legal-historical drama in five acts, in: Rechtshistorisches Journal 3 (1984), S. 313 ff.

Zur Querelle des Anciens et des Modernes siehe den klassischen Text von Charles Perrault, Parallele des Anciens et des Modernes en ce qui regarde les Arts et les Sciences (Band 1), en ce qui regarde l'Eloquence (Band 2), en ce qui regarde la Poesie (Band 3), ou il est traitté de l'Astronomie, de la Geographie, de la Navigation, de la Guerre, de la Philosophie, de la Musique, de la Medecine, &c (Band 4), 4 Bände (Band 1 und 2 in 2. Aufl.), Jean Baptiste Coignard: Paris 1692–1697; sowie Bernard Le Bovier de Fontenelle, Digression sur les Anciens et les Modernes, in: ders., Œuvres, Nouvelle édition, Band IV, Libraires associés: Paris 1766, S. 169 ff. Werner Krauss, der große Romanist aus der DDR, hat den Streit einer luziden Analyse unterzogen: Der Streit der Altertumsfreunde mit den Anhängern der Moderne und die Entstehung des geschichtlichen Weltbildes, in: ders., Das wissenschaftliche Werk, Band 5 (Aufklärung, Teilband I, Frankreich), Aufbau: Berlin, Weimar 1991, S. 5 ff.

Den Furor des Wissens findet man in: Collection complète des œuvres de J.J. Rousseau, 23. Band, Société littéraire-typographique 1784, S. 337 ff., 341. Dort steht auch ein weiterer hellsichtiger Satz des Genfer Bürgers: »Si les seuls philosophes en eussent réclamé le titre, l'Encyclopédie n'eût point eu de persécuteurs.« Unwissen ist also nicht zu verachten: Was ich nicht weiß, macht mich nicht heiß: »Ce que nous ne savons point, nous nuit beaucoup moins que ce que nous croyons savoir.« Die Quelle der »désordres« der Gesellschaft besteht eben darin: Wir wollen alles wissen und machen deshalb Fehler. Unwissen, »l'ignorance« ist besser, schützt die Menschen vor sich selbst.

Zum Verhältnis von Riesen und Zwergen bleibt unübertroffen: Robert K. Merton, Auf den Schultern von Riesen. Ein Leitfaden durch das Labyrinth der Gelehrsamkeit, Suhrkamp: Frankfurt am Main 1983.

Hyperbolismus

Ein riesiges Bild. 205,7 cm hoch, 360 cm breit. Eine Fotografie. Von Andreas Gursky. Titel: Bibliothek. Was sieht man? Eine Theorie der Enzyklopädie.

Oben: Der Himmel. Ein weißes Gewölbe. Der Putz hat unregelmäßige brickettartige Auswölbungen. Das nach oben flutende Licht wirft schmale Schatten. Wie kurze Unterstreichungen. Unbeholfen mit der Hand geführt. In der Mitte oben – keine Erhebungen und keine Schattenstriche. Hier, im hohen Zentrum des Pantheons ist es glatt, weiß, das Licht bricht sich nicht mehr. Das Licht zerströmt.

Unten: Eine glatte Fläche, diffus, undeutlich, mittelbraun. Ein horizontaler Spiegel. Man könnte hineinfallen, wie in einen spiegelglatten See. Es scheint, als würde niemals der Grund kommen. Schemenhaft spiegelt sich in der spiegelnden Fläche die Mitte.

In der Mitte: Die Bibliothek. Drei Galerien mit jeweils sechs Regalreihen schmiegen sich an die Tiefe der Fotografie. Im Halbrund. An den Seitenrändern gehen die Bücherreihen aus dem Bild, sodass der Betrachter sich umschlossen fühlt. Von einem Kreis von Büchern, die im gelbbräunlichen Holz stehen. Jeder einzelne Buchrücken ist zu erkennen. Tausende von Büchern, Millionen von Seiten, aus allen möglichen Teilen der Welt stehen hier zusammen und bilden das Band, das den Besucher gefangenhält.

Gurskys riesige Fotografie ist ein grandioses Panorama der Bücherwelt. Sie ist – eine Fotografie ist nicht das, was fotografiert wurde – eine Enzyklopädie des Enzyklopädischen. Das Sujet der Fotografie – »Bibliothek« – wird wie selten zuvor in seiner ganzen Exzessivität ausgestellt, und die monumentale Präsentation selbst – das Foto – ist eine unglaubliche Übertreibung. Am Ende des Jahrtausends der – handgeschriebenen und gedruckten – Bücher, im Jahr 1999, sublimiert Andreas

Gursky das Thema des Buches, das als Reservoir des Wissens, der Geschichte und der Phantasie aufbewahrt werden muß, damit es als Buch in der Welt bleiben kann. Lesen ist angesichts der unglaublichen Büchervielfalt – versinnbildlicht durch die riesige Palette der Buchrückenfarben – eine hoffnungslose Angelegenheit. Und in der Tat: Menschen, Leser, sind auf Gurskys Bild nicht zu sehen. Die Galerien, auf denen man vor den Reihen der unzähligen Bücher gehen könnte, sind leer. Eine grenzenlose Leere strahlt das Bild aus, obwohl die Bibliothek eine gewaltige Fülle aufweist.

Eigentlich müsste man alles lesen, will man die Welt nicht verletzen. Rainer Maria Rilke. Oder man liest gar nichts und lässt die Bücher im Mausoleum der Bibliothek, einem Mausoleum, das die von Gursky fotografierte Öffentliche Bibliothek von Stockholm so eindrücklich imaginiert. Die Enzyklopädien sind Bibliotheken in Form von Büchern. Bibliothèque de Jurisprudence. Die Galerien und Regalreihen sind die Bände, die Buchstaben der Enzyklopädie. Enzyklopädien sind der hyperbolische Lagerort für einzeln abrufbares Wissen, so wie die Stockholmer Bibliothek jedes einzelne Buch aufbewahrt. Doch wie kann es verantwortet werden, ein einzelnes Buch herauszunehmen, wie kann man es wagen, eine Enzyklopädie aufzuschlagen? Wie kann man so verwegen, ja so brutal sein, das, was so sorgsam aufbewahrt, aufgebahrt wurde, in seiner Ruhe, in seiner im Prinzip ewigen Ruhe, zu stören?

Isle de la Cité. Mitten in Paris. Der Justizpalast. Sainte Chapelle, Cour de Cassation, Cour d'Appel, Cour d'Assises. Ein kolossales Labyrinth von Gängen, Audienzräumen, Sitzungssälen, Wartehallen, Umkleidekabinen, Bureaus, Sanitärstätten, Sanitätskammern, Arbeitsplätzen, Gefängnissen, Höfen, Bibliotheken. Alles aufgetürmt in Jahrhunderten. Auch der Ordre hat hier seinen Sitz, die Rechtsanwaltskammer der Stadt Paris. In einem unscheinbaren Seitengang: der Eingang in die Räumlichkeiten des Ordre des Avocats à la cour de Paris. Die Decke ist niedrig und der Flur sehr lang, der schwere Teppich verschluckt die Schritte. Dalloz. Die Zeitschrift steht mit allen

ihren Schwestern reihenweise an den Wänden. Dunkle Schrei-
nerarbeit. Rechts gehen immer wieder Durchgänge zum Lesesaal ab. Dort arbeiten die Advokaten, oder deren Hilfskräfte,
an den Fällen, die sie betreuen. An den Wänden des weiten und
auf die Köpfe drückenden Raumes steht die aktuelle Literatur,
das, was ein Jurist benötigt, um jetzt tätig zu sein. Gebraucht
sehen die Bände aus. Und immer wieder werden sie gebraucht.
Das ständige Herausnehmen, Aufschlagen, Zuschlagen, Zu-
rückstellen der schweren Rechtsbücher und das immerwährende Umblättern der Seiten zerfetzt unüberhörbar die stumme Arbeitsatmosphäre, die hier unten herrscht.

Nach oben gelangt man über eine leicht zu übersehen-
de enge Treppe am Ende des langen Flures. Im ersten Stock
– ist alles anders. Der Grundriss gleicht dem unteren, ein Flur
und ein Lesesaal. Hier oben drückt keine niedrige Decke.
Drei, vielleicht viermal soviel Platz steht über den Köpfen zur
Denkverfügung – wenn es Köpfe gäbe. Hier oben ist jedoch
niemand, absolute Stille regiert in dem riesigen Raum. Warum? Weil hier die alten Bücher sind. Gebraucht auch diese,
doch werden sie nicht mehr gebraucht. Eine der größten französischen Rechtsbibliotheken findet sich an den sehr hohen
und sehr breiten Wänden, eine Galerie sieht man weit oben.
Während des Aufstandes der Pariser Kommune von 1871
zu großen Teilen verbrannt, ist die Bibliothek später durch
Schenkungen aus dem ganzen Land reicher denn je geworden. Niemand blättert in den alten Büchern, in den hier, im
Hauptsaal, aufgestellten gedruckten Alphabeten, Enzyklopädien, Bibliotheken und Kompendien des Rechts vom 16. bis
zum 19. Jahrhundert. Gelegentlich verirrt sich ein Forschen-
der dorthin, und der Bibliothekar, selbst Wissenschaftler, wird
ihm erzählen von der Geschichte dieser großartigen Bibliothek, wird ihm die Bücher herunterholen oder aus dem Lager
herholen, irgendwo versteckt im Labyrinth des Rechts auf der
Isle de la Cité.

Der riesige Raum des vergangenen Rechts thront über den
Arbeitern des geltenden Rechts. Die grandiose Sammlung des

alten Rechts drückt mit ihrer ganzen Leere auf die Schultern der gebeugt sitzenden Advokaten unserer Tage. Diese gigantische Leerstelle im Herzen des Pariser Justizpalastes verschluckt das gesamte alte Wissen der Jurisprudenz. Man vernimmt es nicht mehr.

Der Pariser Osten, dort, wo die Stadt zu sterben beginnt. Der Bus fährt von der Isle de la Cité auf dem linken Ufer dorthin. Auf der anderen Seite des Flusses strecken sich unterhalb der Gare de Lyon gesichtslose Glaskuben in die Höhe, dann gleitet Bercy, das Finanzministerium, vorüber, eine Metrobrücke, ein Sporttempel, eine Mauer mit einem Park dahinter. Auf dieser Seite des Flusses: Austerlitz, der Bahnhof, Gleise, immer wieder Gleise, Zäune, Brachland, Baracken, ein Einkaufszentrum, tapis, parquets, sols, die Metrobrücke, ein Gartencenter, parasols, ein Steakhouse. Der Bus hält, und da ist sie: die Treppe. Eine extrem breite, riesige Treppe, die Stufen gräulich, aus Holz. Nach oben gerichtet fängt sich der Blick an Türmen, zwei, drei, der vierte bleibt noch unsichtbar. Man beginnt zu steigen, unten entfernt sich die Seine, von oben nähert sich der Himmel, dort ist nichts als die Wolken und die Türme, der vierte tritt langsam aus seiner Ecke hervor.

Oben findet sich die Ebene, grandios wie die Treppe, aus demselben Holz. Planken, ein Deck, ein wunderbares Deck, von dem aus sich das Panorama des modernen Paris, des neuen Pariser Ostens öffnet. Leere und Weite, Blick zum alten Fluss, zur alten Brücke und über die alten Gleise.

In der Mitte ist ein Loch, ein enormes und tiefes Loch, Baumwipfel ragen hervor. Ein – schütterer – Wald, mitten in der neuen Bibliothèque nationale de France, die sich unter dem traumhaften Deck um das Loch herum versteckt. An der schmalen Seite des Rechtecks, im Freien, geht es wieder hinunter, auf einer Treppe ohne Stufen, einem Laufband. Der Eingang. Jetzt ist man angekommen – in der Très Grande Bibliothèque.

Haut-de-jardin. Ein Novum für die Bibliothek. Jeder – nicht nur die elitäre Kaste der Wissenschaftler – kann kommen und lesen. Oder auch nur gehen. Rundgang um den von der durchgehenden Glasfront der Bibliothek eingeschlossenen, unbetretbaren Wald, den Garten mit den hohen Bäumen. Auf der vom Wald abgewandten Seite der beiden parallelen, durch den Wald getrennten, Längsgänge des Rechtecks stehen – den Panoramafenstern gegenüber – hohe, lange Holzwände, hinter denen die Lesesäle verborgen sind. Dort vor allem Beton, Holz und Metall sowie die nicht sehr hohen Regale der offenen Magazine mit ihren enzyklopädischen Sammlungen. Die Holzwand macht den Wald unsichtbar. Die Leser sind wie dieser eingesperrt. Die Decke ist relativ niedrig. Eine schlichte Strenge herrscht hier.

Rez-de-jardin. Man muss noch weiter herunter, etwa auf das Niveau der Bushaltestelle. Im Sockel eines der Ecktürme befindet sich die Zugangsschleuse. Schwere, gewaltige Metalltüren sind zu öffnen. *Poussez. Tirez.* Eine Brücke, Rolltreppen. Ein riesiger, tiefer Schacht aus Beton, die Wände mit Matten aus eng gewebtem Metallgeflecht behängt, an das Material von Kettenhemden mittelalterlicher Ritter erinnernd.

Unten. Auf der einen Seite der Glasscheibe die Bäume, auf der anderen Seite das tote Holz der Wand. Eine großzügige Lücke in der Holzwand erweist sich als Eingang zu den Lesesälen N und O. *Droit, économie, politique.* Die mit Metalltüchern behängte Decke ist doppelt so hoch wie oben, beim Volk. Der wissenschaftliche Geist braucht Platz über den Köpfen. Die Holzwand geht nicht bis zur Decke, die Wipfel der Bäume des Waldes sind also zu sehen, der Himmel, der Blick geht ungehindert durch die anderen Lesesäle bis ans Ende, viele, viele Meter weit – sind es hundert, oder gar mehr?

L'arbre, le livre et l'architecte. So lautet der Titel eines Filmes, der unaufhörlich in einem kleinen Raum läuft. Gezeigt wird die Geschichte der Nationalbibliothek, ihre zarten Anfänge im 14. Jahrhundert unter Charles V., die Bibliothèque royale, schließlich die neue Bibliothèque nationale de France. Der weitaus größte Teil des Films ist den Bäumen gewidmet, der Schwierigkeit, die Bäume des Waldes in die Stadt, in das große Loch, in den Garten der Bibliothek zu bringen. Mit jedem Detail wird dem Zuschauer die Sorge nahegebracht, die man den großen, ausgewachsenen Bäumen schenkte. Auf jedes Blatt, jeden Zweig achtete der Architekt mit seinen Mitarbeitern. Die Stämme, die Äste, die Nadeln wurden vorsichtig eingewickelt, damit auf dem Weg vom Wald in die Stadt nichts verletzt werde. Zuvor war jahrelang geprüft worden, ob die Bäume des Waldes in der Stadt überleben könnten, ob sie die Umpflanzung ertragen würden, ob der Transport schadlos möglich sei. Ein Risiko wollte man nicht eingehen, würden doch die Bäume dann vielleicht sterben. Die Liebe zu den Bäumen zahlte sich aus. Der Wald der Bibliothek gedeiht prächtig.

Am Anfang der Geschichte der Nationalbibliothek stand die Liebe der Könige für das Buch. Am vorläufigen Ende der Geschichte der Nationalbibliothek steht die Liebe des Architekten zum Baum. In den majestätischen Sälen der neuen Bibliothek finden sich erstaunlich wenige Bücher. Vertikale Flächen überall. Leere Wände aus Beton oder Holz und Glas. Keine Reminiszenz an die großen alten Bibliotheken, in denen die Optik der Innenarchitektur von den Büchern dominiert wurde. Leere. Eine grandiose, strenge, klare, kalte, schöne Leere. Die Liebe zum Baum, die Liebe zum Beton, die Liebe zum Metall, die Liebe zur Leere. Und die Liebe zum Buch?

Ein Buch kann alles bedeuten, es ist – wie Jorge Luis Borges in einem Vortrag am 24. Mai 1978 sagte – »eine Erweiterung des Gedächtnisses und der Phantasie«. Es bedarf ebensolcher Pflege wie ein Wald, denn eine Bibliothek ist »eine Art magischen Kabinetts. In diesem Kabinett weilen verzaubert die besten Geister der Menschheit, aber sie warten auf unser Wort, um aus ihrer Verstummung hervorzutreten. Wir müssen das Buch öffnen, dann erwachen sie«. In den Gängen, Treppen, Räumen der Sehr Großen Bibliothek, der französischen Nationalbibliothek, ist die Magie nicht mehr eine Magie des Buches. In dieser totalen Bibliothek, gewaltig an Umfang, unbegrenzt, gerade weil man fast keine Bücher sieht, nimmt kein Leser zufällig ein Buch, das ihn angeht, aus dem Regal, an dem er zufällig vorbeigeht. Die BNF ist nicht ein magischer

Ort, weil sie den Menschen den Zugang zum Gedächtnis der Menschheit erlaubte. Die BNF ist ein magischer Ort, weil in ihr die unglaubliche Leere der alten Advokatenbibliothek weiter westlich in der Mitte von Paris ins Unermessliche gesteigert wird. Die Leere trifft hier die Bücher selbst. In der neuen Bibliothèque Nationale ist niemand mehr in den Büchern. Mercedes-Benz lancierte am 8. März 1999 in der *Frankfurter Allgemeinen Zeitung* und in *Der Spiegel* unter dem Titel »Die Zukunft des Automobils« eine große Werbekampagne, in der auf brillantem Farbpapier eben diese großartige Leere der Bibliothèque nationale de France zum Eröffnungstableau wird. Die Welt der Bücher ist vielleicht in der Tat schon eine antiquierte, aus der Mode geratende Vorstellung. Eine nostalgische Idee. Vielleicht ist die Leere der Nationalbibliothek – eine Leere, die der Architekt sich ausdrücklich wünschte – das Signum einer Avantgarde. Einer Avantgarde ohne Bücher, ohne Bücher zum Berühren.

Ein riesiges Bild. 279 cm hoch, 185 cm breit. Eine Fotografie. Von Andreas Gursky. Titel: Ohne Titel XII (1). Was sieht man? Seite 753.

Eine schöne, aufgeräumte, absatzlose Seite. Buchstaben, Wörter, Sätze. Schwarz auf weiß. Der Text beginnt mit einem Satzende und endet mit einem Satzbeginn. Er stammt von Robert Musil. Der Mann ohne Eigenschaften. Und doch gibt es die fotografierte Seite in keiner Ausgabe des Romans. Der Text ist zusammengesetzt aus Teilen, Sätzen, Satzstücken und Wörtern des Romans. Neugesetzt erscheint ein Text in seiner ganzen schlichten Schönheit auf dem matt glänzenden riesigen Papier. Der Text ist nicht sinnlos, die aus den Fragmenten gebildeten neuen Sätze folgen den Regeln der deutschen Grammatik. Ein Puzzle aus dem Wort- und Satzschatz Musils.

Die perfekt ausschauende Assemblage von Fragmenten, die als solche optisch und sinnlich nicht erkennbar sind – so sieht 1999 die Produktion von Texten aus, ähnlich der Produktion von alphabetischen, enzyklopädischen Ordnungen des juristischen Wissens im Jahre 1699. Cut and paste. Eine makellose

Seite makellosen Textes und makellosen Sinns – ein riesiges
Altarbild. Eine geradezu heilig anmutende Ikone hängt an der
weißen Museumswand. In ihrer ganzen Madonnenhaftigkeit,
Unschuld und Schönheit spiegelt sich eine grandiose, nicht zu
fassende, maßlose Leere. Jeder Buchstabe erscheint geradezu
mannshoch, man möchte eintauchen in die Worte der Sätze,
doch sagen sie nichts. Sie sind berechnet, ausgestellt, eingestellt,
vermessen und eingesetzt. Sie sind ein Artefakt. Eine Enzyklopädie der Wörter. Alles was vorher und nachher, auf den Seiten
1 bis 752 und auf den Seiten 754 fortfolgende stehen mag, kann
nur mehr von demselben, von den zusammengesetzten Sätzen
sein, wie die außerhalb des Bildrandes stehenden Bücher in der
Bibliothek von Stockholm auch nur mehr von demselben sind,
was man sieht. Alles, was außerhalb steht, ist, ja, ist drinnen.
Non sequitur. Das ist das enzyklopädische Prinzip. Ein hyperbolischer Panaché. Eine Illusion der Allgegenwart. Und vor
allem eine radikale Leere. Das, was passiert, wenn an einem
sonnigen Tag das geblendete Auge auf eine Seite schaut. Man
sieht die Seite und den Text, aber man kann ihn nicht lesen. Mit
dem Puls kommen und gehen die Worte. Das Ganze sieht man
und man sieht es nicht.

Übergroß steht da mittendrin: »Gewöhnlich stehen sie dabei so ruhig, dass man das Ganze nicht mehr bemerkt; das Gefühl muss ruhig sein, damit die Welt ordentlich ist und bloß
vernünftige Beziehungen in ihr herrschen.«

Accessoire

Andreas Gursky, Ausstellungskatalog (hrsg. von Peter Galassi),
The Museum of Modern Art: New York 2001. Gursky ist nicht
der erste Künstler, der sich mit Textfragmenten auseinandersetzt,
vielleicht hat er aber – etwa verglichen mit Hanne Darboven, Joseph Kosuth, Michael Schmidt und Ruth Tesmar – den stärksten
minimalistischen Eros.

Die Bedeutung des Buches hat kaum jemand treffender beschrieben als der Buch-Dichter Jorge Luis Borges. Zum Kabinett und Gedächtnis siehe ders., Das Buch, in: Gesammelte Werke, Band 5/ II (Essays 1952–1979), Carl Hanser: München/Wien o.J. (ca. 1982), S. 227 ff., 227, 234. Ebenda auf Seite 235 steht: »Man spricht vom Verschwinden des Buchs; ich halte das für unmöglich.«

Bibliothèque nationale – Gottfried Benn hat der »Staatsbibliothek« ein hyperbolisches Gedicht gewidmet (Sämtliche Werke, Stuttgarter Ausgabe, Band 1, Klett-Cotta: Stuttgart 1986, S. 85):

Staatsbibliothek, Kaschemme,
Resultatverlies,
Satzbordell, Maremme,
Fieberparadies:
wenn die Katakomben
glühn im Wortvibrier,
und die Hetakomben
sind *ein* weißer Stier –

wenn Vergang der Zeiten,
wenn die Stunde stockt,
weil im Satz der Seiten
eine Silbe lockt,
die den Zweckgewalten,
reinem Lustgewinn
rauscht in Sturzgestalten
löwenhaft den Sinn –:

wenn das Säkulare,
tausendstimmig Blut
auferlebt im Aare
neuer Himmel ruht:
Opfer, Beil und Wunde,
Hades, Mutterhort
für der Schöpfungsstunde
traumbeladenes Wort.

Hetakomben – so steht es also in den Sämtlichen Werken der Stuttgarter Ausgabe. In den Gesammelten Werken in der Fassung der Erstdrucke liest man im Gedichte-Band, S. 182 (14. Aufl., Fischer: Frankfurt am Main 2001): Hekatomben. Buchstabenspiele.

Irrsal

»Wie finde ich den schönsten Gedanken von der Welt?« Eine naive Frage – die Aufforderung, ein Märchen zu erzählen. Und doch musste General Stumm von Bordwehr »irgendetwas Ähnliches fragen«. Er war das erste Mal in der weltberühmten Hofbibliothek. Dreieinhalb Millionen Bände. Läse er – etwa um den schönsten Gedanken der Welt zu greifen, oder »eine gewisse Position im Geistesleben beanspruchen« zu können – jeden Tag ein Buch, würde er zehntausend Jahre brauchen, bis er den »kolossalen Bücherschatz« durchschaut hätte, rechnete er aus. Dem General bleiben »die Beine auf der Stelle stecken«, und die Welt kommt ihm »wie ein einziger Schwindel« vor: »Da stimmt etwas ganz grundlegend nicht!« Listig fragt er den Bibliothekar, wie er es eigentlich beginne, »in diesem unendlichen Bücherschatz immer das richtige Buch zu finden?!« Der Bibliothekar, »gehonigelt und diensteifrig«, bittet den General, ihm den Gegenstand seines Wissensdurstes zu benennen. »Ein Buch über die Verwirklichung des Wichtigsten.« Außerdem murmelte Stumm noch etwas von »Eisenbahnfahrplänen, die es gestatten müssen, zwischen den Gedanken jede beliebige Verbindung und jeden Anschluß herzustellen«. Der Bibliothekar wird ob dieser klugen Eingebung »geradezu unheimlich höflich« und führt den militärischen Besucher in das »Allerheiligste der Bibliothek«. Einem Freund, Ulrich, sagt der General: »Ich habe die Empfindung gehabt, in das Innere eines Schädels eingetreten zu sein; rings herum nichts wie diese Regale mit ihren Bücherzellen, und überall Leitern zum Herumsteigen, und auf den Gestellen und den Tischen nichts wie Kataloge und Bibliographien, so der ganze Succus des Wissens, und nirgends ein vernünftiges Buch zum Lesen, sondern nur Bücher über Bücher: es hat ordentlich nach Gehirnphosphor gerochen [...] natürlich war mir, wie der Mann mich allein lassen will, auch ganz sonderbar zumute, ich möchte sagen, unheimlich; andächtig und unheimlich. Er fährt wie ein Affe eine Leiter hinauf und auf einen Band los, förmlich von unten gezielt, gerade auf diesen einen, holt ihn mir herunter, sagt: ›Herr General, hier habe ich für Sie eine Bibliographie der Bibliographien‹ [...] also das alphabetische Verzeichnis der alphabetischen Verzeichnisse der Titel jener Bücher und Arbeiten, die sich in den letzten fünf Jahren mit den Fortschritten« der einen oder anderen Frage beschäftigt haben. »Ein Tollhaus« – die Hofbibliothek.

Wie finde ich das richtige Recht? Das ist die Frage, die Juristen (und andere Rechtssucher) seit jeher umtreibt. Könnten doch die Sprecher, Erklärer und Kämpfer des Rechts die richtige Entscheidung, die zutreffende Lehre, das geeignete Mittel nur so behende, schnell und sicher wie der Hofbibliotheksaffe erhaschen! Wo ist die Ordnung des juridischen Wissens, die das zielgenaue Erfassen des Rechts ermöglicht?

Nirgends ein vernünftiges Buch zum Lesen. Das ist die Situation der Juristen in präkodifikatorischer Zeit. Das Irrsal herrscht. Ein wahnsinniger Wust aufgeschriebener juristischer Kommunikationen. *Das* Gesetzbuch, *das* vernünftige Buch zum Lesen, ist noch nicht da. Es herrscht Unordnung, eine Unordnung, die Claude de la Ville fürchtet. Der Avocat au Parlement warnt 1692 in der Widmung seines »Ordre alphabetique« an den Garde du Thresor Royal, Jean-Babtiste Brunet, vor dem désordre, der »Unordnung, die die Menschen früher oder später widerwärtig macht«. Der Minister ist eine absolute Ausnahme. Es gibt keinen »Mann, der weiser und ein größerer Freund von Ordnung und Regel ist«. Der Arretist, der Sammler von Arrêts, von Gerichtsurteilen, Claude de la Ville will in seinem Alphabet des Rechts die ungeordneten Maximen und Entscheidungen der Richter in eine Ordnung bringen. Diese Ordnung soll durch die im »Avertissement« belobigte »Science du Palais«, die »sehr langwierige und sehr schwierige« Wissenschaft der Gerichtshöfe, ermöglicht werden. Doch das Irrsal wird nur gebändigt im Alphabet, durch den Zufall der Buchstabenfolge, ohne inneren Zusammenhang. Das Irrsal gebiert Irrsal.

Nirgends ein vernünftiges Buch zum Lesen. Im zersplit-
terten Recht des großen Frankreich im 17. und 18. Jahrhundert suchte man nach dem vernünftigen Rechtsbuch. 1769
erschien Bretonniers 4. Auflage der alphabetischen Sammlung
der wichtigsten Rechtsfragen an den verschiedenen Gerichts-
höfen des Königreichs. Schon im Titel wird hervorgehoben,
dass mit dem Werk die Verschiedenheit der Rechtsprechung
zu einheitlichem Klingen gebracht, ja sogar dazu beigetragen
werden soll, in allen Gerichten einheitliche Urteile zu ermöglichen. Dem Irrsal soll mit einer Wissenschaft des Rechts begegnet werden. In seiner Préface betont Bretonnier, dass man
ohne »science du Droit« niemals ein guter Jurisconsulte werden könne. Auf die schon bei der Skizzierung des Recueil im
Rahmen der Herausgabe der Werke Henrys geäußerte Kritik,
bereits andere große Persönlichkeiten seien daran gescheitert,
das Recht in vereinheitlichender Form zu präsentieren, entgegnet Bretonnier: Das Scheitern liege vor allem daran, dass sich
die Autoren hauptsächlich den Coutumes gewidmet hätten,
die in der Tat ganz unterschiedlich seien. Im Droit écrit hingegen gelte nur »une seule & même Loi«, ein Recht, das zwar
tot sei und auch ganz verschieden interpretiert werde. Doch
hier sei es die vornehmste Aufgabe des Juristen (im Auftrag
der Autorität des Souveräns), die beste Lösung zu finden und
zu präsentieren, damit den Richtern befohlen werden könne,
diese solution im ganzen Land regelmäßig zu befolgen. Man
hat Bretonnier vorgeworfen, sich zum Gesetzgeber aufzu-
schwingen – kein Wunder.

Die vierte Auflage wurde von Boucher d'Argis besorgt. In
seinem Avertissement ist immer noch von der Zersplitterung
innerhalb des droit coutumier, des droit écrit und zwischen
beiden die Rede. Bretonniers alte Anweisung wurde offenbar nicht befolgt. Auch die Ordonnancen des Königs hätten
noch nicht viel zur Rechtsvereinheitlichung beitragen können.
Das möge sich in der Zukunft ändern, doch Boucher d'Argis
schätzt die Vereinheitlichungschancen eher skeptisch ein. Er
sieht genau, dass allein der erhebliche Anstieg des Umfangs

dieser vierten Auflage die Fortdauer der Rechtszersplitterung
dokumentiert.

Nirgends ein vernünftiges Buch zum Lesen. Das hat auch politische Gründe. In seinem, drei mächtige jeweils über 1000 Seiten starke Foliobände umfassenden, Schatz des französischen
Rechts aus dem Jahr 1671 beschwört Laurent Bouchel, Advocat
en la Cour de Parlement, die feste Sicherheit des Rechts. 750
Autoren, deren Schriften, Gesetze sich auszugsweise in der Bibliothèque finden, werden als Wahrer dieser Sicherheit aufgerufen, von Aben Ezra über Aristophanes, Bartolus, Maynard,
Plinius bis Zasius und Zosimus. Der Sicherheitsaufruf findet
sich im 2. Band. Dort richtet sich Bouchel »Au lecteur vray
françois« und ruft die »beiden unerschütterlichen Säulen der
Frömmigkeit und Gerechtigkeit« an, die den Staat hielten. Es ist
ein politisches Manifest, in dem der Autor die Erschütterungen
beklagt, die »unter dem Vorwand der Frömmigkeit und der Re-
formation« die Welt derart deformiert und geändert haben, dass
die Väter, kämen sie zu Besuch in diese Welt, ihre Kinder nicht
mehr als die ihrigen erkennen könnten. Bouchel steht gegen
diese Neuerungen und für die Rechte »de nostre Eglise Galli-
cane«. Vielleicht war er Anhänger der Liga, gegen die Refor-
matoren-Protestanten-Juristen wie Coquille und Poithou, die
auch in der Liste der benutzten Autoren trotz unbestreitbarer
Eminenz nicht erscheinen. Er wendet sich gegen die »Wildheit
der Wogen und Stürme der vorgeblich religiösen Rebellion«.
Wichtig sei es, wieder zurückzufinden zu guter und einfacher
Rechtsprechung und Gerechtigkeit im Angesicht Gottes, der
Kirche und Seiner Majestät und die althergebrachte Einfachheit
wiederzuerlangen.

Nirgends ein vernünftiges Buch zum Lesen. In der Mitte
des 17. Jahrhunderts kam eine hochgestellte Persönlichkeit zu
Claude Colombet, Conseiller au Parlement, mit der Bitte, in
gewöhnlicher Sprache einen Discours oder ein Sommaire zu
schreiben, zur Erlangung einer »quelque legere connoissance
du Droict«, einer gewissen Ahnung des Rechts, das man doch
an der Universität lehre und von dem die Leute meinten, dass

es den Richtern als Regel diente, um die Differenzen zwischen ihnen zu entscheiden. Colombet verspürte nur wenig Lust. War das Recht doch eine würdevolle Angelegenheit und die Jurisprudenz von majestätischer Größe. Wie sollte man hier vereinfachen, vulgarisieren, summieren können. Doch war der Bittende ein bedeutender Mann von hohem Rang, und einer solchen Person schlägt man keine Bitte ab. Also begann er zu schreiben, nicht ohne das Versprechen erhalten zu haben, dass das Manuskript niemals das Cabinet des Bittenden verlassen würde. Er schrieb, ohne einen Titel zu geben, ohne Absatz, ohne Distinktion in Artikeln. Er schrieb einen fortlaufenden Text, eine Art inneren Monolog, wie James Joyce Jahrhunderte später, vertraute er doch auf das Versprechen, dass niemand anders als die hohe Persönlichkeit selbst den Text kennen würde. Als der Text fertig war, übergab er ihn. Der Mann hielt sein Versprechen, starb jedoch einige Zeit später. Der Autor beschwor die Erben, den Text ihm selbst oder dem Feuer zu übergeben. Und doch fiel das Manuskript in die Hände von Kopisten, die den Text vervielfältigten und in ganz Paris verteilten. Die Texte waren unvollkommen, fehlerhaft, »remplies de mille fautes«. Schließlich wollten die Kopisten den Text sogar den Druckern geben, um ihn »mangelhaft wie er war« drucken zu lassen. Obwohl Colombet von alledem nichts wissen wollte, war damit der Zeitpunkt gekommen, der es den Freunden des Autors erlaubte, diesen davon zu überzeugen, selbst das Imprimatur für einen »authentischen« Text zu erteilen. So geriet der ungeliebte Text doch noch als eigener Text unter die Leute. Immerhin könnte der Text, so hieß es nun in der Préface, dazu dienen, »a embrasser serieusement l'étude du Droict pour en apprendre l'art«. Ernsthaftigkeit, Studium, Recht und Kunst. Dieser Lernerfolg ist letztlich allerdings nur durch das Studieren der Quellen und nicht »gewisser moderner Bücher, die alles in Verwirrung bringen«, möglich. »Man muss zur Quelle gehen.« »Eine Textzeile von Papinian enthält meist mehr Überlegung und Urteilskraft, als man auf einer Seite Französisch auszudrücken vermöchte«. Deshalb ist auch der eigene (französische) Text gut für eine »einfache Einführung«, aber »man muss darüber hinausgehen«. Der Zweifel ist dem Buch inhärent. Ein radikaler Zweifel an der Erfassbarkeit des Rechts.

Nirgends ein vernünftiges Buch zum Lesen. Ferriere (Vater und Sohn, Claude und Claude-Joseph) und Denisart. Das waren sicher die am meisten verbreiteten französischen Rechtsalphabete des 18. Jahrhunderts. Recht kurz gehalten und im handlichen Quartformat gebunden, präsentierten sie eine alphabetische Ordnung von Rechtsbegriffen und waren keine reinen Rechtsprechungssammlungen, auch wenn Gerichtsentscheidungen – wie stets in den Alphabeten des Rechts – die Grundlage bildeten. Veritable Rechtslexika mit vielen Zitaten. Fehler und Fehlendes sind in Nachschlagewerken naturgemäß besonders misslich. Im Avertissement der 4. Auflage betont Denisart deshalb: »Ich habe mir weder Mühe noch Sorgfalt erspart, um diese Auflage exakt und komplett zu machen.« 1783 brachten Camus und Bayard eine vollständig neue und erweiterte Ausgabe der Collection heraus. Sie hatten den ganzen Text umgeschrieben. Die beiden Herausgeber erklären in ihrem »Avertissement sur cette nouvelle édition«: Denisart hatte ganz allein gearbeitet. Und da niemand Spezialist in allem ist, gab es viele Fehler. Urteile, die nicht aufzufinden waren, falsche Zitate, unzureichende Erklärungen et cetera. Jetzt, unter Mithilfe von weiteren Juristen, war es Zeit für einen Neuanfang. Die beiden Herausgeber sehen das Problem des Alphabets. Das Irrsal herrscht. Der systematische Zusammenhang fehlt. Doch Camus und Bayard belassen es bei der alphabetischen Ordnung, stellen dem ganzen Werk allerdings einen umfangreichen »Discours préliminaire« voran, in dem die generellen Prinzipien und Zweige des gesamten Rechts erläutert werden. Außerdem wird zu Beginn der alphabetischen Einträge auf systematisch dazugehörende Artikel verwiesen. So soll eine Verzahnung zwischen den (das zentrale Element der »Collection« bildenden) Urteilswiedergaben und -analysen untereinander sowie der Doktrin hergestellt werden. Ausdrücklich weisen die beiden Avocats au Parlement auf die territoriale und inhaltliche Rechtszersplitterung hin und möchten mit ihrem Ordnungssystem die einheitliche Kenntnis der Rechtsprechung des ganzen Königreichs ermöglichen, eine Kenntnis, die bislang nicht erreichbar war. Das ist das Kennzeichen der diktionarischen Gattung. Immer wieder soll eine Ordnung, Anordnung erstellt und präsentiert werden, und immer wieder bricht das Irrsal der Welt durch.

Nach 1804, als der Code für alle Franzosen endlich der Zersplitterung, dem Irrsal, Einhalt gebieten sollte, blieb die Lage des Rechts – und vor allem dessen Darstellung(sform) – prekär. Die stetige und sich beschleunigende Veränderung des Rechts machte die Suche nach dem vernünftigen Buch immer schwieriger, paradoxerweise gerade dadurch, dass immer mehr Bücher als Beitrag zur Vernunft geschrieben wurden. Und in diesen Büchern, in den Wörterbüchern und Lexika, den Enzyklopädien und Thesauren, den Digesten und Substanzen wurde das Irrsal geradezu unvermeidlich. Ein Wirrwarr von Texten, eine totale Unordnung – »les textes sont exposés pêlemêle et avec un désordre total«, heißt es im neuen Dictionaire du Digeste von 1808, das nun »encore plus complet« sei, und zwar dadurch, dass die Weiterentwicklung des römischen Rechts in den »états modernes régis par le droit écrit« berücksichtigt und das ganz neue Recht der soeben erlassenen napoleonischen Kodifikationen und deren Bezüge zu den Digesten einbezogen würden. Doch alle »Reparaturen«, die Geisterbeschwörung der Digesten als »sans doute le véritable trésor du droit«, also als wahrer Rechtsschatz, und die Erinnerung von Thévenot-Dessaules daran, dass bereits Justinian mit den Digesten den Zustand der temporalen und sachlichen Rechtszersplitterung beenden wollte, halfen nichts. So wie es »leider« schon damals bei dieser splendiden allumfassenden Sammlung Fehler und Unstimmigkeiten gegeben hatte, so war es auch zu Beginn des 19. Jahrhunderts. Nirgends ein vernünftiges Buch zum Lesen.

Nirgends. Die Vorstellung einer umfassenden Ordnung des

Wissens vom Recht hat sich überlebt. Der Bibliotheksbesuch
des Generals Stumm zeigt die Grablege einer Ordnung des »in
dem Gehirn erdichteten Rechts«, dieser »Mißgeburt«. Die Illusion von der aufschreibbaren Totalität feiert ihre grandiose
Abschiedsvorstellung Anfang des 20. Jahrhunderts, als General Stumm von Bordwehr gegenüber Ulrich – Robert Musils
»Mann ohne Eigenschaften« – imaginiert: »jetzt stell dir bloß
eine ganze, universale, eine Menschheitsordnung, mit einem
Wort eine vollkommene zivilistische Ordnung vor: so behaup-
te ich, das ist der Kältetod, die Leichenstarre, eine Mondland-
schaft, eine geometrische Epidemie.« Das Recht ist noch nicht
tot. Es lebt aber nicht nur weiter, weil es die Alphabete und
Enzyklopädien hinter sich gelassen hat, sondern vor allem
deshalb, weil das Rechtssystem so prozediert wie der Bibliotheksaffe funktioniert: »Sie wollen wissen, wieso ich jedes
Buch kenne? Das kann ich Ihnen nun allerdings sagen: Weil
ich keines lese!«

Accessoire

Der Besuch des Generals Stumm von Bordwehr in der weltberühmten Hofbibliothek wird geschildert von Robert Musil, Der
Mann ohne Eigenschaften, Rowohlt: Reinbek 1978 (Kapitel 100).

Die genannten selbstberufenen Bändiger des Irrsals sind:

Claude de la Ville, Ordre alphabetique ou dictionaire contenant
les principales maximes et decisions du palais. Confirmées par les
Arrests du Parlement de Paris, & des autres Parlemens de France,
Veuve C. Osmont: Paris 1692.

Bretonnier, Recueil par ordre alphabétique des principales questions de droit, qui se jugent diversement dans les différens Tribunaux du Royaume. Avec des Réfléxions pour concilier la diversité
de la Jurisprudence, & la rendre uniforme dans tous les Tribunaux,
4. Aufl. (erweitert und ed. von Boucher d'Argis), 2 Bände, Veuve

Savoye: Paris 1769 (die Zitate finden sich im 1. Band auf den S. XXI, CII).

Laurent Bouchel, La bibliotheque ou tresor du droit françois, ou sont traitées les matieres civiles, crimineles, et beneficiales, Tant Reglées par les Ordonnances & Coustumes de France, Que Decidées par Arrests des Cours Souveraines; sommairement extraites des plus celebres Iurisconsultes & Practiciens François, & conferées en plusieurs endroits avec les Loys, & Coustumes des Nations Estrangeres, augmenté en cette nouvelle edition par Maistre Iean Bechefer, 3 Bände, Iean Girin, Barthelemy Riviere: Paris 1671.

Claude Colombet, Abregé de la iurisprudence romaine; divisé en sept parties, à l'imitation des pandectes de Iustinian. Avec son rapport à ce qui est de nostre usage, 3. Aufl., Pierre Bienfaict: Paris 1663. (Die Dernière édition erscheint bei Nicolas Le Gras: Paris 1682).

Claude-Joseph de Ferriere, Dictionnaire de Droit et de Pratique, contenant l'Explication des Termes de Droit, d'Ordonnances, de Coutumes & de Pratique. Avec les Jurisdictions de France, Nouvelle Edition, 2 Bände, Le Clerc: Paris 1755.

J. B. Denisart, Collection de décisions nouvelles, et de notions relatives a la jurisprudence actuelle, quatrième édition, 2 Bände, Desaint: Paris 1765. (Das Zitat findet sich im Avertissement, S. VI).

J. B. Denisart, Collection de décisions nouvelles et de notions relatives a la jurisprudence. Mise dans un nouvel ordre, corrigée & augmentée par MM. Camus & Bayard, Avocats au Parlement, 9 Bände, Desaint: Paris 1783–1790.

Dictionnaire du Digeste, ou substance des pandectes justiniennes, par feu M. Thévenot-Dessaules, ancien jurisconsulte. Revue et considérablement augmenté, en ce qui concerne les changements opérés par le nouveau droit des Instituts, du Code et des Novelles, par M. Lesparat, ancien Avocat; et en ce qui concerne les modifications résultantes des dispositions de nos nouveaux Codes, par M. Dussans, Docteur en Droit: Suivi d'une table de concordance des titres du Digeste, avec les titres, chapitres et articles correspondants des Instituts, du Code, des Novelles, du Code Napoléon, de Procédure et de Commerce, 2 Bände, Garnery, H. Nicolle: Paris 1808–1809.

Die Hirndichtung und die Missgeburt finden sich in: Joach. Georgii Daries, Institutiones iurisprudentiae universalis, in quibus omnia iuris naturae socialis et gentium capita in usum auditorii sui methodo scientifica explanantur. Editio nova, Sumptibus societatis: Frankfurt und Leipzig 1754. Daries verteidigt hier allerdings das (Natur)Recht als gerade nicht »ein in dem Gehirn erdichtetes Recht, und eine Mißgeburt« (Praefatio, S. 12). Die Missgeburt ist das positive, das von Menschen erdachte, Recht.

Jurisprudenz

Die Arretisten sammelten in den französischen Rechtsalphabeten Gerichtsurteile. Die Jurisprudenz, das Richterrecht, stand im Zentrum der Bemühungen zur Vereinheitlichung der Erkenntnis des Rechts. So wie noch heute ging es immer darum, gleiche oder zumindest vergleichbare Fälle gleich zu behandeln. In den urteilssatten Alphabeten feierte die Rechtsordnung ihre ersten Schritte zur Autonomie des Rechts. Ohne ein für alle gleich gültiges Gesetz blieb nur das allen gleich zugängliche Urteil, das bei der Entscheidung eines ähnlichen Falles (wieder)verwertet werden konnte. Die riesigen alphabetischen Sammlungen waren Steinbrüche zur Erfüllung des geradezu ewigen Wunsches nach Richtigkeit und Gerechtigkeit bei der Beurteilung des (Rechts)Lebens. Damit aber stellt sich eine Frage, die Frage, die von Carl Schmitt als »entscheidende Frage« identifiziert wurde: »Wann ist eine richterliche Entscheidung richtig?« Schmitt stellte sie an den Beginn seiner Analyse der Richtigkeit von Urteilen, die 1912 unter dem Titel »Gesetz und Urteil« erschien.

Das Kriterium für die Richtigkeit von Urteilen in der Rechtspraxis – nur um »das Problem der Rechtspraxis« geht es in seiner Schrift – hat Schmitt nicht in der (ausreichenden) Bindung des Richters an das Gesetz, auch nicht in der Übereinstimmung mit der Gerechtigkeit, mit der Kulturgemäßheit oder mit der Vernünftigkeit, also mit dem »richtigen« Recht, und auch noch nicht im Anschluss an den Führer gesehen. Er entwickelte vielmehr folgende Formel: »Eine richterliche Entscheidung ist heute dann richtig, wenn anzunehmen ist, daß ein anderer Richter ebenso entschieden hätte. ›Ein anderer Richter‹ bedeutet hier den empirischen Typus des modernen rechtsgelehrten Juristen.« Es ist also die Rechtspraxis selbst, die autonom über die Richtigkeit der Entscheidung befindet. Und es ist genau diese Rechtspraxis, die in allen ihren Facetten von den Arretisten, denjenigen Juristen, die sich mit den Arrêts, den Urteilen, befassten, sorgfältig und umfassend, alphabetisch geordnet, gesammelt wurde. Der alte Brillon etwa hatte zu Beginn des 18. Jahrhunderts »lettres circulaires« an Advokaten aller Parlements im ganzen Land geschickt, um deren Meinung und Reflexionen und Notizen einzuholen. Der große Alphabetiker – »tout le monde est stilé à cette indication alphabétique« – konstatiert die Mannigfaltigkeit und Verschiedenartigkeit der Entscheidungen und Lehrmeinungen. Wo es ging, versuchte er, sie zu »concilier«, um die jungen Advokaten von zweifelhaften Wegen und die Parteien von waghalsigen Prozessen fernzuhalten. Wenn die Vereinbarkeit nicht möglich war, gab er die Widersprüche an, ebenso die verschiedenen Urteilspraktiken an den verschiedenen Gerichten. Er betont immer wieder, dass es sich um eine Kompilation handelt, es geht um den anderen Richter, es geht um die Vorhersehbarkeit der Entscheidung, es geht um Information und Berechnung.

Doch gerade in den französischen Alphabeten des Rechts, dort, wo Urteile gesammelt werden, offenbart sich das Paradox, das aufscheint, wenn Wissen und Entscheiden aufeinandertreffen und zusammengebunden werden. Die Alphabete sind Ordnungen des juridischen Wissens. Der Benutzer kann dort nachschlagen, suchen, finden, weitersuchen. Der Benutzer sucht Wissen, er sucht wahres Wissen, das, was entschieden wurde. Die Jurisprudenz, das Gericht, der Richter hingegen – entscheidet. Und genau dieses Entscheiden entfernt ihn unendlich von den aufbewahrten Entscheidungen. Warum? Weil die richterliche Entscheidung nichts mit Wissen zu tun hat.

Die Rechtspraxis funktioniert unabhängig vom Kriterium »richtiger« Urteile, prozediert nach dem Code des Rechtssystems, der eben nicht wahr und falsch bezeichnet.

Entscheidungen wollen wohlüberlegt sein, sagt man. Das scheint auf Wissen – auf die Grundlage jeder vernünftigen Überlegung – hinzudeuten, wie es maßgeblich in den gewaltigen Kompendien des Rechts gesammelt wurde. Unzählige

andere Richter(sprüche) sind dort versammelt. Und doch steht
jeder Richter immer wieder, ja ständig, vor dem Paradox der
Entscheidung. Einem Paradox, das jedem auf Entscheidung
und eben nicht auf Natur, Vernunft, Gott, Wissenschaft oder
Partei basierendem Rechtssystem inhärent ist, einem Rechtssystem also, das nicht die Erkenntnis, sondern die Entscheidung über Recht und Unrecht privilegiert und deshalb mit
Entscheidern besetzte Gerichte in den Mittelpunkt rückt. Wer
es mit dem Recht zu tun bekommt, wird hier mit Entscheidungen konfrontiert. Nicht mit Erkenntnis! Welches ist nun aber
das Paradox der Entscheidung? Entscheiden kann man nur
Unentscheidbares! »Jeder Entscheidung, jeder sich ereignen-
den Entscheidung, jedem Entscheidungs-Ereignis wohnt das
Unentscheidbare wie ein Gespenst inne, wie ein wesentliches
Gespenst«, schrieb Jacques Derrida einmal in seiner animier-
ten Sprache. Entscheidbarkeit würde auf die Möglichkeit der
Befolgung einer Regel, auf Applikation und Berechnung hinweisen. Diese Möglichkeit wäre aber nur gegeben, wenn wir
die Regel erkennen könnten, das Recht also präsent wäre. Abgesehen davon, dass in diesem Falle eine Entscheidung gerade
überflüssig würde, da Erkenntnis schon ausreichte, sind dort
aber lediglich Buchstaben, unerhört viele lettres. Und hier halten viele ihre Meinungen hoch, doch niemand zeigt die richtige Richtung der Interpretation. Die Entscheidung löst sich
als Entscheidung vom Erkennen los. Der Artikel 4 des französischen Code civil demonstriert dies deutlich und parado-
xal: »Le juge qui refuse de juger, sous prétexte du silence, de
l'obscurité ou de l'insuffisance de la loi, pourra être poursuivi
comme coupable de déni de justice.« Der Richter mag also das
Gesetz als dunkel oder stumm empfinden, entscheiden muss
er trotzdem. Auch in Deutschland. Hier gibt es allerdings keine dem Artikel 4 des Code civil vergleichbare Vorschrift. Im
ersten Band der »Motive zum Entwurfe eines Bürgerlichen
Gesetzbuches« wurde 1888 auf Seite 15 eine dem Artikel 4 des
Code civil oder eine dem Satz 6a des badischen Landrechts entsprechende Verfügung – »Jeder Satz dieses Gesetzbuchs sagt

Alles« – als »überflüssig, weil selbstverständlich« verworfen. Das Justizverweigerungsverbot galt als evident und insoweit nicht regelungsbedürftig. Heute wird es aus der Kombination der beiden Prinzipien des lückenlosen Rechtsschutzes und der dem Staat obliegenden Justizgewährungspflicht begründet. Letztlich steht dahinter das Rechtsstaatsprinzip, also die Artikel 19 IV, 20 III, 28 I in Verbindung mit den Artikeln 2 I und 92 des Grundgesetzes. Das Verbot der Rechtsverweigerung impliziert, dass das Erkennen keine Voraussetzung für das Entscheiden darstellt. Die Entscheidung ist unabhängig von der Möglichkeit – alteuropäisch wäre hinzuzufügen: von der objektiven und subjektiven Möglichkeit – zu erkennen.

Das Unentscheidbare, das an die Entscheidung gekettet ist wie Odysseus an den Mast, »dekonstruiert im Inneren jede Gegenwarts-Versicherung, jede Gewißheit, jede vermeintliche Kriteriologie«. Der Blick »verwirrt sich«. Eine gewissenhafte, wohlüberlegte Entscheidung gibt es nicht, denn wie soll man gewissenhaft, wohlüberlegt das Unentscheidbare entscheiden? Justitia ist blind.

Nicht lesen. Gerade weil Robert Musils Bibliotheksaffe kein Buch liest, kennt er jedes. Und gerade das Absehen von Wissen, das Nichtlesen der Enzyklopädien ermöglicht erst – Entscheidungen. Der Jurist, der liest, wird entscheidungsunfähig, wie Dr. Bucephalus, »Der neue Advokat« von Franz Kafka.

Ein neuer Advokat ist angekommen. Er heißt Dr. Bucephalus. So, wie das Lieblingspferd Alexanders des Großen. Doch nicht mehr nach Indien, um der Enge Mazedoniens zu entfliehen, richtet sich Bucephalus' Streben. Denn »niemand, niemand kann nach Indien führen«. Einst war Indien unerreichbar, die Richtung immerhin war aber »durch das Königsschwert bezeichnet«. Heute ist es erst recht aussichtslos, an Indiens Tore zu gelangen, sie sind »ganz anderswohin und weiter und höher vertragen«. Und »niemand zeigt die Richtung«. »Viele halten Schwerter, aber nur, um mit ihnen zu fuchteln; und der Blick, der ihnen folgen will, verwirrt sich.« Auch deshalb verspürt Bucephalus keinerlei Sehnsucht mehr.

Er tut vielmehr, was »vielleicht« das Beste ist. Der neue Advokat versenkt sich in die Gesetzbücher. »Frei, unbedrückt die Seiten von den Lenden des Reiters, bei stiller Lampe, fern dem Getöse der Alexanderschlacht, liest und wendet er die Blätter unserer alten Bücher.«

Dr. Bucephalus hat sich entschlossen, gar nicht zu entscheiden. Sicher, er ist ein Advokat und steht nicht unter dem gleichen Entscheidungszwang wie der Richter. Doch wollten die Advokaten nicht als »Faulenzer, Zungendrescher und Gewinnsüchtige« gelten, hatten sie »Fleiß, Geschicke und Redlichkeit« aufzubringen, wie es schon 1779 in der »Moralischen Encyclopädie« des Johann Heinrich Friedrich Ulrich hieß. Und das bedeutet nichts anderes, als dass auch der Advokat sich im Interesse des Klienten für die eine oder die andere Rechts- und Sachverhaltsbetrachtung entscheiden muss und damit vor dem Paradox der Entscheidung steht. Dr. Bucephalus liest und vertagt die Entscheidung des Unentscheidbaren, während sich im Schein seiner »stillen Lampe« die Buchstaben zu Botschaften formen, die niemals gesendet wurden und niemals ankommen werden.

Die Entscheidung bedeutet den Tod, den Tod, den die beiden Herren am Ende des Prozesses, als das Messer in K.s Herz stak, als »Entscheidung beobachteten«. Dr. Bucephalus liest und wendet die Blätter der alten Bücher. Da er keine Erkenntnis erlangen kann, schiebt er die Entscheidung auf. Ein melancholischer neuer Advokat, der, wie Kafka notiert, »bei der heutigen Gesellschaftsordnung in einer schwierigen Lage ist«. »Heute – das kann niemand leugnen – gibt es keinen großen Alexander.« Die Richtung zeigt keiner mehr an. Gewissenhaftigkeit führt nicht zu Gewissheit, Unentscheidbares überall. Und das bedeutet: Der Horizont des Wissens muss begrenzt werden, Enzyklopädien als Wissensspeicher werden unnütz, da Entscheidungen getroffen werden müssen. Franz Kafkas Juristen treffen keine Entscheidungen. Sie lesen, und sie sind zu gewissenhaft, um in einer Welt des Unentscheidbaren zu entscheiden. Eine Entscheidung bleibt ihnen jedoch nicht erspart.

Wie der Mann vom Lande vor dem Tor zum Gesetz warten sie und treffen diese einzige Entscheidung: nicht zu entscheiden.

Und so liest Dr. Bucephalus weiter, wobei es ihm ergehen mag, wie Søren Kierkegaard es erzählte: »Denke dir, ein Mensch besitze einen Brief, der, wie er weiß oder zu wissen glaubt, ihm einen Aufschluß geben könnte, von dem sein ganzes Lebensglück (oder was er dafür hält) abhängt; die Schriftzüge seien aber schwach und blaß und die Handschrift kaum leserlich: der wird wohl mit Angst und Unruhe, mit aller Leidenschaft lesen und wieder lesen, bald diesen bald einen anderen Sinn herausbringen und, wenn er ein Wort richtig entziffert zu haben glaubt, dieses als Schlüssel für die Deutung des Ganzen benützen; aber das Ende ist immer nur wieder der Anfang/die Ungewissheit. Mit steigender Angst starrt er in das Schriftstück hinein: je mehr er sein Auge anstrengt, desto weniger sieht er; hin und wieder füllen sich seine Augen mit Tränen: je öfter das geschieht, desto weniger sieht er; im Laufe der Zeit werden die Schriftzüge immer blässer und undeutlicher, zuletzt modert das Papier und ihm bleibt nur sein tränenblindes Auge.«

Die Entscheider lasen die Sammlungen der Entscheidungen, um zu entscheiden. Die Alphabete des Rechts, des Richterrechts – Recht ist immer Richterrecht –, waren eine Atopie. Gesammelt wurden in ihnen Urteile. Aber für weitere Urteile konnten sie keine Entscheidungsgrundlage sein, blieb den sich mit Hilfe der gewaltigen Sammlungen instruierenden Richtern doch nur ihr tränenblindes Auge. Sie brauchten die Alphabete nicht, da sie in den Kompendien des juristischen Urteilswissens niemals die Entscheidung finden konnten. (Gerichts)Verfahren entdecken nicht die Wahrheit, sondern gelangen zu einem Ergebnis, einem Abschluss. In einer Welt abundanter Möglichkeiten wird so ein Anschluss ermöglicht, der weiteres – keineswegs nur gerichtliches – Prozessieren und Handeln erlaubt. Wann das vorläufige Ende erreicht wird, ist kontingent.

Die Verfehlung der Wahrheit, die Verfehlung des »anderen Richters« – genauso wie das »Treffen« des anderen Richters – führt zu Urteilen. Die grundsätzliche Kontingenz, Bedingtheit, Endlichkeit, Unerreichbarkeit, ja Inexistenz des Wissens und der Wahrheit lässt nur noch Urteile, das heißt Entscheidungen, zu. Sicher, ein entmutigendes Gemisch bilden sie durchaus – die willkürlichen Urteile und die »willkürlichen Gesetze«. Vor allem für diejenigen, die mehr wollen und erhoffen, als Kontingenzen zu beobachten. Savigny etwa, der das Recht und das Urteil auf ein sicheres und wissenschaftliches Fundament zu stellen suchte und der den Menschen, der Demokratie, nicht die Verantwortung, die Sorge lassen wollte, ständig neue Fundamente für die Gesetze und die Urteile zu kreieren. Oder auch von ganz anderer Warte Kirchmann, der angesichts der Unmöglichkeit, den Naturgesetzen vergleichbare sichere Rechtsgesetze zu finden, und damit angesichts der Unmöglichkeit sicherer Urteile, gleich der ganzen Disziplin, der Jurisprudenz, den Wissenschaftscharakter absprach. Hier verschwanden die großen Bibliotheken des Rechts durch einen Federstrich des Gesetzgebers und wurden zu Makulatur. Oder weit nach Savigny und Kirchmann wieder retrogewandt die Juscommunalen, die von einem auf dem alten augusteischen Europa basierenden neuvereinten Rechtseuropa träumen und entsprechend die nunmehr zweihundert Jahre dauernde Balkanisierung des Rechts, also die nationalstaatlichen Gesetzgebungen, bekämpfen. Doch es bleibt wohl dabei: Im radikalen Verlorensein des Menschen gegenüber der Wahrheit bleibt letztlich immer »offen, wer *eigentlich* Recht und wer Unrecht hatte«. Die von Regina Ogorek ins Feld geführte »Eigentlichkeit« stellt jedoch (schon) nicht (mehr) das Problem dar. Sie ist der blinde Fleck und muss es auch bleiben, damit weiterhin über Recht oder Unrecht entschieden werden kann. Diese Unterscheidung, nach der – heute – unser Rechtssystem operiert, kann nicht ihrerseits hinterfragt werden. Die Frage, ob wir nach der Unterscheidung Recht/Unrecht vorgehen sollen, das heißt die Anwendung der Unterscheidung auf sie selbst, »muß« außer Betracht bleiben, da man dies unendlich oft wiederholen kann. Die (Rechts)Ordnung wird durch Denkverbote hergestellt. Dann, wenn alle Kreter lügen, muss der Autor dieser Beobachtung im Dunkeln bleiben, denn würde er ins Licht gezerrt werden, könnte man sehen, dass er ein Kreter ist. Auch deshalb gibt es keine Gerechtigkeit in einem emphatischen, endgültigen Sinne. Weil wir blind bleiben müssen, einfach um entscheiden zu können. Und Justitia, deren Augen verbunden sind, sieht ja nicht nur die Parteien nicht, sondern vor allem nicht sich selbst.

So geschieht es, dass die Richter ständig zu Entscheidungen provoziert werden, obwohl die ganze Zeit über die Entscheidungsgrundlage, die Wahrheit, fehlt, sosehr diese auch in den Urteilssammlungen festgeschrieben werden sollte. Gerade deren unglaubliches Anwachsen im Laufe des 18. Jahrhunderts, also gerade der Umstand, dass weiter und weiter den Feststellungen hinterhergejagt wurde, dass wieder und wieder versucht wurde, immer mehr Urteile alphabetisch zu bändigen, zeigt, dass Entscheidungen, Gerichtsentscheidungen, ohne Wahrheit auskommen (müssen), dass Festnahmen nicht stattfinden, dass kein Stillstand eintritt. Oder wie Niklas Luhmann im Anschluss an Heinz von Foerster – und in verblüffender Ähnlichkeit mit Jacques Derrida – sagt: »Entscheidungen gibt es nur, wenn etwas prinzipiell Unentscheidbares (nicht nur: Unentschiedenes) vorliegt. Denn anderenfalls wäre die Entscheidung schon entschieden und müsste nur noch ›erkannt‹ werden.«

Dies impliziert, dass die Entscheidung von der Vergangenheit unabhängig ist, sich von erlassenen Gesetzen und begangenen Taten emanzipiert, und es korrespondiert mit der Sicht, dass der Richter die sogenannten Normen und die sogenannten Fakten im Rechtsfall konstruiert und so »über Normen und Fakten verfügt«. Und doch führen fast alle Juristen – und Nichtjuristen – die »Erkenntnis des Rechts« im Munde, bei deren Mangelhaftigkeit eben Fehlurteile entstünden. Weshalb glauben die Richter und die anderen Menschen daran, erkennen zu können? Weil sie keine Theoretiker sind. Weil jedenfalls die Richter beim Entscheiden nicht offenbaren dürfen, dass nicht mit Recht über Recht und Unrecht entschieden werden kann. Der blinde Fleck, das Paradox der Entscheidung, muss dunkel bleiben. Denn irgendwann kommt man nicht mehr umhin, die Interpretation der Welt abzubrechen, das »eigentlich« zu vergessen und sich dem Verfahren und seinem Ende hinzugeben. »Wenn der Handlungsdruck zur Abkürzung der Wissenssuche zwingt, kann für die Geltung der Entscheidung keine Zeitbeständigkeit mehr verlangt werden, und man muß für neue Zweifel, bessere Einsichten und Änderung der Regeln offen bleiben.« Denn ständig passiert etwas Neues, Unerwartetes, Unverhofftes. Immer geschieht etwas – inzwischen. Und sei es die Rückkehr des Martin Guerre.

Einst im 16. Jahrhundert, während Martin Guerre abwesend war, hatte sich Arnaud du Thil für ihn ausgegeben. Doch Martin Guerre kommt wieder, der Betrug wird offenbar, und der Lügner erleidet den Tod durch den Strang. Staunenswert war der Umstand, dass der Imposteur ausgerechnet da sein Unwesen treibt, wo alle den wahren Martin Guerre kennen, bei diesem zu Hause. Und doch erkennt selbst die Ehefrau Bertrande im falschen Martin Guerre den echten. Eingang in den *Pitaval* fand die Geschichte, weil sie vor Gericht kam, zum Fall wurde. Zunächst in Rieux und dann 1560 in der Berufung in Toulouse. Dort saß Jean de Coras dem Gericht vor. Schon wollte er feststellen, dass der falsche Martin Guerre der richtige war, da geschah es, dass der veritable Martin Guerre, der inzwischen ein Holzbein hatte, vor die Schranken des Gerichts trat. Das Ende der Geschichte: Arnaud du Thil wurde verurteilt. Aber, zuvor hatten die Zeugen, Bertrande eingeschlossen, im falschen Martin Guerre den richtigen gesehen, und behaupteten nun, der falsche sei der falsche. Wie konnten die Richter damals und wie können die Leser heute wissen, ob der »wahre« Martin Guerre dieses Mal erkannt wurde? Nein, wir wissen es nicht.

Und dieses Nichtwissen ist das Kennzeichen der Jurisprudenz, die wissentlich in Hinsicht auf zu Wissendes alphabetisch eingefangen wird, um doch niemals den gleichen anderen Richter enthalten zu können. Die Alphabete bilden in ihrer erschreckenden fundamentalen Vielfältigkeit die ebenso erschreckende und fundamentale Vielfalt der Entscheidungen ab. Und zugleich sind sie unendlich entfernt von – Entscheidungen.

Carl Schmitts Frage nach der richtigen Entscheidung steht am Anfang des Kapitels »Das Problem«. Für die Alphabete des Rechts waren die massenhaft auf die Redaktoren der Sammlungen einstürzenden Urteile ein Problem. Das Problem konnte niemals gelöst werden. Lösen lassen sich nur Rätsel. Bleibt also das Problem. Das Problem ist: Die ganze Welt ist eine Jurisprudenz.

Accessoire

Dieter Simon schrieb von den »vorhersehbaren uralten Wünschen und Sehnsüchten nach richtigen und gerechten Urteilen« (Erwartungen der Gesellschaft an die Justiz, in: Justiz und Recht. Festschrift aus Anlass des 10jährigen Bestehens der Deutschen Richterakademie, Heidelberg 1983, S. 3 ff., 3).

Die Carl-Schmitt-Zitate finden sich in: Carl Schmitt, Gesetz und Urteil. Eine Untersuchung zum Problem der Rechtspraxis, 2. Aufl., C. H. Beck: München 1969, S. 1, 71.

Wer ist der »andere Richter«? Eine Antwort könnte auch so ausfallen: Es ist ein ebensolcher Mensch, wie der, über den oder über dessen Pflichten und Sachen er zu Gericht sitzt. Richter und Gerichteter entsprechen beide dem Rechtssubjekt, das dem deutschen bürgerlichen Gesetzbuch vorschwebt (vgl. Rolf Knieper, Gesetz und Geschichte. Ein Beitrag zu Bestand und Veränderung des Bürgerlichen Gesetzbuches, Nomos: Baden-Baden 1996, S. 43). Es ist, wie Liszt treffend bemerkte, der »richtige deutsche Durchschnittsphilister, der juristische homme moyen, der keine Seitensprünge macht, pünktlich die Steuern bezahlt, den Nachtwächter freundlich grüßt, die Schlüsselgewalt der Hausfrau im weitesten Umfange anerkennt und die Hauskinder wohlwollend verzieht« (Franz von Liszt, Die Grenzgebiete zwischen Privatrecht und

Strafrecht. Kriminalistische Bedenken gegen den Entwurf eines Bürgerlichen Gesetzbuches für das Deutsche Reich [E.J. Bekker/ O. Fischer, Beiträge zur Erläuterung und Beurtheilung des Entwurfes eines Bürgerlichen Gesetzbuches für das Deutsche Reich, Fünftes Heft], Berlin/Leipzig 1889, S. 16.). Es ist diese Mediokrität (»ich seh' ihn vor mir [...], wie er des Sonntags Nachmittags zum Fenster herausliegt« [ebd.]), die die Richter mit den anderen verbindet – und die keine Unterschiede zwischen Straf- und Zivilrecht und auch keine entscheidenden Differenzen zwischen Ländern bürgerlichen Zuschnitts zulässt –, und die das Licht der Gleich-Gültigkeit auf die Rechtspraxis und die sie begleitenden Alphabete wirft.

Zum Gespenst des Urteils siehe Jacques Derrida, Gesetzeskraft. Der »mystische Grund der Autorität«, Suhrkamp: Frankfurt am Main 1991, S. 50 f. Vgl. auch ders., Préjugés. Devant la loi, in: Jacques Derrida/Vincent Descombes/Garbis Kortian/Philippe Lacoue-Labarthe/Jean-François Lyotard/Jean-Luc Nancy, La faculté de juger, Éditions de Minuit: Paris 1985, S. 87 ff., 94, sowie Niklas Luhmann, Das Recht der Gesellschaft, Suhrkamp: Frankfurt am Main 1993, S. 308.

Die Dekonstruktion stammt selbstredend von Jacques Derrida, Gesetzeskraft (siehe eben), S. 51.

Die Erzählung »Der neue Advokat« hat Franz Kafka 1917 niedergeschrieben und im selben Jahr erstmals veröffentlicht. Benutzt wird hier die Ausgabe: Franz Kafka, Ein Landarzt. Kleine Erzählungen, Wagenbach: Berlin 1994, S. 9 f.

Die bis auf den heutigen Tag gültige Advokatenethik findet sich in der »Moralischen Encyclopädie« des Johann Heinrich Friedrich Ulrich, Erster Theil, Berlin und Stettin 1779, S. 106 f., 109.

Zum tränenblinden Auge siehe Søren Kierkegaard, Entweder/ Oder. Erster Teil (ders., Gesammelte Werke, Band 1), Jena 1922, S. 174.

Wahrheit und Verfahren – ihr Verhältnis zueinander hat klassisch beschrieben Niklas Luhmann, Legitimation durch Verfahren, Suhrkamp: Frankfurt am Main 1983, S. 23.

Die Suche nach der Wahrheit erledigt hat Kleist 1801, als er – nach der Begegnung mit der kantischen Philosophie – seiner Schwester Ulrike erschüttert und klagend schrieb, »daß wir hienieden von der Wahrheit nichts, gar nichts, wissen«; Brief vom 23. März 1801 (Heinrich von Kleist, Sämtliche Werke [hrsg. von Roland Reuß und Peter Staengle], Brandenburger Ausgabe, Band IV/1, Basel, Stroemfeld/Roter Stern: Frankfurt am Main 1996), S. 511 ff., S. 512.

Zur Eigentlichkeit (am Beispiel einer Analyse des »Michael Kohlhaas«) siehe Regina Ogorek, Adam Müllers Gegensatzphilosophie und die Rechtsausschweifungen des Michael Kohlhaas, in: Kleist-Jahrbuch 1988/89, S. 96 ff., 124.

Das *entscheidende* Zitat von Niklas Luhmann findet sich in: ders., Das Recht der Gesellschaft, Suhrkamp: Frankfurt am Main 1993, S. 308.

Die Verfügungsgewalt der Richter über Normen und Fakten hat beschrieben Dieter Simon, Das Gedächtnis der Juristen, in: Berlin-Brandenburgische Akademie der Wissenschaften, Berichte und Abhandlungen, Band 2, Akademie Verlag: Berlin 1996, S. 345 ff., 358. Siehe auch Jeannette Schmid/Thomas Drosdeck/Detlef Koch, Der Rechtsfall – ein richterliches Konstrukt, Nomos: Baden-Baden 1997.

Der *offene* Satz von Niklas Luhmann findet sich in: ders., Das Recht der Gesellschaft, S. 312.

Zur immer wieder verwunderlichen cause célèbre Martin Guerre siehe: Dieter Simon, Die ewige Wiederkehr des Martin Guerre, in: Rechtshistorisches Journal 4 (1985), S. 67 ff.

Lösen lassen sich nur Rätsel. Doch selbst die Lösung von Rätseln verabschiedet das Fragwürdige nicht. »Das Erraten dieses Rätsels soll vielmehr erfahren, daß es *als* das Rätsel nicht auf die Seite gebracht werden kann« (Martin Heidegger, Die ewige Wiederkehr des Gleichen, in: ders., Nietzsche, 1. Band, 5. Aufl., Neske: Pfullingen 1989, S. 255 ff., 290 [Kursive im Original]). Es ist diese Einsicht, die der »tiefen« Abneigung Nietzsches zugrunde liegt, sich »in irgend einer Gesammt-Betrachtung der Welt ein für alle Mal auszuruhen« (Friedrich Nietzsche, Nachgelassene Fragmente. Herbst 1885 bis Herbst 1887, in: Nietzsche Werke. Kritische Gesamtausgabe, hrsg. von Giorgio Colli und Mazzino Montinari, 8. Abteilung, 1. Band, de Gruyter: Berlin/New York 1974, S. 140; Nr. 2 [155]). Der Rätselrater lässt sich eben den »Zauber«, den »Anreiz des änigmatischen Charakters nicht nehmen«. In den Gerichtsentscheidungen, die die »Zentralstellung« im Rechtssystem einnehmen, wird sich eben dieses selbst zum Rätsel (nochmals Niklas Luhmann, Das Recht der Gesellschaft, S. 307). Denn erinnern wir uns: Entscheiden lässt sich nur Unentscheidbares!

In der kleinen Erzählung »Ist es eine Komödie? Ist es eine Tragödie?« schreibt Thomas Bernhard (Erzählungen, Suhrkamp: Frankfurt am Main 2001, S. 70 ff., 74: »Die Welt ist eine ganz und gar, durch und durch juristische, wie Sie vielleicht nicht wissen. Die Welt ist eine einzige ungeheuere Jurisprudenz. Die Welt ist ein Zuchthaus!« Auf S. 78 bestätigt – »ein Verrückter?« (S. 74): »Die ganze Welt ist eine einzige Jurisprudenz. Die ganze Welt ist ein Zuchthaus.«

K.

Die ganze Welt ist eine Jurisprudenz. Die ganze Welt ist der Fall. Die Jurisprudenz braucht den Fall. Ohne Vorgefallenes keine Jurisprudenz. Und ohne vorgedachte, eingebildete, zukünftige Fälle keine Gesetze. Auch die Theorie, die Doktrin kommt nicht ohne Fallvarianten aus. Der Fall, das, was der Fall war, der Fall ist, der Fall sein wird – der Fall ist der entscheidende Auslöser für Recht, für die Kommunikation über Recht und Unrecht. Recht ist in Alphabete und Enzyklopädien gegossen worden. Eine Enzyklopädie für alle Fälle sucht man vergebens. Dort, wo Fälle vorfallen, in der ganzen Welt, kann die Enzyklopädie nur die Welt sein. Die ganze Welt ist eine Enzyklopädie. Und deshalb gibt es keine Enzyklopädie der Fälle, sondern nur die Fälle der Welt.

Enzyklopädisch betrachtet sind Fälle also undarstellbar, da die Fülle schon des einzelnen Lebens jede Klassifizierung und Systematisierung aller Fälle ausschließt. Hier ist Diderots Ahnung, dass der Moment kommen werde, in dem es leichter sein wird, sich in der Welt selbst zu instruieren als in einer unermesslichen Zahl von Büchern, längst Wirklichkeit geworden.

Die Fälle sind das Leben, die Leben der Menschen. »Die Kombinationskunst des Lebens ist so unerschöpflich« – Rudolph von Jhering beschreibt in der zweiten Hälfte des 19. Jahrhunderts, wie die »unendlich komplizierten konkreten Fälle des Lebens«, die »ewig neuen Fälle« die »reichste Kasuistik« eines Gesetzbuches oder einer Sammlung »dürftig erscheinen« lassen. Fälle sind nicht zu fassen, Fälle sind antienzyklopädisch. Und doch gibt es zwei Fallsammlungen, zwei Enzyklopädien des Falls. Die eine befindet sich in Europas Norden, die andere in Privatbesitz.

Die nördliche Sammlung ist die berühmte *Enzyklopädie der Toten*. Es handelt sich um eine Bibliothek – in Schweden. Der Besucher M. betrat sie spätabends, der Portier hatte ihn hin-

eingelassen. Es war eiskalt, und M. blieb die ganze Nacht. Die
Räume, die an einen »Keller mit gut sortierten Flaschen alten
Weins« erinnerten, sahen alle »gleich aus und waren untereinander mit engen Gängen verbunden«. Das Licht flackerte. Hinter den Spinnweben, »die sich, wie eine schmutzige, zerrissene
Gaze, über die Büchergestelle senkten«, befanden sich die an
die Regale gefesselten Bücher. Der »gewaltige Staub« bezeugte,
dass niemand diese Bände bewegte. Wie stumme Sklaven boten sie M. ihre Rücken an. Auf diesen standen Signaturen, für
jeden Saal ein Buchstabe des lateinischen Alphabets. Der späte
Besucher schlug einen der Bände, die mit M beschriftet waren,
auf. Er begann zu lesen. Was er las, war die Geschichte seines
Vaters Djuro Marko. Dessen ganzes Leben war aufgezeichnet.
Nicht nur die wichtigsten, die sogenannten entscheidenden,
bestimmenden Etappen, sondern alles. Alles, was der Fall gewesen war. Nichts fehlte, »nichts ist weggelassen worden; […]
nichts wurde vergessen«. Ein Bad im Fluss, die Feldflasche, der
Kuckuck der Wanduhr, die Namen der Kutscher, die Porträts
der Lehrer, die guten Ratschläge des Pfarrers, ein Vortrag von
Krleža, Anna Eremija, das erste Mal, als er von den Abhängen
des Berges Velebit am 28. April 1935 das Meer, das Blau der
Adria, sah und auch das zweite Mal, 40 Jahre später. M. befand
sich in der Enzyklopädie der Toten, in der jeder Mensch »ein
Stern für sich« ist. Alles, was sich hier – in den unendlich vielen
Bänden – verzeichnet fand, war »bedeutungslos für alle«, nur
nicht für diejenigen, die es anging, die vielleicht nach ihrem Vater suchten, einem Freund, der Blumenverkäuferin oder dem
Dorfglöckner. Von A bis Z »nur gewöhnliche enzyklopädische
Fakten«. Die Einzelheiten, aus denen sich ein ganzes mensch-
liches Leben zusammensetzt, waren zusammengetragen, alles,
»was das menschliche Leben ausmacht«. Wenn es sich um ein
Leben handelt, gibt es keinen Unterschied zwischen den Toten. Vermutlich lagen die Anfänge der Sammlung um das Jahr
1789 herum. Seitdem hatte »diese seltsame Kaste von Eruditen« begonnen, überall auf der Welt Biographien und Todesan-
zeigen zu sammeln, um die Ergebnisse, sämtliche Ergebnisse,

erschienen sie auch als noch so nichtig und klein, in die Zentrale, nach Stockholm zu übermitteln. M. begriff aber sofort, dass eine, eine einzige, Bedingung erfüllt sein musste, um in die Enzyklopädie der Toten aufgenommen zu werden. Derjenige, dessen Name hier vertreten sein sollte, durfte »in keiner anderen Enzyklopädie vorkommen«.

Eine melancholische Geschichte des großen jugoslawischen Poeten Danilo Kiš. Es kommt auf den Fall, den einzelnen Fall an. Erst der Tod beendet die Fallträchtigkeit des Lebens. Deshalb kann es auch nur eine Enzyklopädie der Toten, der toten Fälle, geben.

Die andere, private, Sammlung hat den Fall im Titel: *L'Étrange Cas de Monsieur K.* Der seltsame Fall des Herrn K. Oder ausgesprochen: Das seltsame Ka des Herrn K. Öl auf Leinwand, 81 cm hoch, 100 cm breit. Zehn mal vier hochkantige Rechtecke. 36 dieser verschiedenfarbigen Flächen behausen Herrn K. Ein strammstehender, leicht nach vorn gebeugter, fetter Mann. Keine Fesseln, keine Gelenke, kein Hals. Fleisch. Ein Riesenkopf. Und ein Kaiser-Wilhelm-Schnauzer. Das Seltsame an K.s Fall ist des Herrn Ks. Verwandlungsfähigkeit. Die linke Hälfte des Bildes zeigt 20 K.s in erstaunlichen Facetten. Er ist nackt, nackt mit Orden dekoriert, nackt mit mehr Orden dekoriert, nackt mit Orden zugepflastert – die Orden bedecken K.s Augen und hängen in den Lefzen. K. im Anzug, im Stresemann, K. als Burgensemble, K. als Waffenarsenal, K. mumifiziert, K. als Fabrik, K. mit Säbel, K. mit Früchten auf der nackten Brust, auf den Augen und mit einem Hummergedeck am Unterleib. K. drapiert mit Fahnen, K. als Knorpelensemble, K. verwarzt, K. als brennender Schneemann, K. das Fragment. Auf der rechten Seite des Bildes exerziert K. die Liebe, in allen möglichen Lagen. 16 Fälle.

Der moldavisch-rumänische Surrealist Victor Brauner malte den Fall des Herrn K. im Jahr 1934. K. kann vieles bedeuten. Kaiser, König (nach Alfred Jarrys bizarrem, bestialischem »Ubu roi« – Brauner malt 1934 auch ein Bild »Ubu Monsieur K.«), Kapital (nach Marx) oder Képi (so hießen die platten

Kopfbedeckungen der französischen Offiziere, Unteroffiziere und Gendarmen). Doch was auch immer diese multiple Verkappung, diese Karikatur des universellen Massakers, dieses Spiel mit der Angst, diese Perversion der Liebe bedeutet – das Seltsame an K.s Fall residiert in der Fallhaftigkeit des Falles, im Plural der Fälle, in denen derselbe nicht derselbe bleibt, in denen immer wieder die Erscheinung mit dem Scheinbaren kämpft. Dieser ewige Kampf zwischen der *apparition* und der *apparence* ist das Signum eines jeden Falles. Der Fall schillert immer, er kann nicht stillgestellt werden, er verwandelt sich, je nachdem, von wo, mit welchen Augen, aus welchem Sinn man ihn betrachtet. Der Fall ist das Gespenst des Sichtbaren. Der Fall ist ein Kunstwerk.

In Viktor Brauners seltsamem Fall des Herrn K. bleiben vier Flächen dunkel. Leer. Fälle können nicht abgeschlossen werden. Fälle können höchstens sterben und in die Enzyklopädie der Toten aufgenommen werden. Lebende Fälle sind unerschöpflich. Sie sind gefräßig wie Herr K. Lebende, unabschließbare Fälle sind die ständige Provokation des Rechts. Erst das Recht und nur das Recht, wenn man vom Tod absieht, kann auch noch den seltsamsten Fall abschließen. Und genau dies ist der Grund dafür, dass es keine Enzyklopädie der Fälle gibt, sondern nur die Enzyklopädie der Toten und die Enzyklopädie des Rechts – und den Pitaval.

Accessoire

Rudolph von Jherings Lebensfälle können in seinem »Geist des roemischen Rechts auf den verschiedenen Stufen seiner Entwicklung«, 1. Teil, 7./8. Aufl., Breitkopf & Haertel: Leipzig 1924, S. 40, nachgelesen werden.

Die nördliche Fallsammlung findet sich bei Danilo Kiš, Enzyklopädie der Toten. Erzählungen, Fischer: Frankfurt am Main 1988, S. 43 ff.

Victor Brauners grandiose K.-Bilder können betrachtet werden in: Werner Spiess (Hrsg.), La révolution surréaliste (Katalog der gleichnamigen Ausstellung im Centre Pompidou, Paris, 6. März– 24. Juni 2002), Éditions du Centre Pompidou: Paris 2002, S.226 f. Siehe auch: Victor Brauner dans les collections du MNAM-CCI, Éditions du Centre Pompidou: Paris 1996, S.24 f. André Breton hat dem Maler, der 1931 ein Selbstporträt mit entkerntem Auge (*Autoportrait à l'œil énucléé*) malt und der sieben Jahre später im Verlaufe eines Streites ein Auge verliert, einige wunderbare Seiten gewidmet: André Breton, Le surréalisme et la peinture, Gallimard: Paris 1965, S.121 ff.

Natürlich könnte Herr K. auch Kafkas K. meinen, allerdings ist dies nicht besonders plausibel. Kafkas K.s sind getriebene, verfolgte, letztlich bedauernswerte Kreaturen, die an der Welt zerbrechen. Deren Fälle sind zwar auch seltsam, sehr seltsam sogar, doch die Seltsamkeit von Brauners K. ist eine ganz andere. 1934 malte Brauner auch ein Hitlerporträt, das das Schlachten der Geister und Körper eindringlich zeigt. Und in dem großen Diptychon – ebenfalls von 1934 – »Force de concentration de Monsieur K.« zeigt Brauner einen fetten K., auf dessen nacktem rötlichbräunlichem Körper viele winzige Babys zum massigen Kopf hin klettern, und einen zweiten fetten K., dessen blasser nackter Körper auf der Brust von Mohrrüben und Champignons bevölkert wird. K. ein Vegetarier. Der Vegetarier als Massenmörder. Das hat mit Kafka nichts zu tun. Eher mit Anton Čechov, der am 20. April 1904, wenige Wochen vor seinem Tod in Badenweiler, an seine Ehefrau, die Schauspielerin Olga Leonardovna Knipper, schrieb (Anton Čechov, Sein Leben in Bildern, hrsg. von Peter Urban, Diogenes: Zürich 1987, S.306): »Du fragst, was ist das Leben? Das ist, als wollte man fragen: was ist eine Mohrrübe? Eine Mohrrübe ist eine Mohrrübe, mehr ist dazu nicht zu sagen.«

Der Flügelschlag eines Schmetterlings im fernen Asien kann die Weltgeschichte verändern. Auch hier kommt es auf den Fall an. Diese Fälle werden in der Chaosforschung untersucht. Luis Buñuel erzählte einen solchen (Luis Buñuel, Objekte der Begierde, Wagenbach: Berlin 2000, S. 138 f. [sub verbo Zufall]): »Es soll nicht wie ein Lehrsatz klingen, aber ich glaube fest, daß alles im Leben Zufall ist. Man könnte einen Film machen, in dem bewiesen wird, dass Napoleon auf die Welt kam, weil sich Jahrhunderte vorher ein Römer in einem bestimmten Augenblick an der Nase kratzte. Das führte in einer Verkettung von Umständen zur Geburt von Napoleon. Ein anderer Fall: Nehmen wir doch einmal an, daß Hitler nicht geboren wurde. Stellen Sie sich vor, wie anders die Geschichte unseres Jahrhunderts verlaufen wäre. Hitler wird nicht geboren, weil sein Vater in dieser Nacht nicht mit seiner Frau schläft. Warum nicht? Er hat den ganzen Tag während der Arbeit an seine Frau gedacht. Als er von der Arbeit kommt, trifft er einen Freund, beide gehen in eine Bar und trinken ein Glas nach dem anderen. Herr Hitler kommt stockbesoffen nach Hause, schläft auf dem Teppich und rührt seine Frau nicht an. Warum traf er gerade an diesem Tag einen alten Freund? Dieser lebt auf dem Land, die Pflugschar ist ihm gebrochen, und er mußte in die Stadt und eine neue kaufen. Da trifft er Herrn Hitler. Warum die Pflugschar kaputt ging? Weil er beim Pflügen gegen einen Stein gestoßen war … Die Beispiele sind willkürlich, aber sie illustrieren, was ich meine. Die kleinsten Details können ein Leben verändern, ja die ganze Geschichte.« Wie ein Kommentar liest sich dazu die Bemerkung Elias Canettis im Rahmen seiner Ausführungen zum Fall Schreber und dessen Denkwürdigkeiten (Masse und Macht, Claassen: Hamburg 1984, S. 516): »Der Erfolg ist hier wie in allem ausschließlich von Zufällen abhängig. Ihre Rekonstruktion unter Vortäuschung einer Gesetzlichkeit nennt sich Geschichte.«

Labyrinth

Wo sind die Enzyklopädien und Alphabete des Rechts, die systematischen, doktrinären, arretistischen Rechts-Ordnungen, die Erzeugnisse der Sammelleidenschaft von Juristen? Wo stehen sie? Wo kann der Rechtshistoriker sie finden? In der Bibliothek. Bevor er in die Aufbewahrungsstätte der Bücher geht, wird der Rechtshistoriker aber klugerweise in einem Buch, einer Art Katalog der Kataloge, nachschauen, was er eigentlich sucht. Er wird zu einem Handbuch greifen, dem umfangreichsten, das es gibt, dem Handbuch der Quellen und Literatur der neueren europäischen Privatrechtsgeschichte. Band II, erster und zweiter Halbband: Wissenschaft, Gesetzgebung und Rechtsprechung in der Neueren Zeit. Auf zweieinhalbtausend Seiten ist dort das in Alteuropa zum Privatrecht Aufgeschriebene bibliographisch erfasst und kommentiert. Zum Beispiel Dutzende von Rechtslexika (deren Blütezeit im 16. Jahrhundert lag), 250 französische Rechtsprechungssammlungen (die vor allem von 1600 bis 1750 en vogue waren), 340 deutsche Spruchsammlungen (die im 18. Jahrhundert ihren Schwerpunkt hatten) mit 330 Neuauflagen. Noch bevor der Rechtshistoriker die Bibliothek betreten hat – eine unvorstellbare Ganzheit, ein aufgezeichnetes Spurengewirr einer vergangenen Globalität, ein Labyrinth.

Ein Labyrinth, das dem von Prost de Royer in der Neuauflage des Dictionaire von Brillon im Jahre 1781 beschriebenen gleicht. Ein dunkler, verschlungener Irrgarten, ein »*labyrinthe obscur*«, in dem selbst die Erleuchtetsten den rechten Weg nicht finden und sich verlieren. Die Wirklichkeit – ein Labyrinth des Lebens. Die juristische Verarbeitung der Wirklichkeit – ein Labyrinth des Rechts. Die schriftliche Fixierung der juristischen Verarbeitung der Wirklichkeit – ein Labyrinth der Sammlung. Die bibliographische Erfassung der schriftlichen Fixierung der juristischen Verarbeitung der Wirklichkeit – ein Labyrinth des

Handbuchs. Die Erforschung der bibliographischen Erfassung der schriftlichen Fixierung der juristischen Verarbeitung der Wirklichkeit – ein Labyrinth der Wissenschaft. Ein unendliches (historio)graphisches Rhizom, in dessen Wirrwarr an Knollen, Knäueln, Verzweigungen, Konfusionen, Verkrumpelungen die Ratten der Bedeutung durcheinander wimmeln. Diese Ratten, die niemals einen König krönen, verbreiten immer nur neue quidproquos. Ein unendliches Kräuseln der Wörter.

Johann Christoph Nehring trägt in seinem erstmals 1684 aufgelegten Historisch-Politisch-Juristischem Lexicon unter dem Lemma *Labyrinthus* ein: »ein Labyrinth, der Irrgarten, Widerwillen, das Creutz, Elend, Wunder, die Trübsal, Verwirrung, daß man keinen Anfang und kein Ende finden kan«. Das eben ist die Crux der Alphabete des Rechts: Im Gegensatz zu dem Hauptgegenstand, dem sie sich widmen, den juristischen Entscheidungen zu lebendigen Fällen, können sie das Sammeln, das Aufschreiben, das Räsonnement nicht abbrechen. Entscheidungen werden entschieden, das heißt, dass das Nachdenken, das Umherirren, das Durcheinander abgebrochen werden muss – damit entschieden werden kann. Werden aber die Sammlungen dieser Entscheidungsfreude und dieses Entscheidungszwangs kastriert, gelten sie als unvollständig. Doch es wird nicht abgebrochen, allenfalls vorläufig, was lediglich zur Unvollständigkeit führt. Die Alphabete sind unersättlich. Sie scheinen zwar durchaus einen Anfang und ein Ende zu besitzen, doch sind A und Z lediglich äußere Begrenzungen. Begrenzungen, die gerade keinen Anfang und kein Ende bezeichnen. Nicht nur ist zwischen A und Z unendlich viel Platz, die Anordnung, die Abfolge der Buchstaben, die alphabetische Ordnung selbst ist willkürlich. Nach Z kommt A. Immer wieder kann man von vorne, von neuem beginnen. Neue Auflagen und neue Entscheidungen und neue Konzepte wachsen sich am Rhizom aus. Die Unendlichkeit des Labyrinths entspricht dem »moutonnement à l'infini des mots«. Diese Formulierung Michel Foucaults enthält eine glückliche Beschreibung des Labyrinths. *Moutonnement* bedeutet lexikalisch Kräu-

seln, Schäumen. Der ganze juristische Brei wird wieder und
wieder in den alphabetischen und systematischen Literaturen
aufgeschäumt. Aber *moutonnement* enthält auch *mouton*, das
Schaf. Die Verschafung der Worte. *Moutonnerie* ist der Her-
dentrieb, die Einfalt. Die unendliche Abfolge der Wörter, der
juristischen Lemmata, der für vergleichbare Fälle bedeutsamen
Wörter. Alles ist gesagt, und doch wird alles wieder gesagt.

Im *Discours préliminaire* der großen französischen Enzyklopädie beschreibt d'Alembert das allgemeine System der Wissenschaften und Künste als »eine Art Labyrinth, voll gewun-
dener Wege, auf die der Geist sich einlässt, ohne wirklich den
Weg zu kennen, den er gehen soll. Von seinen Bedürfnissen,
und auch denen des mit ihm verbundenen Körpers, gedrängt,
studiert er zunächst die ersten Gegenstände, die sich ihm dar-
bieten; er dringt, so weit er kann, in die Kenntnis dieser Gegenstände ein; bald trifft er auf Schwierigkeiten, die ihn zum
Stehen bringen; und sei es in der Hoffnung oder selbst in der
Hoffnungslosigkeit, sie zu besiegen, stürzt er sich auf einen
neuen Weg; dann kehrt er wieder um, überwindet einige Male
die vorigen Hindernisse, um neuen zu begegnen; und von einem Gegenstand zu einem anderen schreitend, nimmt er an jedem dieser Gegenstände in verschiedenen Intervallen und wie
stoßweise eine Reihe von Eingriffen vor, bei denen gerade die
Erzeugung seiner Ideen die Diskontinuität notwendig macht.
Aber diese Unordnung, so philosophisch sie von Seiten der
Seele ist, würde einen enzyklopädischen Baum, in dem wir sie
gerne darstellen möchten, entstellen oder vielmehr vollständig
zerstören.«

Labyrinth und enzyklopädischer Baum – die Verschlungen-
heit der Wege soll den diktionarischen Traum, alles zu erfassen, nicht ex tunc als Träumerei erscheinen lassen. Da trifft es
sich, dass das System der Wissenschaften, wie das System des
Rechts, aus verschiedenen Branchen, Zweigen, komponiert ist.
Diese gilt es zu umfassen. Nicht historisch, denn so bekommt
man die Totalität nur sukzessiv, und das bedeutet jetzt überhaupt nicht, zu fassen. Nicht die Zeit, deren Gegenwart das

Vergangene radikal eliminiert, sondern der Raum ist im 18. Jahrhundert der Alles-zusammen-Bringer. Erst das 19. Jahrhundert wird mit der Evolutionstheorie ein Zeit und Raum überbrückendes Gesamt der Welt konstituieren. D'Alembert und Diderot, genauso wie die Alphabetiker der Urteile von Montpellier, Poitiers oder Paris, setzen noch auf die Landkarte, die einzelnen Branchenkarten. Diesen partikularen Kartografien entsprechen in der Enzyklopädie die einzelnen Artikel, und die Gesamtübersicht oder der Stammbaum (»l'arbre ou système figuré«) sind deren Weltkarte (»mappemonde«). Auf diese Weltkarte schaut der »philosophe«, also der Aufgeklärte, der Intelligente, der Intellektuelle von oben herab und erhebt sich so – »dans un point de vûe fort élevé« – über »ce vaste labyrinthe« der verschiedensten Verzweigungen des menschlichen Geistes. Zeigt also die mappemonde, das perfekte System, das komplette Alphabet, den Königsweg durch das Labyrinth?

Sei es eines der Systeme des Naturrechts, sei es eine der arretistischen Sammlungen, sei es das Handbuch der Quellen oder seien es andere Quellen lokalen, vorübergehenden Wissens – immer wird das Aussehen der Karte vom Standpunkt und die Form des Baumes vom Gestaltungswillen des Konstrukteurs abhängen. Foucault forderte, dass wir neue Formen der Subjektivität zustande bringen müssen. Der geniale Mappemondist, Weltkartograph d'Alembert wusste bereits zwei Jahrhunderte zuvor: »Man kann sich also genauso viele verschiedene Systeme des menschlichen Wissens denken wie aus verschiedenen Sichten entworfene Weltkarten.« Dem Labyrinth, dem Irrsal der individuellen Gesichtspunkte, ist nicht zu entkommen. Jedenfalls dann nicht, wenn es um die Beschreibung der Welt, dieser unfassbaren Ganzheit geht. Die Rechtswelt allerdings unterscheidet sich in einem Punkt grundsätzlich von dieser Unhintergehbarkeit des Labyrinthischen. Im Funktionieren des Rechtssystems ist für Labyrinthe kein Platz. Hier wird entschieden. Das heißt, dass alles vorbeigeht, dass das Urteil irgendwann gesprochen, der Vergleich irgendwann geschlossen ist oder die Parteien sich irgendwann außerhalb des Gerichts ausgesprochen haben. Die entscheidungsfreudige Welt der Normativität hat immer einen Ausgang parat, wohin er auch führen mag. Das Labyrinth des Rechts erschließt sich dem Betrachter erst bei der Beschreibung der dann immer schon vergangenen Produkte des Rechtssystems. In der Gegenwart der Entscheidung ist der Ausweg gewiss. In der Vergangenheit der registrierten Entscheidung ist das Labyrinth unendlich. Die geschichtliche Betrachtung des Rechts führt dem Beobachter die verschiedensten Wege vor Augen. Die Projektionen finden kein Ende mehr.

Dieses Labyrinth diagnostizierte Honoré Lacombe de Prézel in aller Klarheit im Jahr 1766. Im Avertissement zu seinem Dictionnaire heißt es: »[...] dieser ganze Haufen von Abhandlungen, Sammlungen, Kommentaren, die dieses gewaltige Labyrinth von disparaten Meinungen und Interpretationen formen, das auch der erfahrenste Rechtskundige nicht ohne Mühen durchläuft und nicht ohne Gefahr, sich zu verlieren.« Jede Rechtsfrage habe ihren eigenen Code, ihren eigenen Rechtsgelehrten, Arretisten, Interpreten. Jede Provinz, jeder Sprengel seine spezielle Coutume: »Man sieht überall nichts als immerwährende Widersprüche, und das Recht, das heißt das, was von allen gekannt werden müsste, ist das verworrenste und rätselhafteste, was es gibt.« Ein Recht, das »mots bizares« benutzt. »Obscurité de notre Droit Coutumier.« Man habe zuviel Respekt vor den Alten (»les peres«), und das Recht – ursprünglich einfach und klar – sei zu einem unförmigen, obskuren und unbequemen Palast geworden. Alles, was momentan möglich erscheint, ist, einen leichteren Zugang zu schaffen, um das Innere des Gebäudes und die sich um dieses herumwindenden Wege kennenzulernen. Die Form des Dictionnaire sei die einzige Form, in der das Recht ohne Verwirrung in seiner Gesamtheit (d.h. in allen seinen Teilen) gesehen werden kann – wenn hier auch nur in Form einer Kurzfassung, eines »Abregé«. Alles Problematische, Fremdartige müsse weggelassen werden, um »sozusagen nur die Grundsätze zu geben«. Das

Ergebnis sind drei kleine in-12 Bände mit relativ kurzen, alphabetisch geordneten Artikeln. Das Ergebnis ist eine Hinzufügung, eine der vielen das Vergangene beschreibenden Hinzufügungen.

Und genau hier, in der Beschreibung, nicht in der Entscheidung, gilt die Behauptung Jorge Luis Borges', dass »die Bibliothek kein Ende hat«. In dieser »totalen Bibliothek«, die »alle Bücher umfaßt«, in diesem »Universum«, in der *Bibliothek von Babel*, ist alles, was gesagt werden kann, schon gesagt. In diesem »Buchstabenlabyrinth« herrscht die Gewissheit, dass »alles geschrieben ist«. Irgendwo auf den Regalen der Welt mag es »ein totales Buch« geben. Einen Band, der alles, was geschrieben und gedacht und entschieden ist, enthält. Eine Art finale Enzyklopädie, deren Blätter so unendlich dünn sind, dass sich jedes beliebige Blatt in zwei falten würde. Aber ist ein Buch, das alle anderen Bücher erzählt, selbst noch ein Buch? Hätte dieses eine, alle Bücher enthaltende Buch nicht alle Bücher konsumiert, verspeist, aufgefressen, weggeputzt? Wäre es nicht ein unmögliches Volumen? Ein Ort ohne Ort?

Dieses Paradox betrifft auch das Labyrinth. Ist ein Labyrinth, das alle anderen Labyrinthe enthält, noch ein Labyrinth? Ist die Welt, die Welt des Rechts, ein Labyrinth?

Das berühmteste Labyrinth wurde im Auftrag eines Tyrannen erbaut. König Minos will eine Falle bauen und ruft Daedalus, seinen kunstvoll arbeitenden Architekten, zu sich: »Errichte mir ein Bauwerk mit verschlungenen Räumen und Gängen, die alle untereinander verbunden sind, doch nur eine einzige Öffnung nach außen besitzen; und in dem die Vielfalt der Wege in jedem Raum den Reisenden so in die Irre führt, daß er eher in tausenderlei Art im Kreise geht, als den einzigen Ausgang zu finden. Tunnel, Stiegen, Spiralen, alle möglichen ausgeklügelten Kunstgriffe. Ich will, daß die athenischen Krieger darin zu Tode wandeln!« Daedalus hält sich nicht an die Vorgabe des Auftraggebers. Er sieht keine verschlungenen Wege, keine Treppen und Stiegen vor, sondern vertraut auf die reine Wiederholung der Motive, auf Regelmäßigkeit, also auf

Nichtwiedererkennbarkeit. Das Gesetz der Serie ist es, das täuscht und in die Irre führt. Damit erfindet Daedalus das reine Labyrinth, dem man, wenn der Faden verloren ist, nur noch entfliegen kann.

Wenn alles gleich aussieht, wenn es schwer wird, auch noch die kleinsten Nuancen zu erkennen, wenn in der Masse der Urteile, Meinungen, Doktrinen, die den juristischen Enzyklopädismus befeuern, die massenhafte Massenhaftigkeit zum regelmäßigen, seriellen, kalten Geschäft wird, in der die Subjektivität durch eine unglaublich gleichartige Vielfalt aufgesogen wird – dann wird der Begriff des Labyrinths sinnlos. Das Labyrinth wird zur Wüste.

Der König von Babylon ließ einst den König der Araber in das neu erbaute, verzwickte und ausgetüftelte Labyrinth gehen, »um der Einfalt des Gastes zu spotten«. Nur mit Gottes Hilfe fand der Araber den Ausgang. Später geriet der König von Babylon beim König der Araber in Gefangenschaft. Er wurde auf ein Kamel geschnallt und in die Wüste gebracht. Der Araber sprach: »O König der Zeit und der Beständigkeit, du Inbegriff des Jahrhunderts! In Babylon wolltest du mich in einem Labyrinth aus Bronze verderben, mit vielen Treppen, Türen und Mauern; jetzt hat es dem Allmächtigen gefallen, daß ich dir meines zeige, wo keine Treppen zu ersteigen, keine Türen aufzustoßen, auch keine ermüdenden Gänge zu durchwandern sind und wo keine Mauern dir den Weg verlegen.« Der König der Araber band den König von Babylon los und ließ ihn in der Wüste allein, wo er starb.

Ein Ort ohne Ort. Die Enzyklopädien, die Handbücher der Quellen, die Buchstaben des Rechts sind jede für sich und alle zusammen unendlich, und deshalb gleichen sie einander wie ein Sandkorn dem anderen in der Wüste. Ariadne kann nicht mehr helfen. Ihr Faden wäre sinnlos, ist doch hier das Labyrinth selbst der Ariadnefaden – »Recht als Recht durch Recht« und die Welt der Enzyklopädie und die Enzyklopädie der Welt. Das bedeutet: »Man *kann* ja gar nicht in die Irre gehen« (Umberto Eco). Mehr an Labyrinth geht nicht.

Accessoire

Die angegebenen Zahlen zur Menge der Enzyklopädien und Alphabete des Rechts sind eher untertrieben. Helmut Coing, der Herausgeber des Handbuchs, schreibt in seinem Vorwort zu Band II 1 selbst von der »ungeheuren Fülle« des Materials und der Überforderung, eine »vollständige Bibliographie« zu geben (Handbuch der Quellen und Literatur der neueren europäischen Privatrechtsgeschichte, zweiter Band, erster Teilband, C. H. Beck: München 1977, S. VII). Zu den (im Handbuch von Hans Erich Troje betreuten) Lexika siehe ebenda, S. 788 ff. Zu den Rechtsprechungssammlungen siehe im zweiten Halbband (C.H. Beck: München 1976) für Frankreich S. 1223 ff. (betreut von Gerhard Walter) und für Deutschland S. 1343 ff. (betreut von Heinrich Gehrke), sowie auch Heinrich Gehrke, Die privatrechtliche Entscheidungsliteratur Deutschlands. Charakteristik und Bibliographie der Rechtsprechungs- und Konsiliensammlungen vom 16. bis zum Beginn des 19. Jahrhunderts, Klostermann: Frankfurt am Main 1974. Das Coingsche Handbuch ist dreißig Jahre nach dem Erscheinen des ersten Bandes (1973) noch nicht abgeschlossen.

Zum Labyrinth des Prost de Royer siehe sein Dictionnaire de Jurisprudence et des Arrêts, Ou Nouvelle édition du Dictionnaire de Brillon, connu sous le titre de *Dictionnaire des Arrêts & Jurisprudence universelle des Parlemens de France & autres Tribunaux*; augmentée des matieres de Police, d'Agriculture, de Commerce, de Manufactures, de Finance, de Marine & de Guerre, dans le rapport qu'elles ont avec l'administration de la Justice, 7 Bände, Aimé de la Roche: Lyon 1781–1788, Vorwort.

Nehrings Labyrinth findet sich in der 9. Auflage, Mevius: Gotha 1736, S. 675.

Das Labyrinth der encyclopédie erörtert d'Alembert im Discours préliminaire des éditeurs des 1. Bandes der Encyclopédie, ou dictionnaire raisonné des sciences, des arts et des métiers, par une societé de gens de lettres, Briasson, David, Le Breton, Durand: Paris 1751, S. XIV f.

Geschichte war schon in alter Zeit ein Labyrinth – siehe nur Heinrich Anshelm von Ziegler und Kliphausen, Historisches Labyrinth der Zeit, Gleditsch: Leipzig 1701 – und wurde, um überhaupt noch etwas darstellen zu können, ansprechend gestaltet, wie etwa von Johann Christian Lüning: Angenehmes Labyrinth Der Staats- und gelehrten Beredsamkeit. Worinnen viel wohlgesetzte, auch die neuesten Reden zu befinden, Welche An unterschiedenen Europäischen Höfen, und sonsten, in Freud und Leid, gehalten worden. Nebst einem Elencho und Register ans Licht gebracht, Andere und viel vermehrte Edition, Lanckisch: Leipzig 1730/1731.

Zu Wörtern und Schafen: Michel Foucault, Le langage à l'infini, in: ders., Dits et Écrits 1954–1988, Band 1, Gallimard: Paris 1994, S. 250 ff., 260. Siehe dort auch zum Paradox vom alle Bücher enthaltenden Buch.

Der vollständige Titel des Dictionnaire von Honoré Lacombe de Prézel lautet: Dictionnaire portatif de Jurisprudence et de Pratique, à l'usage de tous les Citoyens & principalement de ceux qui se destinent au Barreau. Contenant les dispositions des Ordonnances, Edits & Déclarations du Roi, les Statuts particuliers des Coutumes, la Jurisprudence des Arrêts, les usages observés dans les différens Tribunaux & la définition des termes de Droit & de Pratique, 3 Bde., Lacombe: Paris 1766. Die Klage über das Labyrinthische des Rechts ist eine dauerhafte Klage. Max Lagrand betont Anfang des 20. Jahrhunderts in seinem »Dictionnaire usuel de droit«, Larousse: Paris o. J. (um 1906), ganz ähnlich die Unübersichtlichkeit der Rechtswelt, die enorme Intensität der Gesetzgebung, die dazu führe, dass sich professionelle Juristen in den »innombrables dispositions« (Préface) des Rechts nicht mehr zurechtfinden könnten. Sein Lexikon richtet sich an das »grand public«.

»Die Bibliothek von Babel« findet sich in: Jorge Luis Borges, Gesammelte Werke, Band 3/I (Erzählungen 1935–1944), Hanser: München, Wien 1981, S. 145 ff. Als Motto für seine berühmteste

Erzählung wählte Borges einen Halbsatz Robert Burtons aus der »Anatomy of Melancholy«: »By this art you may contemplate the variation of the 23 letters …«. Auch das eine Anschauung in Gargantuismus.

Zu Minos und Daedalus vgl. Pierre Rosenstiehl, Geometer Daedalus: List gegen Tücke, in: Gerhard Fischer, Klemens Gruber, Nora Martin, Werner Rappl (Hrsg.), Daedalus. Die Erfindung der Gegenwart, Stroemfeld/Roter Stern: Basel, Frankfurt am Main 1990, S. 21 ff., 22. Daidallein heißt auf Griechisch »kunstvoll arbeiten« – Daedalus: Architekt, Erfinder, Künstler.

Sehr lange Zeit waren Labyrinthe Orte, die man betreten musste. Günter Metken hat in seinem Aufsatz Daedalus (in: Gerhard Fischer, Klemens Gruber, Nora Martin, Werner Rappl (Hrsg.), Daedalus. Die Erfindung der Gegenwart, Stroemfeld/Roter Stern: Basel, Frankfurt am Main 1990, S. 9 f.) auf das Labyrinth in uns selbst aufmerksam gemacht: »Heute, nach zweihundert Jahren Entdeckung der Seele, liegen die Nervenstränge einer Moderne, die sich anblickt und durchschauen möchte, als Labyrinth bloß.«

Die Geschichte von den beiden Königen und ihren Labyrinthen erzählt Jorge Luis Borges, in: Gesammelte Werke, Band 3/II (Erzählungen 1949–1970), Hanser: München, Wien 1981, S. 112 f. (»Die zwei Könige und die zwei Labyrinthe«).

Rudolf Wiethölters Rechts-Satz findet sich in seinem Aufsatz »Julius Hermann von Kirchmann (1802–1884). Der Philosoph als wahrer Rechtslehrer«, in: Kritische Justiz (Hrsg.), Streitbare Juristen. Eine andere Tradition, Nomos: Baden-Baden 1988, S. 44 ff.

Umberto Ecos Satz findet sich in seinem Buch »Semiotik und Philosophie der Sprache«, Wilhelm Fink: München 1985, S. 125.

Meisterwerk

Das Recht kennt keine Meisterwerke. Kein Jurist verfertigt während seiner Ausbildung ein Werk, das den höchsten Stand der möglichen Erlernung des Faches anzeigt, ein Meisterstück. Am Ende der Ausbildung steht eine Prüfung, früher eine Disputation, heute ein Examen, also ein – wie auch immer ausfallendes – Ende. Kein Höhepunkt des Könnens, sondern, typisch juristisch, ein Abbruch, ein Abbruch des Ausbildens.

Auch ein fertiger, ausgebildeter, Jurist hat niemals ein Meisterwerk geschaffen. Bahnbrechende Urteile, provozierende Thesen, dogmatische Höhenflüge, wichtige Bücher, auch Gesetzbücher – doch nie spricht man von Meisterwerken. Die Autoren, die Juristen, sind allenfalls glänzend, nie meisterhaft. Warum?

Die Antwort geben indirekt die ungezählten Alphabete und Enzyklopädien des Rechts. Diese sind nicht nur so unzählig, weil das Leben immer neue Wendungen nimmt und die Juristen mit diesen Lebensfällen so ingeniös umgehen. Ihre Unzahl verweist vor allem darauf, dass das Recht, die Jurisprudenz, ein Tagesgeschäft ist. Ein sich ständig änderndes, massenhaftes Geschäft eines jeden Tages. Die Ausübung dieses Geschäftes ist zwar erlernbar, lehrbar und auch Regeln unterworfen, die eine Beurteilung nach Professionalität zulassen. Der Jurist muss kunstfertig sein. Aber mit Meisterschaft hat dies nichts zu tun. Jeder Fall ist anders, und wenn er nicht anders ist, dann gehört er zur Routine, was Meisterschaft ebenso ausschließt. Das Immergleiche verhindert die herausragende Meisterleistung. Das Immer-anders-Sein der tatsächlichen Umstände, der wissenschaftlichen Meinungen, der juristischen Interpretationen verhindert die Dauerhaftigkeit, die jedem Meisterwerk eigen ist, und lässt das »Unnachahmliche«, das »Unbeschreibliche«, das »Unglaubliche« eines spektakulären Urteils oder einer grandiosen Abhandlung als vorübergehend erscheinen.

Meisterwerke sind zeitlos, das Recht ist ein Gefangener der jeweiligen Zeit. Meisterwerke sind unsterblich, Werke des Rechts ephemer – wie das Leben selbst.

Ephemer auch wie die großen Rechtssammlungen, die immer von neuen Sammlungen abgelöst oder schnell wieder vergessen wurden. Für die Enzyklopädien und Alphabete des Rechts gilt, was für jede juristische Literatur gilt: Es ist reine Gebrauchsliteratur. Eine Gebrauchsliteratur, die so schnell verbraucht wird, dass sie nicht einmal referenzielle Meisterstücke zulässt. Die in den Sammlungen aufbewahrten und abrufbaren juristischen Lösungen, Probleme, Ansichten und Absichten fütterten den täglichen Entscheidungsapparat des Rechts. Gerade in ihrer trivialen Flüchtigkeit trug diese juristische Aufschreiberei zum Funktionieren der Gesellschaft bei. Meisterwerke sind keine Funktionsträger. Meisterwerke sind genial.

Erst in der Romantik, also als das (französische) Alphabet des Rechts seine zeitschriftliche Auflösung unmittelbar vor sich hatte und die (deutsche) Enzyklopädie des Rechts in ihrer vielfältigen Studiengebrauchsausgabe den Gedanken an Exklusivität gar nicht erst aufkommen ließ, erst in der Romantik kam das Meisterwerk zu sich. Im 19. Jahrhundert glaubte man das erste (und auch schon das letzte) Mal an *das* endgültige Werk, den letzten Ausdruck eines Genies, das Unvergängliche, das Erhabene, das Absolute und die Idee. Kunst und Literatur waren die Schauplätze dieser Utopien, denen die Museen ihren Aufschwung und ihre Aura verdankten. Museen des Rechts mit meisterlichen Exponaten sucht man vergebens. Auch ein Museum der Gerechtigkeit gibt es nicht. Nicht einmal die Enzyklopädien des Rechts der vielen Juraprofessoren und auch nicht das »Recht des Besitzes« des einzigartigen Savigny haben Eingang in Museen gefunden. Die Beschäftigung mit dem Recht gebiert keine Meisterwerke.

Ein Meisterwerk des Rechts wäre die gültige Anleitung zur Verwirklichung der Gerechtigkeit, einer Gerechtigkeit, die immer wieder von der Ausübung des Rechts gefordert wurde, beispielgebend für die folgenden zwei Jahrtausende bis heute

in der berühmtesten Digestenstelle überhaupt, Ulp.D.1.1.1pr.:
ius est ars boni et aequi – das Recht ist die Kunst des Guten
und Gleichen, des Guten und Billigen, des Guten und Gerechten. Massenhaft wurde seit diesem von Celsus stammenden
und von Ulpian zitierten Satz versucht, der Welt durch Recht
Gerechtigkeit einzupflanzen. Doch hat sich in der Zwischenzeit mehr und mehr gezeigt, dass es bei Fällen weniger um
Gerechtigkeit, als um die verfahrensmäßige Abwicklung von
Wünschen, Erwartungen, Enttäuschungen, Konflikten geht.
Den Verfahren dienen die vielstimmigen Enzyklopädien und
Alphabete des Rechts, so einstimmig sie auch in den Vorwor-
ten, Ankündigungen, Hinweisen, Danksagungen als höchstes
Ziel der Sammeltätigkeit die Beförderung der Gerechtigkeit
auf Erden beschwören. Gerade die Vielstimmigkeit, die nicht
enden wollende Karawane des Materials und der Bedeutungen
des Materials, die Wand voller Rechtssätze in den juristischen
Sammelstätten haben das Meisterwerk des Rechts bis heute
unbekannt bleiben lassen.

Das juristische Meisterwerk ist unbekannt, weil – wie in den
Enzyklopädien und Alphabeten – auch im übrigen juristischen
Diskurs die verschiedensten Punkte (der Gesetze, der Doktrinen, der Interpretationen, der Fälle, der Entscheidungen)
durch unterschiedlichste Linien verbunden werden können.
Aus dieser Vernetzung können die bizarrsten Muster entstehen, die das Endgültige allenfalls in Form eines urteilenden
Abbruchs, niemals aber als absolutes Meisterwerk zulassen.
Außerhalb der endgültigen Urteile gibt es nur momentane
doktrinäre Stände, aktuell herrschende Meinungen, gerade geltende Gesetze. Als Einführung – »Nach Art einer Einführung«
– zu Honoré de Balzacs Erzählung »Le chef-d'œuvre inconnu«
hat Pablo Picasso das Netz, das Meisterwerken so feindliche
Netz, gezeichnet. Auf 16 Seiten nur Punkt-Strich-Zeichnun-
gen, alphabetisch geordnet von A bis P. Es beginnt mit relativ
überschaubaren Verbindungen und endet in einem komplexen,
aber nicht chaotisch anmutenden Netz, das von verschieden
großen Punkten und verschieden langen Linien gebildet wird

und eine Art Kopf, einen riesigen schwarzen Punkt, enthält. Diese Linien und Punkte, die auf nichts verweisen, die als reine Verbindungen bloße Signifikanten, Zeichen ohne Bezeichnetes, reine Bedeutungslosigkeit sind, zerschneiden das Meisterwerk, das unbekannt bleibende Meisterwerk.

Mabuse – so berichtet Balzac – besaß einst als einziger das Geheimnis, »seinen Gestalten Leben zu geben«. Der einzige Schüler Mabuses war Frenhofer – »mit einer wie bei Rabelais oder Sokrates aufwärts gerichteten Nasenspitze« –, der zu Beginn des 17. Jahrhunderts in Paris zehn Jahre lang an dem Porträt der Cathérine Lescault arbeitete. Frenhofer wollte nicht gemein kopieren, unentschieden bleiben, die »wechselnden Erscheinungen des Lebens«, die »äußere Hülle« abbilden, sondern eine »umfassende Poesie« schaffen, den »Schmelz des Lebens« einfangen, ja den Unterschied zwischen Bild und Leben im Meisterwerk aufgehen lassen. Kein »Meisterwerk für jedermann«, wie es ein hervorragendes Gemälde von einem hervorragenden Maler darstellen mag, sondern ein absolutes Meisterwerk. Als Porbus und der junge Poussin endlich das lange geheimgehaltene Werk – das »Ergebnis geduldiger Arbeit und ohne Zweifel ein Meisterwerk« – zu sehen bekommen, sehen sie »nur verworren aufgetragene Farben, durch eine Vielzahl von seltsamen Linien zusammengehalten, die eine Wand aus Malerei bilden«. Abgesehen von einem »köstlichen« Fuß, einem unvergleichlich wunderbaren Fragment in einer Ecke der Leinwand – nur »Chaos«, eine »Art von Nebel ohne Form«. Frenhofer hatte lange über »die absolute Wahrheit der Linie« nachgedacht, »aber gerade durch dieses Forschen ist er schließlich dahin gekommen, am Gegenstand seines Forschens selbst zu zweifeln«. Der Wahn machte ihn glauben, ein Meisterwerk geschaffen zu haben. Das Ergebnis war eine Zerstörung – er hatte auf eine anfangs gemalte Frau eine Farbschicht auf die andere aufgetragen, immer mehr Linien und Farben, »in dem Glauben, sein Gemälde noch vollkommener zu machen«. Porbus und Poussin sahen noch, wie Frenhofer der Frau seiner Einbildung zulächelte. Dann sagte er, auf die Kommentare seiner beiden Kollegen: »Nichts, nichts! Und zehn Jahre gearbeitet ... Ich habe also nichts geschaffen.« Noch in der Nacht starb er.

Das Meisterwerk ist tot. Selbst in der Kunst hat man seit über hundert Jahren, seit den fragmentarischen, lichten und freien Impressionen der Sezessionisten gegen Ende des 19. Jahrhunderts, nur noch Spott für die Vorstellung des »gültigen«, »akademischen« Meisterwerks übrig. Im Recht hat die Alltäglichkeit sowohl des Gegenstandes als auch der Beschäftigung mit dem Gegenstand das Meisterwerk am Auftauchen aus der Masse des juristischen Stoffes gehindert. Allenfalls als Werbung für ein eigenes Werk nimmt der eine oder andere juristische Autor für sich eine erhabene und wahrhafte Meisterleistung in Anspruch.

Ein soignierter Herr betritt die Buchhandlung. Es ist noch nicht Abend in der kleinen Provinzstadt. Paris ist weit. Am Fenster steht ein weißhaariger Greis, lesend in einen Quart-Band vertieft. Der alte Mann weint. Auf die Frage des Herren, welches Buch denn den Mann seine Tränen verschütten lasse, antwortet der Buchhändler: »Es ist ein Werk, das ich vor wenigen Tagen aus Paris erhalten habe, der erste Band des ›Dictionnaire universel de police‹.« Der Herr bittet den Buchhändler, den Weinenden nach dem Grund seiner Tränen zu fragen. Der Buchhändler sagt also zu dem Greis: »Gibt es in dem Buch, das Sie gerade lesen, ein Drama, das Sie so erschüttert, dass Sie weinen müssen?« – »Nein«, entgegnet der alte Mann, »es gibt etwas, das noch anrührender ist. Es sind keine Geschichten. In dem Buch findet sich vielmehr ein wahrhaftiges Tableau dessen, was unser guter König jeden Tag für das Wohl der Einwohner von Paris tut. Sie müssen das lesen. Wenn Sie die Lektüre nicht berührt, dann hätte ich eine schlechte Meinung von Ihrem Herzen.« Der Neuankömmling richtet nun selbst die Worte an den Weißhaarigen: »Sie haben eine sehr anmutige Seele.« Der Mann antwortet ihm: »Sie war immer sensibel für das, was den Stempel der Wohltat und der Menschenliebe trägt. Die Freude über die Einzelheiten der Tugenden unseres

Königs hat mir solche Freude bereitet, dass ich den Autor, der mir diese Freude geschenkt hat, umarmen würde.« »Sie sehen ihn«, sagte der Herr und nahm den Greis in seine Arme. Der Autor – Des Essarts – erzählt diese Szene zu Beginn seines zweiten Bandes im Jahre 1787.

Selbst juristische Nachschlagewerke konnten also zu Tränen rühren, auch wenn die Tränengeschichte im Falle Des Essarts' vor allem der Selbstdarstellung der Anhänger (oder sei es auch nur der Abhängigen) des aufgeklärten Königtums diente, das im Zeitalter der Lumières Paris das ganze Jahr über beleuchten und sauberhalten ließ. Ein zu Tränen rührendes Meisterwerk als Eloge der Majestät. Im Dictionnaire selbst – von A bis Z Punkte, Linien, Fragmente. Nichts weiter als das Recht der Policey.

Diderot war, wie so häufig, klarsichtig: »On ne voit guere quelle peut être l'utilité des chefs-d'œuvre.«

Accessoire

Zum Meisterwerk in der Kunst vgl. den Einschub »Meisterwerk« von Hans Belting, in: Anette Selg und Rainer Wieland (Hrsg.), Die Welt der Encyclopédie, Eichborn (Die Andere Bibliothek): Frankfurt am Main 2001, S. 253 ff. »Das unbekannte Meisterwerk« von Honoré de Balzac wurde hier in der deutschen Ausgabe des Insel Verlags verwendet: Insel-Bücherei Nr. 1031, Frankfurt am Main 1987. Dort finden sich auch die Illustrationen Pablo Picassos. Für die Miteinander-Möglichkeit des Teils und des Ganzen, für den Traum der Perfektion, des Meisterwerks also, siehe auch Georges Didi-Huberman, La peinture incarnée, suivi de Le chef-d'œuvre inconnu par Honoré de Balzac, Les Éditions de Minuit: Paris 1985.

Die Buchhandlungsgeschichte wird erzählt von Des Essarts in seinem »Dictionnaire universel de police, contenant l'origine et les progrès de cette partie importante de l'Administration civile en France; les Loix, Réglemens & Arrêts qui y ont rapport; les droits, priviléges & fonctions des Magistrats & Officiers qui exercent la Police; enfin un Tableau historique de la maniere dont elle se fait chez les principales Nations de l'Europe«, 5 Bände (bis zum Lemma Juifs), Moutard: Paris 1786–1788, Band II (»Suite de la notice«), S. II f.

Diderots Diktum (»Man sieht nicht gerade, welches der Nutzen der Meisterwerke [oder Meisterstücke] sein kann«) steht in: Encyclopédie, ou dictionnaire raisonné des sciences, des arts et des métiers, par une societé de gens de lettres, 3. Band, Briasson, David, Le Breton, Durand: Paris 1753, S. 273, sub verbo *Chef-d'œuvre*.

Novalis

»Alles soll zu Encyclopaedieen gemacht werden.« Dieser von Novalis der Welt hingeworfene Satz bezeichnet den Höhepunkt der enzyklopädischen Ambition. Und deren unwiderrufliches Ende.

In den Jahren 1798 und 1799, von September bis März, notiert Novalis das, was ihm so einfällt, in »Das allgemeine Brouillon«. Dieses enthält die »Materialien zur Enzyklopädistik« und stellt die »Einleitung zu einer ächten Enzyklopädistik« dar, wie Novalis am 7. November 1798 an Friedrich Schlegel schrieb. Eine »scientifische Bibel« (AB 557) soll sein Buch werden. Es entstand ein Sammelsurium, eine Trümmerstätte, ein Sudelbuch. Eigene Gedankenfetzen, fremde Denkstücke, d'Alembert, die encyclopédie, Naturbeobachtungen – Erfahrung. Der Stoff dessen, was man wissen konnte, wuchs und wuchs und stürzte um 1800 auf die Neugierigen ein. (Natur) wissenschaftliches Quellenstudium, der (briefliche) Austausch der Erfahrungen, die beginnende Spezialisierung der Wissenschaften – der Strom der Erkenntnis trat über die Ufer und verwüstete die traute naturgeschichtliche Heimat.

Die Enzyklopädie war wieder einmal dazu aufgerufen, die Ordnung der Welt zu repräsentieren. Diesmal aber richtig – *ächt*. Novalis hat es nur bis zur Einleitung geschafft. Doch so wie die juristischen Enzyklopädien in Deutschland die Einleitung zum Studium des ganzen Rechts darstellten, ist »die Einleitung […] die Encyclopaedistik des Buchs« (AB 599). Erst »die *ausgeführte Bibel* ist eine *vollständige – gutgeordnete Bibliothek*« (AB 571). Die vielen Fakten und die vielen Bedeutungen ließen aber schon in der Romantik, als *Ich*, *Geist*, *Entwicklung* und *Gesetz* den Einzug der Fakten und Bedeutungen in die Welt willkommen hießen, die »richtige Ordnung und Aufzählung der Kenntnisse, die man zu Erreichung *eines Zwecks*, nöthig hat« (AB 670), zur Illusion verkommen. »Wir

suchen überall das Unbedingte und finden immer nur Dinge«
(B 1).

Das Finden der Dinge. Anfang des 17. Jahrhunderts fallen
dem Lyoneser Buchhändler Raymond de Leglise einige Hefte,
die im Barreau in Gebrauch gewesene Gegenstände betrafen,
in die Hände. Er hat sie durchgesehen, korrigiert und geordnet. Daraus erwuchs ein alphabetisches, knapp 700seitiges,
den Anspruch auf Vollständigkeit erhebendes Rechtslexikon
mit sehr allgemeinen Begriffen, wie Age, Experts, Femmes,
Homicides, Juges. Innerhalb der Einträge erkennt der Leser
nur wenig Systematik. Nicht immer steht eine Definition am
Anfang. Immer aber in Punkte unterteilte, eher zufällig anein-
andergereihte Sätze, das Lemma betreffend, und den verschiedensten Schriften (Bartolus, Platon, Papon etc.) entnommen.
Die Remarques du droict françois waren recht erfolgreich, es
entstehen weitere Auflagen. Zufall, Ordnung, Lexikon – ein
allgemeines Brouillon des Rechts aus dem 17. Jahrhundert.

Zweihundert Jahre später waren die französischen Juristen
und Buchhändler, wie sich von selbst versteht, fortschrittli-
cher. Die Franzosen hatten ihren Code und waren damit der
Zeit weit voraus. Die Deutschen hatten ihre Einleitungen in
das Recht, die Vorlesungen für das erste Semester, die Rechtsenzyklopädien. In Dutzenden Versionen suchten sie das Ganze des Rechts einzufangen und kämpften um Gesetz und Entwicklung, ohne zu merken, dass das eine durch das andere
nicht verhindert werden konnte und beide, auch in Verbindung
mit dem System, jedenfalls nicht zu den Sicherungen führten,
die auch die Enzyklopädien repräsentieren sollten. Als »voll-
kommne Bücher« hätten sie »Vorlesungen unnütz« gemacht,
ist doch »das Buch [...] die in Striche [...] gesezte und *complet-
tirte* Natur« (AB 582). Aber Novalis sah genau, dass die (allgemeine, juristische, deutsche) Enzyklopädie Vorlesungen nicht
ersetzen kann, da sie gerade nur Vorlesung ist. »Die Kunst Bücher zu schreiben ist noch nicht erfunden« (B 114).

Der Gedanke, dass es mit enzyklopädischen Techniken möglich sein könnte, zu »standardisieren, begriffliche Konstanz

(zu) schaffen, um das Überdauern eines erreichten Grades der Perfektion gegen Gefährdungen des Verfalls abzusichern« (Blumenberg), war schon bei den romantischen Enzyklopädisten zu Beginn des 19. Jahrhunderts in grandioser Weise kraftlos. Das Ganze, »die Wissenschaft im Großen«, »die *TotalFunction* der *Daten* und *Facten*« (AB 198), konnte bereits damals nicht mehr im Blick gehalten werden. Die sensiblen Romantiker sahen, wie übersinnlich die Systeme und Enzyklopädien waren. »Aber wie viele Wahrheit hat diese aus den Trümmern der sichtbaren erschaffene unsichtbare Welt?«, fragte Johann Christoph Adelung, und Novalis fügte hinzu: »Der Sinn der Welt ist verlohren gegangen. Wir sind beym Buchstaben stehn geblieben« (V 316).

Keine Ordnung, keine Synopse, keine »Wissenschaft der Wissenschaften« (AB 56). In Frankreich, wie gesagt, galt immerhin der eine gleich gültige Code. Doch auch hier – détresse. Der Code civil erlebte schnell seine eigene Fragmentierung, weswegen das römische Recht von manchem Juristen in seiner uralten Funktion als ratio scripta hervorgeholt wird. Das Ganze darf nicht aufgegeben werden, wenn es auch nur als einführende (auf deutsch: enzyklopädische) Sparversion daherkommt. Also übersetzt der große Übersetzer, Advokat und Professor Berthelot die vom Deutschen Heineccius in Latein besorgten, nach den justinianischen Institutionen geordneten Elemente des römischen Privatrechts. Für Berthelot ist klar: Das römische Recht wird die »raison écrite« hinter dem Code civil bleiben. Die Institutionen hätten gegenüber den Gesetzbüchern den Vorteil, dass sie das Motiv, das diese Gesetze diktiert hat, ausdrückten. Die bisherigen »exposés sommaires«, die »Paratitles« – also die abkürzenden, nur das wichtigste enthaltenden Zusammenfassungen juristischer Bücher – hätten die Rechtswissenschaft größtenteils zu wenig als ein verbundenes Ganzes (»un tout bien lié«) gesehen. Sie vernachlässigten das Recht als einen »corps organisé«, in dem alles mit allem zusammenhänge. Sie haben das Recht zerschnitten, »découpé«, seine Einzelteile lediglich nebeneinandergestellt (nach einem Prinzip des »voisinage«), ohne auf die Grundprinzipien, auf das »ensemble« abzustellen. Anstatt allgemeine »idées-mères« anzubieten, aufgrund derer man mit Hilfe der »méditation« andere Grundregeln und Regeln überhaupt deduzieren könnte, richten sich die meisten Paratitles an die »mémoire«. Eine Mémoire, »die nur besitzt, was man ihr gibt und wie man es ihr gibt; die nichts schafft, nichts entwickelt, die nicht weiß, auf welchen Begriffen diejenigen, die sie gegenwärtig hat, beruhen; die, hat sie sie einmal verloren, nicht in der Lage wäre, sie sich durch Gebrauch von Analogie oder Filiation wiederherzustellen. Solche Kurzfassungen verkürzen nicht; sie verlängern«. Sie ermüden, langweilen und verhundertfachen die Mühe. Auch wenn Frankreich ein Geist der Methode und Analyse auszeichnet, auf dem Gebiet des Rechtsunterrichts hat man sich seit dem Beginn des 18. Jahrhunderts nur auf eine »robuste mémoire« verlassen. Entstanden ist so eine Herde von Rechtsschülern, die »diesen zur Unfruchtbarkeit verdammten Lasttieren [ähneln], die eins nach dem anderen die Windungen schwerer Gebirgspfade emporsteigen«. Es wäre also wünschenswert, zur Einführung in die Rechtswissenschaft, »eine kurze Erläuterung zu haben, die alles enthält, die alles zusammenbringt, die alles erhellt, die eine mit kurzem Blick [d'un coup d'œil] erfassbare Methode vorstellt, die leicht Schlußfolgerungen zieht und zeigt, wie man sie zieht, und die so den fortschrittlich gewordenen Geist überzeugt, dass er sich aller seiner errungenen Einsichten gewiss ist«. So sei eben das Buch von Heineccius, und deswegen gehöre es übersetzt.

Der Übersetzer Berthelot hätte bei seinen Konsiderationen zu den paratitlischen Lexika im ersten Heft des Athenäums, des romantischen Publikationsorgans der Brüder Schlegel, Bestätigung gefunden. Dort erschien, zu Ostern 1798, die erste Veröffentlichung eines gewissen Novalis, »Blüthenstaub«, mit der etwas altklugen Notiz: »Manche Bücher sind länger als sie scheinen. Sie haben in der That kein Ende. Die Langeweile die sie erregen, ist wahrhaft absolut und unendlich« (B 103). Doch

die Enzyklopädien, die Einleitungen, die Einführungsvor-
lesungen, die Institutionen des Rechts waren genau solche kurzen, aber in Wahrheit nur kurz scheinenden Bücher. In ihrem
steten, im Laufe des 19. Jahrhunderts gelegentlich auch nach
Frankreich übersetzten, immer neu von verschiedenen »Autoren« aufgelegten Versuch, das Recht ganz, einfach und klar zu
fassen, blieben sie immer beim Buchstaben stehen.

Die Kontingenz, die die Enzyklopädik zu zähmen suchte,
war nicht zu bändigen. Im Laufe des 19. Jahrhunderts wurde
deutlich: Aus der Erde sprießende Gesetze, ständige Entscheidungen der Gerichte, deren Bindung an eben jene Gesetze immer ironischer erscheint, eine wissenschaftlich getaufte Dogmatik, die sich zwar in der »Demonstration der Möglichkeit
[…] jedem bloßen Vorzeigen von Wirklichkeit [als] überlegen«
(Blumenberg) erweist, eben deswegen aber keine Sicherheit
bieten kann – die Evolution des Rechts war enzyklopädisch
nicht mehr aufzuhalten. Abgesehen davon, dass für einführende, vereinfachende Enzyklopädien und deren Kapazität
der Zusammenführung und -fassung der (Rechts)Welt analog
der Satz gilt: »Je einfacher die Gesetze, je schwieriger in der
Anwendung« (AB 408). Und das bedeutet, gerade die »Simpli-
fication ist also nicht zur Beförderung der Trägheit, sondern,
wie der Staat etc, Mittel zur Erweckung der höchsten, compli-
cirtesten *Thätigkeit*« (ebenda). Und »gerade wegen der Einfachheit ihrer Grundgesetze ist die Moral so schwierig in der
Praxis« (AB 414).

Nein, »das Resultat der Vernunft« (Blumenberg) konnte
nach dem Tod Kants im Jahre 1804 nicht mehr festgehalten
werden, nicht in einer Mappemonde, nicht in einem Dictionnaire und nicht in einer Enzyklopädie des Rechts. Das große
gargantueske Fressen mittels der Sinne und der Wissenschaften, das große Fressen durch Kontemplation, Reflexion und
Normativität, das große Fressen zur Erfassung und Gestaltung
der Welt – »eine Wissenschaft gewinnt durch Fressen« (AB
146, vgl. auch AB 171) –, konnte die epidemische Ausbreitung
der sich vom Zusammenhang lösenden Begriffe und der sich

vom Wortlaut emanzipierenden Buchstaben nicht eindämmen. Der Umstand, »toujours en état de Critique« (AB 152) zu sein, und die Einsicht, »die Basis aller Wissenschaften und Künste muss eine Wissenschaft und Kunst seyn« (AB 90), haben in der Romantik vorweggenommen, was erst gegen Ende des 19. Jahrhunderts sonnenklar wird: »Die Lesbarkeit der Welt« (Blumenberg) ist verloren gegangen. Der Sinn, der juristische Sinn eines Textes ist nicht eindeutig. Die Bedeutungen des Rechts emanzipierten sich vom Recht und vom Gesetz und von der Doktrin und formten als Kommunikationen, die sich durch ihren Code Recht und Unrecht von anderen Kommunikationen unterschieden, in der Gesellschaft ein »neues« Rechtssystem, das mit dem alten, deutschen, enzyklopädischen, hierarchisch strukturierten nur noch den Namen gemein hatte. Die flache Mappemonde wurde durch den Globus ersetzt, der direkte und zahlreichere Punkt-zu-Punkt-Verbindungen und -Verknüpfungen zuließ. Durch diese hinsichtlich des Codes einfache, hinsichtlich der Anzahl und Variabilität der Kommunikationen komplexe Struktur, in der theoretisch von allem auf alles verwiesen werden kann, wird die fixe Ordnung subvertiert und sind das Dargestellte, das Gesagte, der Ausspruch, das Urteil stillschweigend ironisiert und pervertiert. Das Rechtssystem ist im Verlaufe des 19. Jahrhunderts von den sublimen Höhen *ächt* enzyklopädischer Wissensordnung in die Welt geraten. Eugen Ehrlich, der Rechtsgelehrte aus Czernowitz, schrieb am ersten Weihnachtstag des Jahres 1912 in Paris: »Der Schwerpunkt der Rechtsentwicklung liegt auch in unserer Zeit, wie zu allen Zeiten, weder in der Gesetzgebung, noch in der Jurisprudenz oder in der Rechtsprechung, sondern in der Gesellschaft selbst.«

Doch gerade diese Gesellschaft, mit ihrem Recht und ihrem Leben, ist nicht mehr darstellbar. Die Romantiker, allen voran Novalis, waren auch hier wieder klarsichtig: »Der Mensch – Metapher« (V 174). Die Lesbarkeit der Welt, gerade auch der juristischen, ging in der Welt selbst auf. »Alles soll zu Encyclopaedieen gemacht werden.« In dieser Verdoppelung der

Welt ist alles gleich wichtig – auch dies ein Erbe eines positivistischen Historismus, dem alle Fakten prinzipiell gleich wert sind. Alles, das ist die totale Enzyklopädie, an deren Beginn die Staubkörner der Blüten und die Kleckse des Brouillon stehen. Das Ganze systematisch und wissenschaftlich zu fassen war von Beginn an ein ausgeträumter Traum. »Der *Sammler*, der Microlog und der Macrolog«, »eine merckwürdige Eintheilung der Gelehrten« (AB 707), waren chancenlos in der Anstrengung, »ein *Ideen Paradies* zu bilden – dies ist das ächte System« (AB 929).

Die Enzyklopädien des Rechts waren als praktische Hilfsmittel ohnehin kaum dazu angetan, das Gewimmel der Ideen ins Paradies zu führen. Ideen des Rechts – immer am Primat der Praxis orientiert – werden schnell »*welk*« und »unbrauchbar«. Das System des Rechts hat sich noch stets am Recht der Praxis gebrochen. Die Zeit der großen Systeme des Natur- und Vernunftrechts war vorbei. Die Zeit wurde knapp, das Leben immer schneller. Erst jetzt, im 19. Jahrhundert, wird die ganze Gesellschaft durchrechtet, der Bürger, der citoyen und bourgeois, schafft und erarbeitet sich Eigentum. Novalis sah in der seinerzeitigen Weltverfassung eine eminent rechtliche, die einem ungeheuren Wandel unterworfen ist. Und so lässt sich auch für das Recht dieses »sonderbare, moderne Phaenomén« beobachten: »Erst in neuesten Zeiten sind solche *kurzlebige* Bücher erschienen« (Brief an Schlegel).

Die Methode und die Kunst der Juristen – und die Sorge um die Ganzheit des Rechts – zerbröselten in den Kapiteln und Lemmata der Rechtsenzyklopädien und Rechtsalphabete. Schließlich lösten sich die Lemmata selbst ab und auf und ließen die Buchstaben, die Sandkörner in der rechtlichen Wüste, zurück. Für Novalis ist der enzyklopädisch nicht mehr aufzuhaltende Abschied vom richtigen Recht ausgemacht: »Der *rechtliche* Zustand soll ein *moralischer* werden – und dann fallen alle Schrancken, alle Bestimmungen von selbst weg – und jeder ist und hat alles unbeschadet der Andern« (AB 79). Das Recht versinkt in Praxis, und dann kommt das Chaos der Moral.

Und die Zukunft des Buchs: Unter dem Titel »Zukünftige
Litteratur« schreibt Novalis: »Es wird eine schöne Zeit seyn,
wo man nichts mehr lesen wird, als die *schöne Composition*
– als die Litterairischen Kunstwerke. Alle andre Bücher sind
Mittel und werden vergessen, wenn sie keine tauglichen Mittel
mehr sind – und dies können die Bücher nicht lange bleiben«
(AB 210). Schon gar nicht die Enzyklopädien (des Rechts).

Accessoire

»[Über Enzyklopädien] – [In] pigritiam – Wenn sie alle so wären
wie die Krünitzische. In der französischen sind ser viel unverdau-
te Artikel. Einige halten sie für das non plus ultra. Zuweilen zum
flüchtigen Nachschlagen ists gut. aber nur für Gelehrte, die sich
nicht falsches gleich aufschwatzen lassen. Alles soll zu Encyclopaedieen gemacht werden. Eine gut geschriebene Encyclopaedie
der Narrheiten des menschlichen Geschlechts würde vielleicht
die nutzbarste seyn. nur fürchte ich würde das Leben von hundert Gelehrten nicht hinlänglich seyn Sie nur etwas vollständig
zu Stande zu bringen« (Novalis, Schriften. Die Werke Friedrich
von Hardenbergs, hrsg. von Paul Kluckhorn und Richard Samuel,
2. Band, Das philosophische Werk I, Kohlhammer: Stuttgart 1965,
S. 18).

Die übrigen Novalisfragmente finden sich in: Novalis, Werke, Tagebücher und Briefe Friedrich von Hardenbergs, hrsg. von Hans-
Joachim Mähl und Richard Samuel, 3 Bände, Wissenschaftliche
Buchgesellschaft: Darmstadt 1999. Die Abkürzung AB im Text
steht für »Das Allgemeine Brouillon. (Materialien zur Enzyklo-
pädistik) 1798/99« (Band 2, S. 473 ff.). B steht für »Blüthenstaub«
(Band 2, S. 225 ff.). V steht für »Vorarbeiten zu verschiedenen
Fragmentsammlungen 1798« (Band 2, S. 311). Der Brief an Fried-
rich Schlegel ist in Band 1, S. 672 ff., abgedruckt. Die Ziffern im
Text bezeichnen jeweils die Fragmentnummern. Zu Novalis sie-
he Florian Roder, Menschwerdung des Menschen. Der magische
Idealismus im Werk des Novalis, Mayer: Stuttgart, Berlin 1997.

Über die Auffassung des Novalis, dass die zeitgenössische Weltverfassung eine rechtliche sei, siehe dort S. 311.

Der – neben Novalis – zweite große Sudelbuchschreiber war
Georg Christoph Lichtenberg. Fast sein ganzes Leben führte
er Schmierbücher, Gedankenbücher, Sudelbücher. So nannte er
selbst seine Bemerkungen vermischten Inhalts, also Aphorismen,
die zwischen 1765 und seinem Todesjahr 1799 entstanden. Alles
nachzulesen in der großen Ausgabe seiner Schriften und Briefe (6
Bände, hrsg. von Wolfgang Promies, Hanser: München 1967 ff.).

Des Buchhändlers Sammelfrüchte finden sich in: Remarques du
droict françois, confirmees par loix, Ordonnances Royaux, Arrests
des Cours souveraines, & autoritez des plus celebres decisionaires
de nostre temps. Recueillies des escrits & memoires de plusieurs
hommes doctes par un sçavant & fameux Advocat au Parlement
de Tolose, n'agueres decedé. Œuvre meslé de diverses matieres Civiles, Canoniques, Beneficialles, Feudalles & Criminelles, qui se
traictent ordinairement au Palais, Raymond de Leglise: Lyon 1614.
Die Entstehungsgeschichte erzählt Leglise in seiner Widmung an
den Präsidenten des Parlement von Toulouse, de Bertier. Es gibt
auch eine Derniere Edition, Manassez de Preaulx: Roven 1625.

Zur détresse, zum Schweigen der Gesetze, zur Fragmentierung des
Rechts siehe sub verbo *Code* und Jo. Gottl. Heineccius, Éléments
du droit civil romain, selon l'ordre des institutes de Justinien; Ar-
rangés suivant une méthode plus utile aux Étudinats, traduits en
français par J.F. Berthelot, 4 Bände, C. F. Patris: Paris 1805. Die
Zitate stammen aus der Préface du traducteur, S. VIII–X.

Die Blumenberg-Zitate sind entnommen: Hans Blumenberg, Die
Lesbarkeit der Welt, 2. Aufl., Suhrkamp: Frankfurt am Main 1983,
S. 165, 177, 302.

Adelung ist zitiert nach: Fragmente über die Bildung und Ausbildung der Sprache, in: ders., Mithridates oder allgemeine Sprach-
kunde mit dem Vater Unser als Sprachprobe, 1. Theil, Berlin 1806,
S. XXIII.

Eugen Ehrlichs Pariser Einsicht ist nachzulesen in: ders., Grundlegung der Soziologie des Rechts, 3. Aufl. (unveränderter Nachdruck der 1. Auflage 1913), Duncker & Humblot: Berlin 1967, Vorrede.

Noch ein Beispiel aus dem Zitatenschatz der Novalisschen Fragmente, das den Unterschied der leidenschaftlichen französischen großen Enzyklopädie zu anderen Enzyklopädien, gar Rechtsenzyklopädien, markiert: »Man kann am Styl bemerken, ob und wieweit der Gegenstand den Verfasser *reizt* oder *Nichtreizt*« (AB 499).

Online

Heute, zu Beginn des dritten Jahrtausends, ist die totale Enzyklopädie Wirklichkeit. Alles ist zu Enzyklopädien gemacht worden. Die Enzyklopädie ist die Welt. Die Welt ist eine Enzyklopädie. Es ist genauso schwer, sich in der Welt wie in der Enzyklopädie zurechtzufinden. Die Welt der Enzyklopädie ist das Internet. Das Internet ist der totale Signifikant der Welt. Der Welt selbst – selbst dieses *selbst* kann kaum noch gesagt, sicher nicht mehr gemeint werden – ist die Signifikanz abhanden gekommen. Eine Welt ohne Signifikat. Die Welt ist doppelt. In der Welt und im Zwischennetz. Aber nur im Internet wird sie bedeutend. Nur dort kann sie überall besucht werden. Nur online, im Rechner der gegenwärtigen, immer gleichzeitigen, echten Zeit, ist die Welt – Welt.

Die Idee der umfassenden Registrierung der Welt des Rechts durch Enzyklopädie und Alphabet war schon gut hundert Jahre abgelegt, als in den achtziger Jahren des 20. Jahrhunderts das Sammelprojekt wieder aufgenommen wurde. Alphabetische Ordnung und enzyklopädische Systematik erhoben sich allerdings nicht wieder zur alten Blüte. Sie waren inzwischen, ob in Frankreich oder in Deutschland, vollständig aufgegangen in mehr oder weniger umfangreichen Einführungen, Introductions in einzelne Teile des Rechts, gelegentlich auch in das Recht insgesamt, wobei hier, bei aller Verschiedenheit, Jean Carbonnier mit »Droit civil. Introduction« (1955) und Rudolf Wiethölter mit »Rechtswissenschaft« (1968) herausragen. Aufgegangen auch in alphabetische, für den praktischen Juristen als Soforthilfe bestimmte Rechtslexika à la Creifelds (»Rechtswörterbuch«) und Capitant (»Vocabulaire juridique«) oder in die für das rechtsuchende Volk bestimmte Rechtsratgeberliteratur. In Umfang, Anspruch und Gestus waren alle diese, keineswegs raren, Werke Insolvenzverwalter des alten enzyklopädischen Traums.

Rudolf Wiethölter hatte mit »enzyklopädischen unkritischen Informationen über Rechtsstoffe« ohnehin nichts mehr im Sinn. Ihm ging es um das »Problem ›Recht‹«. Er will und kann »keine Einführung in das Rechtssystem und in die Rechtswissenschaft« geben, »weil jenes nicht mehr und diese noch nicht existieren«. Enzyklopädie wird 1968 also nur noch als positivistische Karikatur eines einst aufklärerischen Unternehmens wahrgenommen. System und Wissenschaft – noch im 19. Jahrhundert zusammengehörend – werden in der programmatischen Perspektive – für die politische Rechtstheorie der Zukunft – getrennt. Der Enzyklopädie wird keine Träne nachgeweint.

Fast gleichzeitig, 1969, stellt der ziemlich solitäre deutsche Erforscher juristischer Enzyklopädien, Arno Buschmann, fest: »Nicht nur daß die Vorlesung über juristische Enzyklopädie […] verschwindet […]; auch die Darstellung selbst wird nicht mehr gepflegt.« 1990 bekräftigt er: »Mit dem Ausgang des 19. Jh. endet die enzyklopädische Bewegung und mit ihr die enzyklopädische Darstellungsform der Rechtswissenschaft.« Im Gegensatz zu Wiethölter gibt sich Buschmann allerdings betrübt. Der Positivismus lauert gerade nicht im enzyklopädischen Projekt, für Buschmann ist der Positivismus Ausfluss einer Zeit ohne Enzyklopädien. 1969 malt der Enzyklopädiespezialist die Schreckensvision einer postenzyklopädischen »auf rein positivistischer Grundlage« beruhenden Rechtswissenschaft an die Wand: »Es ist die Auflösung des Systems und seine Ersetzung durch eine bloße Zusammenstellung der Fakten […] Wo die äußere Einheit fehlt, wird auch der innere Zusammenhang nicht lange fortbestehen können.«

In einem Punkt sind sich der avantgardistische Wiethölter und der nostalgische Buschmann einig: Das System – für Helmut Coing die »Ordnung von Erkenntnissen nach einem einheitlichen Gesichtspunkt«, für Niklas Luhmann in retrospektiver Beschreibung das »Mittel der Ordnung und Klassifikation und damit der Sicherung und Begründung von Erkenntnissen« – hat ausgedient, die Fakten haben sich schrankenlos ausgebreitet oder, mit Wiethölter gesprochen, »Recht ist aus höchsten Himmeln auf die Erde gefallen«.

Dieses Fallobst wurde ab 1980 auf eine völlig neue Art und Weise gesammelt und zugänglich gemacht. Juris, LexisNexis heißen seither die neuen Digesten. Hinzu kommen die schon längst unzählbaren Webseiten mit juristischen Informationen. Inzwischen kann man sagen, dass es kaum noch Urteile, Gesetze, Verordnungen, juristische Zeitschriften und Meinungen gibt, die ausschließlich gedruckt das Licht der Welt erblicken. Weltweit. Wenn nicht bereits jetzt, dann sicher in naher Zukunft – die Weltjurisprudenz ist *online* verfügbar geworden. Das World Wide Web ist der gewaltigste Fresser des Juridischen, den es jemals gegeben hat. Warum? Weil alles in ihm enthalten ist, weil alle – die es bezahlen können – Zugang haben, weil nichts vergessen wird. Online gibt es keine Grenzen mehr, keine durch Alphabete, Systeme, Volumen, (herrschende oder abweichende) Meinungen gezogenen Barrieren für die Sammlung des Wissens. Die Online-Sammlung ist grenzenlos, weil es keines Sammlers mehr bedarf. Kein Diderot und kein Brillon und kein Dalloz muss noch Briefe in alle Welt verschicken, um an Informationen zu kommen. Das Internet braucht keine Organisatoren, Autoren und Sammler. Hinter den elektronischen juristischen Plattformen steht kein großer Zusammensteller, kein collectionneur mehr, der für die Ordnung sorgt. Aktiv mutiert zu Passiv. Es wird gesammelt – überall. Der Benutzer bestimmt die Ordnung – die Suchordnung. Nicht mehr die (alphabetische oder systematische, die diktionarische oder enzyklopädische) Ordnung des Dargestellten ist entscheidend. Es gibt keine Ordnung mehr. Der Suchende sucht per Suchmaschine und erhält ein Suchergebnis. In der nun (beinahe) Wirklichkeit gewordenen totalen Enzyklopädie der Weltgesellschaft schlummern die massenhaften (normativen oder deskriptiven, jedenfalls aber nur virtuellen) Fakten, deren Bedeutung nicht mehr durch einen bestimmten, einen ordentlichen, Platz in der Ordnung bestimmt ist, deren Bedeutung in der fundamentalen, wenn auch gerechneten Unordnung jetzt prinzipiell gleich

ist und die bedeutsam erst durch den Zugriff (und die Anzahl
der Zugriffe) werden. Die Ordnung der Welt ist verlorengegangen. Nicht einmal mehr Buchstaben sind geblieben. Nur
0 und 1. Die Konstruktion ist uns abhanden gekommen, der
Konstrukteur ist mit der Konstruktion verschwunden. Es bleiben nur noch Benutzer. Keine Ordner mehr. Michel Foucault
träumte einst von einer neuen Form der Subjektivität. Hier ist
sie. Rein benutzerorientiert. Online.

Accessoire

Online verbietet eigentlich ein gedrucktes Accessoire. Für die
Zitate siehe dennoch: Rudolf Wiethölter, Rechtswissenschaft,
Fischer: Frankfurt am Main, Hamburg 1968, S. 9 f.; Arno Buschmann, Enzyklopädie und Jurisprudenz, in: Archiv für Kulturgeschichte 51 (1969), S. 296 ff., 317; ders., Rechtsenzyklopädie, in:
Handwörterbuch zur deutschen Rechtsgeschichte, Band 4, Erich
Schmidt: Berlin 1990, Sp. 284 ff., 288; Helmut Coing, Geschichte
und Bedeutung des Systemgedankens in der Rechtswissenschaft,
in: ders., Gesammelte Aufsätze zu Rechtsgeschichte, Rechtsphilosophie und Zivilrecht 1947–1975 (hrsg. von Dieter Simon), 2
Bände, Klostermann: Frankfurt am Main 1982, 1. Band, S. 191 ff.,
191; Niklas Luhmann, Rechtssystem und Rechtsdogmatik, Kohlhammer: Stuttgart, Berlin, Köln, Mainz 1974, S. 11. Und ein allgemeiner Hinweis zum möglichen Ende der Buchkultur sei auch
gegeben: Michael Giesecke, Von den Mythen der Buchkultur zu
den Visionen der Informationsgesellschaft. Trendforschungen zur
kulturellen Medienökologie. Mit einer CD-ROM mit dem Voll-
text des Buches sowie weiteren Aufsätzen und Materialien, Suhrkamp: Frankfurt am Main 2002.

Zu Juris siehe: www.juris.de
Zu LexisNexis siehe: www.lexisnexis.com

Die Ordnung der Welt ist in der Weltmaschine des Internets verlorengegangen. Nicht einmal mehr mit Hilfe eines willkürlichen

Alphabets ist die Ordnung herstellbar. Ein internationales Alphabet, das etwa Araber, Chinesen, Japaner berücksichtigen würde, kann es nicht geben. Keine Ordnung? Das kann man auch anders sehen. Die Maschine stellt mit ihrem Rechencode 0 und 1 schließlich auch eine – universelle – Ordnung her, wenn auch eine bloß formale und damit eine sinnlose Ordnung. Doch, muss Ordnung »Sinn« haben?

Pitaval

»Man muss zugeben, dass sein Geschmack und seine Talente
dürftig waren«, meinten schon die Zeitgenossen zu Beginn des
18. Jahrhunderts. Und hundert Jahre später fiel das Urteil der
Kritiker nicht anders aus: Die sechsbändige »Bibliothèque des
gens de cour« von 1723 ff. ist eine »schlechte Kompilation«,
und die mit Lektüre der 1715 erschienenen »Heures perdues du
chevalier Rior…« verbrachten Stunden sind »in der Tat, verlorene Stunden«. Dabei hatte der Autor versucht, mit zweibän-
digen reizenden Geistesschmückungen (»Art d'orner l'esprit
en l'amusant«, 1728), dreibändigen angenehmen Unterhaltun-
gen (»Esprit des conversations agréables«, 1731), zweibändi-
gen Geistesblitzen (»Saillies d'esprit ou choix curieux de traits
utiles et agréables, pour la conversation«, 1732) oder auch einer
einbändigen Rätselsammlung (»Recueil des énigmes les plus
curieuses de ce temps« 1717) das Publikum zu beglücken. Jedenfalls die Kritiker blieben griesgrämig. Keine Gnade. Und
doch sollte er unsterblich werden. Sein Name schaffte etwas,
was selbst die größten Namen niemals erreichten. Sein Name
wurde ein Gattungsbegriff. Epik, Lyrik, Drama und – Pitaval.

François Gayot de Pitaval, 1675 in Lyon geboren. Sein Leben war das eines permanenten Aussteigers. Zunächst wandte
er sich dem geistlichen Stande zu, widmete sich dann den Waffen, um schließlich im Alter von fast 40 Jahren 1713 Advokat
zu werden und letztlich doch nur zu schreiben, sehr viel zu
schreiben. Dazwischen immer wieder Schlaganfälle. Vierzig an
der Zahl hieß es damals. 1743 starb Pitaval.

Unsterblich wurde der Name wegen der Apotheose des
Falls, der Fälle, der Fälle des das Recht anrufenden Lebens,
der »Causes celebres et interessantes, avec les jugemens qui les
ont decidées«, 20 Bände, 1734 ff. Auch hier war das Urteil ver-
nichtend. Die Rechtsfallsammlung präsentiere zwar viel interessantes Material, aber ohne Methode, ohne Ordnung, ohne

Stil. »Ni goût, ni critique, ni philosophie«, nicht einmal kümmerliches Mittelmaß wird Pitaval von einem seiner zahlreichen Nachahmer attestiert, alles sei »au-dessous du médiocre«, heißt es in der Einleitung der Sammlung des Rechtsgelehrten François Richer, die mit demselben Titel, in 22 Bänden, von 1772 bis 1788 in Amsterdam und Paris erschien. 1824 gilt in der Biographie von Michaud die mehr oder weniger von den ersten *Causes celebres* abgeschriebene Fallsammlung des Richer als »sehr gut gemacht«. Sie macht die Sammlung des Herrn Gayot de Pitaval »unnütz« oder lässt sie gar »vergessen«.

Allen zeitgenössischen und modernen Kritiken zum Trotz: Der Pitaval blühte. Gleich nach dem Erscheinen der ersten Bände musste nachgedruckt werden. Eine Neuauflage – des noch gar nicht vollendeten Werkes – jagte die nächste. 19 Ausgaben erschienen allein zwischen 1734 und 1789. Insgesamt 253 Einzelbände. Wer sollte das lesen? Es musste eingedampft werden. 1757 brachte François-Alexandre de Garsault, Zusammensteller von Nachschlagewerken und Führern zu Pferden, »voitures«, Schumacherkunst, Schneiderkunst, Sattlerkunst, Tuchkunst, Pflanzen, Tieren, Medizin, eine einbändige Kurzfassung des Pitaval heraus, ein »abrégé commode« unter dem Titel: »Faits des causes célèbres et intéressantes«, Amsterdam 1757. Auch hierüber heißt es wieder: »Der Stil ist wenig angenehm.«

Und doch hat Pitaval das von den Juristen gehütete Alphabet des Rechts, die Sammlung der Rechtsfälle, die Arrestographie unters Volk gebracht. In seinem Avertissement im ersten Band schreibt er mit aller Klarheit: Über die Regeln und über die Anwendung der Regeln auf Fälle, also über Jurisprudenz, möchte er mit seinen *causes* »instruire«. Das Leben ist ein Tatsachengewebe, ein »tissu de faits«, und das Recht und die Jurisprudenz sind »mysteres«, ein »labyrinthe«. Die Meinungen der Juristen, die Gesetze, die Coutumes, die Fakten, deren winzigste Umstände »einen großen Unterschied im Recht« produzieren können, ja dieses ganze für die Entscheidung des Richters relevante Material – ist ein »cahos«. Ein Chaos und ein Labyrinth. Den *causes* kann der Leser den rettenden »Faden« für den Ausgang entnehmen.

Warum hat der angebotene Ariadnefaden zu derart harschen Kritiken geführt? Vielleicht, weil Pitaval mit seiner Sammlung ein Juristen noch heute suspektes Ziel verfolgte. In der Neuauflage von 1739 schreibt Pitaval in der »Epitre« an den Staatsrat Perrichon: »Sie werden hierin die Geheimnisse der Jurisprudenz finden, Geheimnisse, die dem Public enthüllt werden.« »Le Public« – damit sind nicht die Fachkollegen, die Advokaten, Richter, Rechtsgelehrten, angesprochen. Gemeint ist das Volk, das des Lesens mächtige Volk, die Öffentlichkeit. In einer Art Theaterstück, das ein Freund dem Autor schickt und das zu Beginn des ersten Bandes von 1739 abgedruckt ist, wird diese Veröffentlichung des Rechts diskutiert.

Die einen sagen darin, die *causes* seien ein »Buch der Jurisprudenz, das Damen lesen können«. Doch hätte der Autor den »goût du Public« sogar noch stärker respektieren und diesem das ganze juristisch-fachliche der Plädoyers ersparen sollen. Der »style« sei jedenfalls sehr angenehm, und »ich werde meine kleine Bibliothek mit den Bänden möblieren, die er uns weiter geben wird«. Und der Umstand, dass Pitaval »einen anderen Weg genommen hat, als den, den die nehmen, die uns Urteile gegeben haben« – also als die klassischen zeitgenössischen Arretisten oder Arrestographen, wie etwa Brillon –, diese Aberration führe keineswegs dazu, dass die *causes* für den professionellen Juristen unbrauchbar würden.

Andere empören sich gerade darüber, dass Pitaval auch seine Kollegen auffordert, seine Sammlung zu konsultieren, »ein Werk, das die Damen lesen, um sich zu amüsieren«. Nein, der Pitaval ist ein Werk, »das nur für die Makulatur gut ist und um pfundweise verkauft zu werden«. Das schlimmste ist aber: »Der Autor ist tadelnswert, es unternommen zu haben, die Geheimnisse der Jurisprudenz in die Hände der feinen Gesellschaft gelegt zu haben […] Er hat unsere Wissenschaft entweiht (profané), indem er sie gewöhnlich (vulgaire) machen wollte […] Ein Arzt, der französich spricht, wenn er von der Medizin redet, wird nicht so geschätzt wie ein Arzt, der da sowohl Griechisch als auch Lateinisch redet. Ein Gelehrter darf sich nicht so verständlich machen, sondern muss Bewunderung erregen.«

Pitaval hat hier, in diesem kleinen, von ihm selbst verfassten oder tatsächlich von einem Freund übermittelten Theatergespräch den Kern der bis Anfang des 19. Jahrhunderts andauernden Kritik erkannt. Es geht um Recht(swissenschaft) und Öffentlichkeit. Die alphabetischen, diktionarischen, enzyklopädischen Sammlungen des ganzen Rechts waren im 17., im 18. und im 19. Jahrhundert ausschließlich für angehende, praktizierende, lehrende Juristen angelegt worden. Die zuweilen anzutreffende Zueignung an das Volk, an die Rechtssuchenden, war eher ornamentaler Natur und bedeutete nicht, dass die Nichtjuristen die Folianten auch lasen oder gar kauften. Pitaval nun wandte sich mit seiner Sammlung an den juristischen Experten und an den juristischen Laien. Sein Stilmittel war dabei das der Erzählung. Pitaval erzählte Geschichten. Die erste betraf den berühmten Fall des Martin Guerre. Die Normen, die Plädoyers, die Urteile, die Zeugenberichte – der Fall wird nicht in verschiedene Lemmata zerstückelt, wie bei den Arretisten, sondern in seiner Gänze erzählt. Einerseits als spannende Geschichte, andererseits als juristisches Problem. Pitaval hat in der Darstellung des Rechts, in seiner Sammlung der Fälle, Recht und Literatur nicht unterschieden. Es geht ihm um »suspens« und um Wahrheit. In den Werken der Imagination, in Romanen und angenehmen Geschichten, sei das Lesevergnügen vergiftet, sind doch die Ereignisse falsch. Hier, in den *causes*, regieren Wahrheit und Recht.

Die Rechtsgeschichten Pitavals erzählten Recht. Diese Erzählweise, die das ganze Recht betraf – »mes sujets sont infinis« heißt es auf der dritten Seite im 13. Band –, irritierte die Juristen. Der enorme Erfolg beim Publikum erbitterte sie. Langsam aber sicher wurde der Pitaval, der gerade auch den Juristen unterrichten sollte, vom Recht zur Literatur abgeschoben. Ein Schieber ist nicht auszumachen, aber die Öffentlichkeit des Pitaval, dessen Fallgeschichten evozierten Kritik.

Kritik an den Rechtszuständen im Ancien régime. Diese Kritik hatte im Recht nichts zu suchen. Je weniger der Pitaval als von einem Juristen kompilierte Rechtsfallsammlung wahrgenommen wurde, je mehr der Pitaval als (schlechte) Literatur galt, desto stärker fiel die Kritik in die juristische Leere. Der Pitaval als Begriff einer literarischen Gattung entfernte die erzählten Fälle von der Entscheidungsmaschinerie des Rechts. Der Pitaval war in der Literatur angekommen, in der Mittelmäßigkeit des Kriminalromans. Die Feststellungen des alten Pitaval, die Feststellungen im Gericht, all die juristischen, den originalen Plädoyers entnommenen Bemerkungen verschwanden. Es blieb die Erzählung.

Als Friedrich Schiller 1792 begann, Pitavals Fälle neu in deutscher Sprache herauszugeben, war das Recht aus der Rechtsfallsammlung bereits weitgehend entschwunden. Das juristische Element des Pitaval, also ursprünglich der Pitaval tout court, wurde ein Opfer des von Schiller in seiner Vorrede zur Neuausgabe diagnostizierten »immer allgemeiner werdenden Bedürfnisses zu lesen«. Rechtshändel sind für die allgemeinen »Volksklassen« als *Rechts*händel weniger interessant. Jetzt geht es um das »Wahre, Schöne und Gute ohne fremden Zusatz«. Schiller findet im Pitaval »eine Auswahl *gerichtlicher Fälle*, welche sich an Interesse der Handlung, an künstlicher Verwicklung und Mannigfaltigkeit der Gegenstände bis zum Roman erheben und dabei noch den Vorzug der historischen Wahrheit voraus haben«. Vom Gerichtsfall zum Fallroman. Im Jahr 1792 – so wie später im courtroom drama des amerikanischen Gerichtsfilms des 20. Jahrhunderts –, geht es um »tiefere Blicke in das Menschenherz«, um »Gewinn für Menschenkenntniß und Menschenbehandlung«, um »das größere Publikum«. Also »würde es zweckwidrig gewesen sein, bei dem juristischen Theil dieselbe Ausführlichkeit beizubehalten, die das Original für Rechtsverständige vorzüglich brauchbar macht«.

1792 wurde so die Sammlung des François Gayot de Pitaval endgültig zu *dem* Pitaval. Die Öffentlichkeit, die Kritik, die Erzählung hatten sich aus dem juristischen Zusammenhang fortgeschlichen. Recht war nun wieder Recht als Recht durch Recht, und der Pitaval, der 1734 die Fallgeschichte als Geschichte und die Geschichte als Rechtsfall – unter den Auspizien der Wahrheit – stilisierte, der Pitaval wurde Literatur. Der Advokat Pitaval markiert eine unglaublich materialreiche, erstaunlich populäre, immerhin einige Jahrzehnte des 18. Jahrhunderts andauernde Episode der Verschmelzung von Literatur und Recht. Pitaval war vielleicht der einzige Jurist, der als Jurist und mit juristischem Anspruch die Fülle der Fälle des Lebens, die sonst nur Eingang in die juristischen Alphabete und Enzyklopädien fanden, literarisch *und* juristisch verarbeitete. Danach war es wie zuvor: Juristen sind Juristen, und Erzählungen sind Erzählungen. Und Fälle sind Fälle, die im Prozess mit Literatur nichts gemein und die in der Literatur nichts mit Prozessen zu tun haben. Der französische Advokat blieb ein Unikum. Der Pitaval wurde zu einem Massenphänomen – der Literatur.

Allenfalls Anselm von Feuerbach versuchte noch einmal, eine Fallsammlung halbwegs im juristischen Diskurs zu halten. 1808 erschien der erste Band der »Merkwürdigen Criminal-Rechtsfälle«, die Feuerbach selbst als »nach Art der *Causes célèbres et intéressantes* des alten französischen Rechtsgelehrten Pitaval« charakterisierte, und 1829 brachte der bedeutende Strafrechtler seine »Aktenmäßige Darstellung merkwürdiger Verbrechen« auf den Markt. Hier waren die Fälle schon »merkwürdig« – Feuerbach versuchte erst gar nicht, wie noch Pitaval, ein allgemeines juristisches Fallbuch zu erstellen. Durch die Juristen Julius Eduard Hitzig und Georg Wilhelm Heinrich Häring kam es dann ab 1842 bei Brockhaus zum »Neuen Pitaval«. 60 Bände – einige davon in mehreren Auflagen – erschienen bis 1890. 524 Fälle. Die Herausgeberjuristen visierten eine »größere Leserclasse« an. Der Neue Pitaval war Literatur.

Der Fall, die Sammlung der Fälle, wird also seit dem Ende des 18. Jahrhunderts zur Literatur. Die großen juristischen Fallsammlungen der Arretisten finden mit der Revolution ihr Ende. Das Gesetz tritt auf den Plan. Der Fall schlägt sich li-

terarisch durchs Leben, das Gesetz desavouiert juristisch den
Fall zum Vorfall, zum die Entfaltung des Gesetzes störenden
Ereignis. Der Fall wird zum Fragment, das die moderne frag-
mentarische Literatur vorbereitet und innerhalb der Rechtslehre nur als Anlass, keinesfalls als Gegenstand wissenschaftlicher, dogmatischer Betrachtung Interesse findet. Der neue
Glaube an das Gesetz verbietet das »selbständige Sicheinmi-
schen eines Menschen«, wie Kafka später in seiner kleinen
Erzählung »Fürsprecher« weiß, spricht doch das Gericht sein
Urteil ausschließlich nach dem Gesetz. Mit den Codes der Ko-
difikationsbewegung gilt eine neue kafkasche »Majestät des
Gesetzes« und eine neue kantische »Achtung fürs Gesetz«, in
der nicht nur die Unterschiede zwischen Anklage, Verteidigung und Urteil verschwinden, in der vor allem der Fall nicht
mehr der Fall sein darf. Für Immanuel Kant geht es nun um die
»freie Unterwerfung des Willens unter das Gesetz«, verbunden »mit einem unvermeidlichen Zwange«. Das Bewusstsein
dieser »freien Unterwerfung« ist die »Achtung fürs Gesetz«.
Die »Achtung« kennzeichnet die »subjektive« Seite des kantischen Begriffs der Pflicht, die »Übereinstimmung mit dem
Gesetze« die »objektive« Seite. An die Stelle der vielen Fälle,
der verschiedenen Leben, der Fragmente der Wirklichkeit tritt
die Menschenbehandlung – die Pflicht, die imperativ-katego-
riale Als-ob-Philosophie für Jedermann, also das Grundgesetz
der reinen praktischen Vernunft: »Handle so, daß die Maxime
deines Willens jederzeit zugleich als Prinzip einer allgemeinen
Gesetzgebung gelten könne.«

Das Gesetz steht nun im Mittelpunkt der Reflexion. Diesem
Gesetz gelten alle Anstrengungen. Mit »unmäßiger Anstrengung« (Adorno) entfaltet Kant seine paradoxe Idee der Freiheit
und des Gesetzes. Und das muss er auch, denn wäre das Gesetz,
das Sittengesetz, den Menschen mit ihrem Willen unerkenn-
bar, »inkommensurabel, so hätte die Moralphilosophie keinen
Sinn« (Adorno). Doch all diese Anstrengungen, »die Kluft
zwischen dem Imperativ und den Menschen aus[zu]füllen«,
und Sicherheit und Ordnung durch – formal oder material be-

gründete – Normensysteme zu etablieren, führen, wie Adorno hellsichtig gezeigt hat, zu Begriffen, die zuvörderst eines sind: »repressiv«. Gesetz, Nötigung, Achtung, Pflicht repräsentieren das von Kant zur »furchterregenden Majestät Apriorisierte«. Die Unmöglichkeit, der objektiven Seite der Pflicht zu entsprechen, mit den Gesetzen in Übereinstimmung zu kommen, die radikale Unerkennbarkeit des Gesetzes führt die Philosophie der Pflicht zu den Körpern, den Menschenkörpern. »Der kategorische Imperativ riecht nach Grausamkeit«, schrieb Nietzsche. Wenn das Erkennen fehlschlagen muss und die Pflicht dennoch eine Verpflichtung bleibt, werden die Gesetze mit Blut geschrieben. Die Achtung vor dem Gesetz – die subjektive Seite der Pflicht, die ihrer objektiven Seite entblößt worden ist – wird zur grausamen Übung, bei der den Verurteilten, wie in Kafkas Strafkolonie, die Gebote »auf den Leib geschrieben werden«. Auch diese (Hand)Schrift des Blutes ertränkt die Unterschiede zwischen Anklage, Verteidigung und Urteil. Es ist eine Gesetzespflichtordnung, die in ihrer grausamen Pflichtvergötterung noch das 20. Jahrhundert heimsuchte. Die Schrift des Blutes wurde zur Flammenschrift.

Kant hatte Achtung vor dem Gesetz, Pitaval dagegen vor den Fällen des Lebens und den Fällen des Rechts. Mit Kant ist die Kasuistik an ihr theoretisches Ende gelangt. Sie kann Literatur werden. »Die *Kasuistik* ist also weder eine *Wissenschaft*, noch ein Teil derselben, denn das wäre Dogmatik […] Fragmentarisch also.« In Königsberg wird der Fall im Recht verabschiedet, von der Bildfläche verschwindet die »*Kasuistik*, von welcher die Rechtslehre nichts weiß«. Unter dem Titel »Kasuistik« diskutiert Kant die versoffene und verfressene »Unmäßigkeit« des Menschengeschlechts. In welchen Fällen darf man den Wein bis »nahe an die Berauschung« trinken? Wie steht es mit dem Mohnsaft? »Versoffenheit und Gefräßigkeit« – die Kasuistik verkommt zur kulinarischen Ethik.

Pitaval, der Pitaval, der Fall Pitaval kann ad acta gelegt werden. Der Pitaval wird zum Kriminalroman, der keine Gesetze, sondern nur seltsame Fälle kennt, so wie auch die Kunst

seltsame Fälle, den des Herrn K. etwa, kennt. Aber beginnen
Literatur und Kunst nicht gerade dort, wo die Gesetze unbekannt sind?

Accessoire

Ein Forschungsstand zu Pitaval ist nicht auszumachen. Rechtshistoriker haben sich weder mit den ursprünglichen Causes célèbres
noch mit der Wirkungsgeschichte jemals intensiver befasst. Siehe
jetzt aber die kulturgeschichtliche Untersuchung von Aldo Mazzacane, Letteratura, processo e opinione pubblica. Le raccolte di
cause celebri tra bel mondo, avvocati e rivoluzione, in: Rechtsgeschichte 3 (2003), S. 70 ff. In der Literaturwissenschaft findet Pitaval als Vorläufer des Kriminalromans Erwähnung, nicht mehr. Für
die Pitavalgeschichten nach Pitaval kann ein wenig Nektar gesogen
werden aus dem von Jörg Schönert herausgegebenen Sammelband
»Erzählte Kriminalität. Zur Typologie und Funktion von narrati-
ven Darstellungen in Strafrechtspflege, Publizistik und Literatur
zwischen 1770 und 1920«, Niemeyer: Tübingen 1991. Hier vor
allem die Beiträge von Jörg Schönert (Zur Einführung in den Ge-
genstandsbereich und zum interdisziplinären Vorgehen, S. 11 ff.,
17 ff., 40 f., 45, 49), Eckhardt Meyer-Krentler (»Geschichtserzäh-
lungen«. Zur »Poetik des Sachverhalts« im juristischen Schrifttum
des 18. Jahrhunderts, S. 117 ff.) und Joachim Linder (Deutsche Pitavalgeschichten in der Mitte des 19. Jahrhunderts, S. 313 ff.).

Die Kritiken und biographischen Angaben zu François Richer,
François-Alexandre de Garsault und Pitaval finden sich in: Biographie universelle, ancienne et moderne, Band 38, Michaud: Paris
1824, S. 77 (Richer); ebd., Band 16, Paris 1816, S. 501 ff. (Garsault);
ebd., S. 617 f. (Gayot de Pitaval). Das Monumentalwerk der Brüder Michaud ist das umfangreichste biographische Unternehmen
Frankreichs im 19. Jahrhundert. 52 Bände erscheinen von 1811 bis
1828, gefolgt von 32 Supplementbänden. Die Michauds gewannen
die europäische Geisteselite als Autoren. Eine Fundgrube.

Die Vorrede Schillers kann nachgelesen werden in: Merkwürdige Rechtsfälle als ein Beitrag zur Geschichte der Menschheit. Nach dem Französischen Werk des Pitaval durch mehrere Verfasser ausgearbeitet und mit einer Vorrede begleitet herausgegeben von Schiller, 1. Theil, Cuno: Jena 1792. Bis 1795 erschienen noch drei weitere Bände.

Die Pitavalgeschichten sind unzählbar. Eine große Anzahl von Neuausgaben ist auf der Grundlage der Schillerschen Bearbeitung entstanden. Immer wieder wurden die Ausgaben durch neue, aktuelle Fälle ergänzt. Nach dem Neuen Pitaval (Der Neue Pitaval. Eine Sammlung der interessantesten Criminalgeschichten aller Länder aus älterer und neuerer Zeit, 60 Bände, Brockhaus: Leipzig 1842–1890) kamen im 20. Jahrhundert, um nur drei Beispiele zu nennen, der Wiener Pitaval, der Dresdner Pitaval und der Prager Pitaval auf die Welt. Den Prager Pitaval hatte Egon Erwin Kisch 1931 zusammengestellt, und die Neuauflage von 1952 im Berliner Aufbau-Verlag zeigt, wie der Pitaval in der Tat für alle Länder und Zeiten zur willkommenen Fallhülse wird. Die »in tödliche Widersprüche verwickelte Gesellschaft« und die »völlige Korruptheit der herrschenden Klassen« (Vorwort von Bodo Uhse) können eben auch in Form des Pitaval decouvriert werden. Der alte Pitaval war Beute von Piraten weltweit. Er sagte selbst einmal: »Il faut avoir une bibliothèque dans la tête, et j'ai l'ignorance à fond« (nach Jean-Paul Bouchon, Introduction, in: Angélique de la Motte, religieuse prétendue hermaphrodite. Par M. Richer d'après Gayot de Pitaval, Paréiasaure éditions: Poitiers o.J., ca. 2000). Die Bibliothek wird nach wie vor gefüllt.

Anselm von Feuerbach beschreibt seine Art der Fallsammlung in seinem »Versuch einer Selbstdarstellung« (1833), wieder abgedruckt in: ders., Merkwürdige Verbrechen, Eichborn: Frankfurt am Main 1993, S. 383 ff., 394. »Geschichtenerzählern vor dem Recht« ist Cornelia Vismann in der Frankfurter Rundschau vom 11. Dezember 2001 auf der Spur. Pitaval kommt dort nicht vor. Angesichts des Falles Pitaval und dessen Geschichte ist hinter die Feststellung, dass Rechtsakten und »Litteralien« »demselben

Wahrheitsparadigma« entstammen, vielleicht ein Fragezeichen zu setzen. Vgl. auch Klaus Günther, Variationsspielraum des Erzählbaren. Juristische Normen und individuelle Fallgeschichten. Verbindungslinien zwischen Recht und Literatur, in: Frankfurter Rundschau vom 20. November 2001.

Franz Kafkas Erzählung »Fürsprecher« findet sich in: ders., Sämtliche Erzählungen, Fischer: Frankfurt am Main 1970, S. 322 f.

Immanuel Kants Gesetzeskraft findet sich in der »Kritik der praktischen Vernunft« (1788), in: ders., Werke in sechs Bänden (hrsg. von Wilhelm Weischedel), Band IV, Wissenschaftliche Buchgesellschaft: Darmstadt 1983, S. 103 ff., 140, 202 f., die Kasuistischen Fragen in den »Metaphysischen Anfangsgründen der Tugendlehre« (1797), ebd., S. 501 ff., 543 f., 553 ff.

Theodor W. Adornos bissige Bemerkungen sind entnommen der »Negativen Dialektik«, in: ders., Gesammelte Schriften, Band 6, 3. Aufl., Suhrkamp: Frankfurt am Main 1984, S. 7 ff., 230 f.

Für Friedrich Nietzsche siehe ders., Zur Genealogie der Moral. Eine Streitschrift (1887), in: Nietzsche Werke. Kritische Gesamtausgabe, hrsg. von Giorgio Colli und Mazzino Montinari, 6. Abteilung, 2. Band, de Gruyter: Berlin 1968, S. 316.

Zur Aufhebung der Unterschiede zwischen Anklage, Verteidigung und Urteil und damit zum Ende des Falles, auch des Endes des Falles Pitaval, da nun nichts mehr berichtet werden kann, ist doch das Gesetz das einzige Gesetz des Urteilens, vgl. Gilles Deleuze, Pour en finir avec le jugement, in: ders., Critique et clinique, Éditions de Minuit: Paris 1993, S. 158 ff., 160 f.

Das Ende des Gesetzes und der Beginn der Literatur findet sich auch angedeutet bei Jacques Derrida, Préjugés. Devant la loi, in: Jacques Derrida/Vincent Descombes/Garbis Kortian/Philippe Lacoue-Labarthe/Jean-François Lyotard/Jean-Luc Nancy, La faculté de juger, Éditions de Minuit: Paris 1985, S. 87 ff., 124.

Qualität

Juristen müssen schreiben können. Spätestens seit der im 11. okzidentalen Jahrhundert – die Byzantiner hatten nie aufgehört zu schreiben – begonnenen Recht-Aufschreiberevolution. Allerspätestens, seitdem der schriftliche Prozess, erst in kanonischen, dann in zivilen Sachen, zur Regel wurde und Sätze schriftlich zu Gericht gebracht wurden. Mussten Juristen aber auch gut schreiben können?

Was heißt gut? Im 20. Jahrhundert wurde die bekannteste Schrift Rudolph von Jherings, »Geist des römischen Rechts«, mit der Aufnahme in Kindlers Literaturlexikon als ein Werk von literarischer Qualität gepriesen. Das war eine Ausnahme, mit der über die juristische, die historiographische, die dogmatische Qualität nichts gesagt wurde. Literarische Qualität besaß auch der Pitaval. Und Theodor Mommsen hat 1902 den Nobelpreis für Literatur bekommen, also für die Sprache, mit der er die römische Geschichte erzählte, nicht für die Werke zur Dogmatik des römischen Rechts. Die juristische Qualität hat in der Regel mit derjenigen der schönen Literatur, der *belles lettres*, nichts gemein. »Gut« bedeutet auf dem Feld des Rechts »brauchbar« – brauchbar zur Verfolgung eines Zwecks, also zur Gewinnung einer aussichtsreichen argumentativen Position in einem Rechtsstreit. Qualität ist eine Funktion der Praxis. Gesucht wird »einschlägige« Literatur.

Die deutschen juristischen Enzyklopädien mit ihrer Ausrichtung auf die Ausbildung der Erstsemester und ihrer Verherrlichung des Systems waren selten einschlägig. Das System war durch die große Anzahl der Systeme schutzlos dem Vorwurf des Subjektivismus ausgesetzt. Georg Friedrich Puchta, selbst Rechtsenzyklopädist, sah schon 1829 in seinen »Betrachtungen über alte und neue Rechtssysteme«, dass man sich der wahren Wissenschaft des Rechts immer »von dieser oder jener Seite her« nähern kann und sich entsprechend »mehrere

Systeme in diesem Sinn neben einander denken lassen«. Zwar
beharrte Puchta darauf, »daß die Wissenschaft die Grundlage
und der Gegenstand der Darstellung in den Rechtssystemen
ist«. Doch daraus »folgt noch keineswegs, daß es auch nur Eine
jener entsprechende Darstellung, wie Eine Wissenschaft geben
könne«. Dieses Schwanken zwischen »Einem« und einem System, zwischen einem einzigen wahren und mehreren einzelnen, kontingenten Systemen war schon das Zeichen dafür, dass
das System rettungslos in den Schwindel gerissen wurde.

Am 26. Dezember 1831 bekräftigte Puchta seinen plurisys-
temischen Standpunkt in einem Brief an Savigny: »Ihre Tole-
ranz hinsichtlich der Systeme, so wie Sie dieselben näher be-
stimmen als die Statuirung verschiedener Wege, darf ich wohl
auch mir zuschreiben, ob ich gleich weiß, daß ich als einer der
selbst ein System neu begründet zu haben meint, hierin sehr
in Gefahr der Selbsttäuschung bin. Ich habe mich von Anfang
gegen die Meinung derer erklärt, welche, weil die Wissenschaft
nur Eine sey, auch nur Eine wahre Darstellung (Ein wahres
System in diesem gewöhnl. Sinne des Worts) annehmen. Die
Gesichtspunkte können verschieden seyn, wie wenn Cajus
von d. Erwerbung ausgeht, ich dagegen von der Natur u. dem
Inhalt der Rechte, beide Systeme wahr seyn können. Nur freilich bin ich nicht tolerant gegen eine Anordnung (sofern sie
sich für eine wissenschaftliche ausgiebt) welcher kein Princip
zu Grunde liegt; oder wenigstens kein thätig durchgeführtes,
also gegen eine solche, die ihrem Gegenstand, dem Recht, welches selbst schon vor allen wissenschaftlichen Bemühungen
ein systematisches Ganzes ist, nicht entspricht. Ich vergleiche
die systematische Darstellung mit der Zeichnung eines plasti-
schen Kunstwerks, die von verschiedenen Seiten möglich ist.
Die verschiedenen Standpunkte haben relative Vorzüge vor
einander, von einem Standpunkt aus kann z. B. das Ganze und
seine einzelnen Partien sich vollständiger darstellen, als von
dem andern, während ein anderer vielleicht wieder einen ei-
genthümlichen Vorzug hat, und für gewisse Zwecke diensam
seyn kann, aber keine Auffassung u. Darstellung ist absolut die

wahre oder falsche. Eine falsche würde nur die zu nennen seyn, welche den Gegenstand selbst veränderte, und etwa die übrigens ganz richtig gezeichneten Füße an den Armen anbrächte.« Gegenstand und Gegenstandserkenntnis, Gegenstand und Gegenstandsdarstellung sind für Puchta ein Vierteljahrhundert nach Kants Tod immer noch trennbar. Das »Eine« wahre System und die einen beschriebenen Systeme mögen vergehen, der »Gegenstand selbst« bleibt bestehen – Ihr gehorsamster Puchta.

Es sollte weniger als hundert Jahre dauern, bis die Füße Augen, die Ohren Arme und die Arme Füße bekamen. Doch bevor der ästhetische, der realistische und der juristische Befund sich so radikal entsetzte, bevor der Mensch sich in Fragmenten arrangierte und der Sinn des Rechts sich im Spiel der Buchstaben der Gesetze und der Urteile interpretatorisch verflüchtigte, bevor der Sinn der Welt im Surrealen verlorenging, verhinderte schon die Multiplikation des einst so natürlichen wie vernünftigen *einen* Systems das eine gute Ergebnis (des Nachdenkens, der Wissenschaft, des Urteils). Die Vielheit der ›einen Systeme‹, die Verschiedenheit der ganzen Enzyklopädien des Rechts verhinderten eine Brauchbarkeit für die Praxis, für das Funktionieren des Rechts. Sicher, die komplizierte Maschine des Rechts wurde enzyklopädisch auseinandergenommen, die Teile getrennt, einzeln gezeigt und deren Beziehungen zueinander erklärt. Die wichtigeren Teile wurden grundsätzlich erklärt, die accessorischen Teile in Sonderheit beschrieben, der Zusammenhang von Hauptteilen und Nebenteilen hergestellt. Sicher.

Die deutschen Rechtsenzyklopädisten, also die vielen Systemlehrer zwischen 1750 und 1880, haben die Anleitung d'Alemberts in der großen Enzyklopädie, wie man ein gutes Wörterbuch der Wissenschaften und der freien sowie der gewerblichen Künste erstelle, unwissentlich befolgt, auch wenn die Bauanleitung im Artikel Dictionnaire weniger dem »ouvrage suivi« als eben dem »Dictionnaire encyclopédique« gilt: »Wenn man jemandem die Vorstellung von einer etwas komplizierten Maschine vermitteln wollte, würde man damit beginnen, diese Maschine zu demontieren, alle Teile getrennt und deutlich zu zeigen, und danach würde man die Beziehung jedes dieser Teile zu seinen Nachbarn erklären; und auf diese Weise vorgehend würde man den Gang der ganzen Maschine klar zu verstehen geben, ohne überhaupt gezwungen zu sein, sie wieder zusammenzusetzen.« Der Stil müsse zudem »précis & correct« sein.

Wenn es freilich die einen Seiten und die anderen Seiten gibt, wenn die Präzision und Korrektheit der Enzyklopädie des Rechts sich hundertfach bricht, wenn das System aufhört, *das System zu sein* – dann entfällt die Verpflichtung, die Maschine wieder zusammenzusetzen schon deshalb, weil dies eine unmögliche Leistung darstellte.

Die deutschen Rechtsenzyklopädien waren nicht gut gemacht, sonst hätten nicht so viele Professoren immer wieder eine neue Version geschrieben. Abgesehen davon, dass ein gutes enzyklopädisches Werk, ein »Dictionnaire bien fait«, ein Werk ist, »que les vrais savans se bornent à consulter«. Die Gelehrten mögen es allenfalls zu Rate ziehen. Nur die anderen lesen, was dort im besten Falle gut geschrieben steht, sie lesen »pour en tirer quelques lumieres superficielles«. Robert von Mohl beobachtete 1855 genauso: »Encyclopädieen werden von dem Gelehrten vom Fache selten viel berücksichtigt. Man überlässt sie den Anfängern und Aussenstehenden, und benützt sie selbst nur gelegentlich zu einem ersten Nachschlagen. Kaum gilt die Abfassung einer solchen Uebersicht über ein Wissenschaftsgebiet als eine passende Arbeit für einen tüchtigen Mann.« Das ist die Qualität der deutschen Rechtsenzyklopädien: oberflächliche, eben systematisch-enzyklopädische Erläuterungen einer komplexen Maschine. Die Enzyklopädie des Rechts: unbrauchbar. Zerlegt in hundert Enzyklopädien des Rechts. In hundert ganze Einführungen für Studenten. Damit die Rechtslerner wenigstens am Anfang eine Idee des Ganzen bekommen, bevor schon im zweiten Semester die Einheit verlorengeht. Aber selbst diese anfängliche Anstrengung zerfällt hundertfach.

Die französischen juristischen Dictionnarien waren als in der Form erkennbare Alphabete des Rechts von vornherein dem Fragment verschrieben. Überall Linien und Striche und Stücke, die das Bild, das rechte Bild, nicht erkennen lassen, schon deshalb nicht erkennen lassen, weil nichts dahinter ist. Gelegentlich ein richtig gezeichneter Fuß, ein köstliches Teil. Die französischen Alphabete waren in ihrer Systemvergessenheit dem Ganzen des Rechts in völlig anderer Weise verbunden als die deutschen Enzyklopädien. Diese strebten nach Theorie, jene dienten der Praxis. Als solche praktischen Findbücher waren sie der Gegenwart verschrieben, der Gegenwart des täglich prozedierenden Rechtssystems, das nichts anderes ist als ein Netz justizieller Entscheidungen und juristischer Meinungen. Und diese Welt der verschiedenen Gerichte, der verschiedenen Urteile, der verschiedenen Gesetze, der verschiedenen Verträge, der verschiedenen Gutachten, der verschiedenen Ansichten, der unzähligen anderen Seiten, diese Welt des jeden Tag Geschehenden, diese ephemere Welt war gerade als *ephemere* Welt Gegenstand der französischen Rechtsalphabete. Dem Ephemeren wurde ephemer begegnet. Die von Jean Domat in seinem römischrechtlichen Lehrbuch enzyklopädisch-instruktiv beschworene »tota juris civilis ratio«, die natürlich auch in Frankreich anzutreffende Institutionenliteratur, die Vorstellung eines lehr-, lern- und verstehbaren Rechts, entfaltete sich alphabetisch in den großen Findbüchern. Handhabbar und anwendbar. Nicht enzyklopädische (Rechts)Wissenschaft, in der »nihil est difficile, nihil obscurum«, wie schon 1649 Julius Pacius in seiner »Analysis ad instituta« feststellt, sondern praktische Hilfsmittel, die »mediocriter« sein mögen, aber gerade das schwierige und dunkle, das verwinkelte Gebäude der entscheidenden Rechtswelt abbilden, ohne die Widersprüche systematisch, im System, aufzulösen.

Das Alphabet stellt alles nebeneinander, ohne Ansehen der Passform. Das ist seine Qualität. Der praktische Jurist – ein wahrer Pleonasmus – findet hier leicht das, was er braucht. Das Alphabet richtet sich an die Praxis. Das praktischste Alpha-

bet hat Claude-Joseph de Ferriere mit seinem »Dictionnaire
de Droit et de Pratique, contenant l'Explication des Termes
de Droit, d'Ordonnances, de Coutumes & de Pratique« ge-
schaffen. Nur zwei Bände. Natürlich »avec les Jurisdictions de
France«. Zum Beispiel die Nouvelle Edition bei Le Clerc in
Paris, 1755. Praxis war das Entscheidende. Im Avertissement
heißt es selbstsicher, »dass wir kein Buch des Rechts und der
Praxis haben, das nützlicher und notwendiger wäre als das
Wörterbuch, von dem wir hier eine neue Auflage bieten«.
Kein Wunder also, dass das Wörterbuch der Schlüssel zum
Recht ist: »Ce Dictionnaire est donc comme la clef du Droit
& de la Pratique.« Wichtig sei es, leicht einen Punkt zu finden,
über den man »erhellt« werden möchte. »Der« Ferriere wurde
auch später noch vielfach verlegt. Ursprünglich hatte der Vater
Claude de Ferriere ein kurzes Alphabet unter dem Titel »Introduction à la Pratique« verfasst, 1734 erschien es dann unter
dem Titel »Dictionnaire«, »um sich dem Geschmack unseres
Jahrhunderts anzupassen, wo alle Wissenschaften, und selbst
die meisten Künste, ihre eigenen besonderen Wörterbücher haben«. Claude-Joseph hat eine Reihe von Werken seines Vaters
erweitert und neu aufgelegt, etwa die »Nouvelle Introduction
a la Pratique, contenant l'Explication des Termes de Pratique,
de Droit, et de Coutumes«. Auch hier wieder: »Avec les Jurisdictions de France« (Nouvelle Edition, 4 Bände, Saugrain pere
et fils: Paris 1764; eine frühere Auflage erschien schon 1723).
   Die französischen Alphabete sind nichts anderes als – nützlich. Diese Qualität führt zu Quantität. »Multi alii scripsêre
Repertoria«, bemerkt Arnold de Reyger 1705 in seinem »Thesaurus juris civilis et canonici locupletissimus«. Natürlich »sed
quod esset per omnia perfectum & absolutum, difficile est dice-
re«, aber das hindere die sehr große Nützlichkeit nicht, schließlich fehle vieles »in aliis Repertoriis & Lexicis«. Es geht darum,
wie etwa Abraham Lapeyrere in seinen »Décisions sommaires«
von 1706 notiert, »le veritable usage du Palais«, den Usus des
Gerichts festzuhalten, und dies »durch alphabetische Ordnung,
in einer sehr klaren Art und Weise und ohne Umstände«.

Wissenschaft und Praxis – an dieser Unterscheidung trennt sich in der alphabetischen Anordnung der Rechtswelt die Spreu vom Weizen. Auch auf dem Gebiet der Policey. Edme de la Poix de Freminville erzählt in der Préface seines »Dictionnaire ou traité de la police générale«, warum er trotz des großen und berühmten »Traité de Police« von Lamare glaubt, dem Publikum ein Dictionnaire übergeben zu müssen. Einmal, weil der Traité von Lamare zu gelehrt sei. Der Dictionnaire ist demgegenüber vor allem an Praktiker gerichtet. Zum anderen, weil er zu unhandlich sei. Immerhin handelt es sich um vier stattliche Volumina in folio. Der Dictionnaire aber ist handlich und damit praktisch und außerdem im Gegensatz zum 34 Jahre alten Traité aktuell. Ferner ist der Dictionnaire leichter zu lesen, und seine alphabetisch geordnete Form mache die große Anzahl disparater Hand-, Rechts- und anderer Bücher überflüssig. Im neuen, praktischen Alphabet »wird man alles finden, was für das Wissen und die Praxis nötig ist«. Es ist ein »unverzichtbares Werk für alle Polizei- und Justizbeamten ebenso wie für alle Prokuratoren und Praktiker, die zu jedem Wort ihre Pflichten und Funktionen finden werden«. Außerdem ist es »nützlich für Pfarrer, Küster, Kirchenvorsteher, Chirurgen, Apotheker, Hausbesitzer, Mieter, Pächter, Händler, Handwerker und andere, im Hinblick auf die Religion, das Recht, die öffentliche Sicherheit und Sauberkeit, die Künste und Handwerke, und im allgemeinen auf alles, was die Polizei einer Herrschaft angeht, selbst für die Wahrnehmung allgemeiner und herrschaftlicher Rechte«.

Keine gelehrte Wissenschaft – aller, nicht mit deutscher Rechtswissenschaft à la Savigny zu verwechselnden, »science du droit« zum Trotz –, sondern Praxis: das ist das Merkmal der französischen Alphabete des Rechts.

Noch im 19. Jahrhundert, als die Alphabete und die Wissenschaft des Rechts sich zeitschriftlich zu verflüchtigen beginnen, wird das alphabetische Korsett des Rechts im »Dictionnaire des constitutions de l'Empire français et du Royaume d'Italie« als »eine nützliche Sache« angesehen, und zwar in der Wid-

mung an den großen Cambacérès, den ersten revolutionären
Projektemacher eines Code civil. Im »Plan du dictionnaire«,
einer Einleitung, wird noch einmal der generelle diktionarische Primat der Praxis betont. Die Beamten, die häufig in der
Eile und im Stress, in dem sie sich befänden, etwas vergäßen,
begrüßten es, wenn sie auf den ersten Blick (»un léger coup
d'œil«) schnell und einfach Informationen finden könnten.
Freilich kann ein Dictionnaire auch gefährlich sein, vor allem in der Domäne der Wissenschaften: »Die Wissenschaften
verlieren, fast immer, wenn sie in alphabetischer Ordnung be-
handelt werden, weil eine Wissenschaft eine Gesamtheit von
Kenntnissen ist, die zu einem gleichen Gegenstand gehören
und untereinander durch gegenseitige Abhängigkeit verbunden sind. Nun, in diesen Gebieten ist ein Wörterbuch – man
muss es zugeben – eher gefährlich als nützlich, insofern, als
die leichten Elementarkenntnisse, die man beim Durchblättern
erlangt, für die bürgerliche Gesellschaft, für die gelehrte Welt
schädlich sind; insofern, als die oberflächlichen Erkenntnisse,
die man aus den Wörterbüchern nimmt, nur dazu dienen, die
Selbstgefälligkeit zu nähren und das Halbwissen zu verviel-
fachen, was schlimmer ist als Unwissen.« Das demi-savoir ist
wissenschaftlich nicht haltbar. Dennoch zählt Wissenschaft in
der juristischen Praxis wenig. Die Qualität eines Dictionnaire
besteht eben in der Möglichkeit des raschen Zugriffs. Kein
Wunder also, dass außerhalb der Wissenschaft die Gefahr der
Diskreditierung des Rechts durch das Alphabet nicht besteht,
denn hier, wo Rechtswissenschaft sich praktisch auflöst, in der
Rechtspraxis, »wird ein Wörterbuch nötig, und man kann sogar
sagen absolut unentbehrlich«. Oder, wie Alletz in der Introduction zu seinem »Dictionnaire« von 1820 betont: »Welcher
Mensch kann in seinem Gedächtnis die ganzen Änderungen,
Modifikationen, Aufhebungen so präsent halten, dass er mit
Sicherheit die Lösungen finden kann, die er sucht oder um die
er gebeten wurde?« Deshalb sei ein Dictionnaire notwendig,
»un ouvrage positif, purement réglementaire«. Nüchtern und
ordnungsgemäß.

Juristen müssen schreiben können. Nicht um der literarischen Qualität willen. Sie müssen aufschreiben können, was ihre Kollegen gebrauchen können. Nur der Gebrauch zählt. Recht ist Praxis. Nicht die moralische, poetische, theoretische Qualität juristischer Literatur zählt, sondern deren praktischer Nutzen. In Diderots Enzyklopädie steht über *Qualité*: »se dit de la nature bonne ou mauvaise d'une marchandise«. Die deutschen Enzyklopädien des Rechts standen als Systemversuche jenseits solcher Qualitäten. Die praktischen Wörterbücher des Rechts aber waren nichts anderes als eine Ware. Eine Ware, die sich im Gebrauch bewähren musste. Gut oder schlecht.

Accessoire

Jherings Aufnahme in den Himmel der Literatur kann nachgelesen werden in: Kindlers Literaturlexikon, Band V, Deutscher Taschenbuch Verlag: München 1986, S. 3822 f.

Puchtas systemische Betrachtungen finden sich in seinen Kleinen civilistischen Schriften, hrsg. von A.A.F. Rudorff, Breitkopf und Haertel: Leipzig 1851, S. 221 ff., 222. Der Brief an Savigny ist abgedruckt in: Joachim Bohnert, Vierzehn Briefe Puchtas an Savigny, Vandenhoeck & Ruprecht: Göttingen 1979, S. 40 f. [20 f.].

Zum gut gemachten *Dictionnaire* siehe: Encyclopédie, ou dictionnaire raisonné des sciences, des arts et des métiers, par une societé de gens de lettres, 4. Band, Briasson, David, Le Breton, Durand: Paris 1754, S. 968 f.

Alphabet oder Enzyklopädie, System oder Alphabet – für Rudolph von Jhering war das Alphabet gerade nicht der Gegenspieler, sondern der Name des Systems. »Das Wesen des Rechts (besteht) in dem Zersetzen, Scheiden, Trennen«, so wie »die Idee des Alphabets [...] auf Zersetzung, Zurückführung des Zusammengesetzten auf seine Elemente [beruht]«. Dem Problem der »Massenhaftigkeit« des Stoffes – im Bereich der Sprache (Wörter), wie

des Rechts (Regeln) – könne durch »Vereinfachung« desselben begegnet werden. In der Sprache vollzieht das Alphabet mit seinen
»vierundzwanzig Zeichen« die »Erleichterung der Herrschaft über
den Stoff«. Ist nicht »die Idee des Alphabets auf das Recht über-
tragbar«? Jhering meint hier nicht die Alphabete des Rechts, wie
sie in den massenhaften, vor allem französischen, bibliothèques
aufbewahrt wurden. Er denkt an das »Rechtsalphabet« als »juristische Analyse« und möchte die »systematische oder logische
Struktur des Rechts das Alphabet desselben nennen« (Rudolph
von Jhering, Geist des roemischen Rechts auf den verschiedenen
Stufen seiner Entwicklung, 1. Teil, 7./8. Aufl., Breitkopf & Haertel: Leipzig 1924, S. 41 f.; 2. Teil, 2. Abteilung, 6./7. Aufl., Breitkopf & Haertel: Leipzig 1923, S. 334 f.).

Die Fundstellen der Zitate sind:

Alletz, Dictionnaire de police moderne pour toute la France.
Contenant, par ordre alphabétique de matières et dans la forme
réglementaire, l'analyse et le rapprochement des dispositions, tant
anciennes non abrogées que modernes, des lois, ordonnances, réglemens, arrêtés et décisions, concernant la Police administrative,
judiciaire, militaire et maritime; les règles et les principes consacrés
par un usage constant ayant force de loi; les dispositions de droit
civil relatives aux intérêts ordinaires et journaliers des citoyens;
etc. Suivi de modèles d'actes en matière de Police. Ouvrage utile à
tous les Français, et à l'usage des fonctionnaires chargés, dans tout
le royaume, de l'exercice de la Police, 4 Bände, Paris 1820.

Dictionnaire des constitutions de l'Empire français et du Royaume d'Italie (par M.C.L.G.), Formant un Receuil complet de tout
ce qui y a trait et rapport, et contenant le texte, 1. de toutes les Lois
y relatives; 2. du Décret de réunion de l'Etat de Gênes à l'Empire
français; 3. du Traité de paix du 26 décembre 1805 (5 nivôse an 14);
4. des Décrets d'érection en Principautés, Duchés et Grands-Fiefs
de l'Empire français, de différens pays et lieux situés en Italie, Etats
vénitiens et napolitains, Westphalie et Suisse; 5. du Traité relatif au
nouveau Royaume de Hollande; Avec un Sommaire, par ordre al-

phabétique, de chaque loi et décret. – La Concordance des années des Calendriers grégorien et républicain, suivie du Rapport des Calendriers grégorien, réformé, russe et juif. – Les trois Dynasties anciennes. – La dynastie Napoleo-Bonapartienne; Et des Notices historiques, géographiques et statistiques sur la France. l'Italie, les États vénitiens, Naples et Sicile, Clèves et Berg, Neuchâtel, Bénevent, Bade, Bavière, Wurtemberg, 2 Bände in 3, J. Gratiot: Paris 1806.

Joannis Domat, Legum delectus ex libris digestorum, et codicis, ad usum scholae et fori. Accesserunt singulis legibus suae summae earum sententiam brevi complexae, Joannis Baptista Coignard: Paris 1700 (Operis Argumentum).

Edme de la Poix de Freminville, Dictionnaire ou traité de la police générale des villes, Bourgs, paroisses, et seigneuries de la campagne. Dans lequel on trouvera tout ce qui est nécessaire de sçavoir & de pratiquer en cette Partie, par un Procureur Fiscal, dans toute l'étendue de sa Justice; & où l'on a rapporté toutes les Ordonnances, Arrêts & Réglemens à ce sujet, pour s'y conformer sur chaque objet. Ouvrage nécessaire à tous les Officiers de Police & de Justice, où ils trouveront sur chaque terme leurs obligations & fonctions, ainsi qu'à tous Procureurs & Praticiens; & également utile aux Curés, Marguilliers, Fabriciens, Chirurgiens, Apothicaires, Propriétaires de maisons, Locataires, Fermiers, Marchands, Artisans, & autres, en ce qui concerne la Religion, la Justice, la sûreté & netteté publique, les Arts & Métiers, & généralement tout ce qui regarde la Police d'une Seigneurie, même pour la perception des droits généraux & seigneuriaux, Gissey: Paris 1758.

Abraham Lapeyrere, Décisions sommaires du Palais, par ordre alphabetique, illustrées de notes & de plusieurs Arrests de la Cour de Parlement de Bordeaux, Nouvelle Édition (es handelt sich um die dritte Aufl.), Guillaume Boudé: Bordeaux 1706 (Avisan lecteur).

Robert von Mohl, Die Geschichte und Literatur der Staatswissenschaften, Band 1, Ferdinand Enke: Erlangen 1855, S. 111.

Julius Pacius, Analysis ad instituta, Nunc primum V.Cl. D. Bernardi Schotani, Jur. Primarii Profess. in Acad. Lugd. Batav. Erothematibus, Argumentis, & Axiomatibus nonnullis, Quorum adjumento sese quilibet possit ex textu examinare. Illustrata. Accedunt Selecta, cum Indicibus locupletissimis: Praefixâ singulis Libris Anacephalaeosi Nova, Abraham Geervliet: Lugduni Batavorum 1649 (Epistel an Nicolao Fabicio).

Arnold de Reyger, Thesaurus juris civilis et canonici locupletissimus, ex opulentis Authenticorum cùm Veterum, tùm Neotericorum Auctorum Aurifodinis laboriosè non minùs, quàm ingeniosè erutus, & ordine alphabetico faciliori inveniendi methodo dispositus, Omnigenas juris tàm publici, quàm privati materias, in Foro & Praxi utrobique usitatissimas, maximámque in partem decisas suppeditans. In usum maxime eorum, qui aut librorum copia destituti, aut in foro, vel aula, publicísque negotiis plurimùm districti, diffusa auctorum Consilia & Responsa, Quaestiones & Decisones vix pervolvere, in hac instructissima veluti Bibliotheca unico possint intuitu comprehendere & resolvere. Accedunt variae et elaboratissimae additiones Danielis Venediger à Punckau in Groeditz Jurisconsulti, Quas singulari studio suis ubique Locis digessit, ac in duos Tomos divisit Ahasuerus Fritschius, J.u.D. Consiliarius aulicus Rudelst. Schwartzb., 4. Aufl., 2 Bände, Franciscus Metternich: Coloniae Agrippinae 1705 ([...] Lectori. S.P.).

Zu *Qualité* siehe: Encyclopédie, ou dictionnaire raisonné des sciences, des arts et des métiers, par une societé de gens de lettres, 13.Band, Samuel Faulche: Neufchastel 1765, S.652.

Ob es sich um Alphabete, Enzyklopädien, Wörterbücher, Systeme des Rechts handelt, die Natur (oder Qualität) des juristischen Werks ist kompilatorisch, oder wie Henrico à Rosenthall in der 1588 verfassten »Praefatio prioris editionis ad Lectorem beneuol.« zu seinem »Tractatus et synopsis totius iuris feudalis, Conclusionibus, & sententiis in capita duodecim familiari methodo digesti &c (2 Bände, o.O., 1597–1600) geschrieben hat: »Nullum enim hîc habeo dictum, quod non sit dictum prius«.

Registratur

Recht beruht auf Vergangenheit. Geschehene Fälle und alte Gesetze und ehemalige Urteile und gedachte Doktrinen. Dies alles muss erinnert werden, damit entschieden werden kann. Wer soll sich an alles, was für den gerade anstehenden Rechtsfall wichtig ist, erinnern können? Nur selten sitzt ein enzyklopädischer Geist als Gast bei Tisch, wie er von Scribe beschrieben wurde: »Nous avons à table le percepteur de l'enregistrement, gros homme réjoui et bavard, espèce de REGISTRE vivant, chez qui tout était noté et inscrit avec les dates.« Nicht nur die viva vox iuris hat inzwischen an Autorität verloren. Es gibt auch schon lange nirgends mehr fröhliche dicke Männer, die ein lebendes regestum, registrum, ein gesprächiges Buch der Erinnerungen sind. Regerere, re-gerere, zurück-machen, nochmal-machen. Erinnerungen werden gemacht. Und zwischen Buchdeckel gepresst. Zwischen die unzähligen Deckel der unzähligen Alphabete des Rechts.

Comment charger le registre? Wie das Verlies der Resultate füllen?

Schon im 17. Jahrhundert reichten Exzerptenbücher nicht mehr aus. Das waren diese altmodischen, schwerfälligen, monströsen Volumina, in denen das damalige Wissen nicht mehr zu fassen war. Die stetig anwachsenden Erinnerungen brauchten neue Werkzeuge für die Registratur. Sie brauchten neue Träume.

Der Traumschrank: Kastenförmig, aus Holz, breiter als hoch, höher als tief. Vorne eine Flügeltür, um ihn auf der ganzen Breite zu öffnen. Dahinter weitere Flügeltüren, die den Schrank fächerartig aufzuklappen erlauben. In den Flügeln sind elf Reihen mit jeweils sieben Fächern sichtbar. Jedes Fach ist mit einer Registerkarte aus Weißblech ausgestattet. Dahinter befinden sich Zettel, in Oktavformat, die jederzeit entnommen und verlegt werden können. Am Beginn der Fächerreihen liest man einen Buchstaben des Alphabets. Tausende von Notizzetteln können so geordnet, und das Wirrwar loser Exzerptenpapiere (wie auch unhandlicher Exzerptenbücher) kann gebändigt werden – immer wieder aufs Neue. Und immer alles im Blick. Ein Traum. Das im Kopf (re)produzierte Wissen im Kasten. Die Welt im Schrank. Leibniz hat sich einen solchen gekauft. Ausgedacht hat ihn sich ein Anonymus kurz nach 1637. Wahrscheinlich ein norddeutscher Theologe. Dessen Sammel- und Bauanleitung wurde vom später berühmt gewordenen Registrator Vincentius Placcius im Jahre 1689 publiziert. »De arte excerpendi. Vom Gelahrten Buchhalten« (Liebezeit: Stockholm, Hamburg 1689) bot etwas Neues, für die Zeitgenossen Spektakuläres, und blieb lange Zeit die führende Methodenlehre zur Ordnung des Wissens. Bald wurde der Werkzeugschrank des Wissens zu klein. Die Enzyklopädie ließ sich nicht im Schrank einsperren. Erinnerungen.

Die Erinnerungen ließen sich nicht mehr verzetteln, und die Unordnung wurde bei dem Kirchen-, Dogmen-, Traditions-, Autoritätenkritiker, Freigeist und Verteidiger des Atheismus Pierre Bayle und seiner so grandiosen wie frechen Enzyklopädie von 1697, die ursprünglich nur die Fehler des historischen Wörterbuchs von Moréri korrigieren sollte, zur Methode der Ordnung. Pierre Larousse lässt in seinem Vorwort zum 1866 erscheinenden ersten Band des Grand Dictionnaire Universel du XIXe Siècle Victor Leclerc über Pierre Bayle schreiben: »Der Autor des *Kritischen Wörterbuchs* geht fast den gleichen Weg wie Montaigne: er nimmt eine Meinung, und indem er sie von allen Seiten betrachtet, zerstört er sie; er errichtet nach und nach Einwände gegen Einwände, Zweifel gegen Zweifel; hier diskutiert er mit der Heftigkeit und Stichhaltigkeit der besten Dialektiker; dort helfen gefällige oder hämische Anekdoten seine Beweise aufzulockern oder zu stützen: wenn er Sie in lauter Unsicherheiten gehüllt hat, verschwinden Sie aus diesem Labyrinth, sonst lässt er Sie darin zurück. Wie Montaigne spottet er über den anmaßenden Menschen, der alles wissen will, und lehrt ihn, dass man zweifeln muß.« Bayles

Dictionnaire – Texte, eingewoben, gefangen in einem Netz aus Fußnoten und Marginalien und Zweifeln auf zwei, drei, vier Ebenen. Ein Fest der Paratexte. Die mittelalterlichen Glossatoren und Kommentatoren erscheinen von bestechender Klarheit dagegen. Das Ordnungsgewirr war auch eine der Folgen der naturwissenschaftlichen Revolution des 17. Jahrhunderts. Diese hatte gerade auf Totalität verzichtet und das Detail isoliert. Damit waren die Fakten auf die Erde gekommen – unzählbar viele. In der Zähmung dieser Faktizität lag ein kolossales Unterfangen. Es war der, letztlich rührende, Versuch, den alten Humanismus, die bewährte Enzyklopädik und die neue Naturwissenschaft zu vereinen. Auf der Grundlage von Tatsachen. Der Hamburger Philosoph und Naturforscher Joachim Jungius hat 150 000 Blätter in Zettelkästen aufbewahrt. Die Registratur der Exzerpte führte zu riesigen Sammlungen – und ins Chaos. Jede Registratur, jedes System, jeder Schrank, und sei es der Traumschrank des Wissens, war dem Einzelding unterlegen – das Wissen war atomisiert.

Es blieben die Fakten. Und mit den unüberschaubar werdenden Details, den immensen Aspekten des Lebens verschwindet die Möglichkeit der Registratur. Die Frage »Comment charger le registre?« wird unbeantwortbar – durch die zahllosen Antworten. Pierre Bayles »Dictionnaire historique et critique«, ein echter Bestseller, der ins Englische und Deutsche übersetzt wird, ist ein Beispiel dafür, wie schon gegen Ende des 17. Jahrhunderts, in der république des lettres, der Buchstabenrepublik, die Frage nach der Wahrheit verabschiedet wird, wie die Sprache – und damit wieder die Beziehung zwischen *signifiant* und *signifié* – in den Vordergrund rückt und der Text sich zu verselbständigen beginnt, ja sich lustvoll in Szene setzt und damit Autonomie gewinnt. Das kann auch gut fünfzig Jahre später an der großen französischen Enzyklopädie beobachtet werden. Zwei Fragen wurden hier einander an die Seite gestellt: die nach der sprachlichen Darstellbarkeit der Welt (im *texte*) und die nach der bildlichen Repräsentierbarkeit der Welt (in den *planches*). Als Antwort entstand ein Labyrinth, das im Bestreben nach

Klassifikation, Ordnung, Benennung und Abbildung im Grunde den konservativen Aspekt des aufklärerischen Riesenwerks andeutet. Letztlich markiert der enzyklopädische Weltendeckel die Leere, die später im 19. Jahrhundert Geschichtsphilosophie, Sprachwissenschaft, politische Ökonomie und Biologie (Evolutionstheorie) verhüllen sollten. Die Sinne aber blieben grob. Die Welt war nicht erkennbar, und auch einander konnte man niemals kennen. Man hätte die Schädeldecke der Göttin des Wissens aufbrechen und die Gedanken, das Wissen, aus den Hirnfasern zerren müssen. Aber das war undenkbar. Die Enzyklopädisten waren selbst zu akephalen Monstern geworden, die kein ganzes Wissen, sondern unendliche Teile zur Welt brachten. Sie waren Projektemacher mit zersprungenem Gehirn.

Comment charger le registre? Der Text geht in Texten unter. Schrift wird durch Schrift ausgelegt. Das Verschwinden des Bezeichneten ist nicht aufzuhalten. In der »Dunkelheit der Bücher«, wie sie Hans Blumenberg sah, in dieser ungeheuerlichen Vergangenheit der Texte, im glühenden Fieberparadies der Worte, der Sätze, der Ergebnisse, ist die Registratur bedeutungslos. Man muss Positivist sein, um registrieren zu können. Heute ist die Wissensverfassung selbst fragwürdig geworden. Niemand – nachdem Placcius, Jungius und Niklas Luhmann gestorben sind – träumt mehr davon, das Wissen im Traumschrank des Wissens verzetteln zu können. Die enzyklopädische Wissensträumerei ist ebenso verflogen. Die Träume bleiben im Schrank.

Comment charger le registre? Seit dem Beginn des 20. Jahrhunderts besorgt der Apparat die Registratur. Der Gesellschaftsapparat, der bürokratische Apparat, der Justizapparat. Franz Kafkas Erzählung »In der Strafkolonie« ist *die* Geschichte über Registratur. Über die Registratur mittels Apparatur. In der Strafkolonie zeigt sich die neue bürokratische Ordnung. Repräsentiert nicht durch den Offizier, nicht durch den alten Kommandanten, auch nicht durch den Reisenden, aber durch den Apparat. Der Apparat ist als Erfindung des alten Kommandanten Signum der alten Ordnung, der alten

Ordnung der Strafkolonien, in der die Gebote mit dem Blut der Verurteilten auf deren Haut geschrieben werden. Der Apparat ist aber als Apparat, als Maschine, als Erscheinungsform der Technokratie auch Signum der neuen bürokratischen Ordnung. Hier spielt die einzelne Persönlichkeit keine Rolle mehr. Gerade in ihrer erbarmungswürdigen Schwachheit kann sie nicht mehr wahrgenommen werden. Der Gehorsam geht als einzelnes Gehorchen, als persönliche Entscheidung in dem massenhaften Funktionieren unter, das eine Einmischung, ein Dazwischentreten, eine Auflehnung – und sei es die unendlich dezente eines »Ich möchte lieber nicht« von Herman Melvilles Bartleby – nicht mehr zulässt. Das »Ich« zergeht, löst sich auf im bürokratischen Meer.

Diese neue Ordnung hat kaum jemand treffender beschrieben als Alfred Weber 1910 in einem kleinen Artikel in der *Neuen Rundschau*, den Kafka vermutlich gelesen hat. Der Soziologe beschreibt dort das »heut« heraufwachsende »ungeheure Problem«: das Auftauchen eines »riesigen ›Apparats‹«. Dieser Apparat besitzt die Tendenz, »sich immer weitergehend über früher [...] frei und natürlich gewachsene Teile unsrer Existenz zu legen, sie in seine Kammern, Fächer und Unterfächer einzusaugen«. Er strahlt dabei »ein Gift der Schematisierung, der Ertötung alles ihm fremden, individuellen, selbstgewachsenen Eigenlebens« aus. An dessen Stelle tritt »ein riesenhaftes rechnerisches etwas [...], ein System, das mit einem toten Vor- und Nacheinander, brockenweißen Miteinander, seelenlosen Füreinander sich über alle Arbeit, alles Schaffen breitet«. Eine krakenhafte Registraturmaschine, deren Saugknöpfe auf Menschenfleisch warten. Die »Psyche der Bevölkerung« passt sich diesem Apparat an. Die Menschen werden in diesen Apparat »eingesogen« – nicht nur eingezogen, wie es gelegentlich zitiert wird –, sie »vergessen sich von dem Apparat zu distanzieren«, sie funktionieren, geben sich ihrem Beruf hin, gehen in der »wesensfremden objektiven Arbeit« auf. Die Persönlichkeit verschwindet. »Man opfert sich bei uns, und es wird dabei geopfert.«

Der Apparat lebt – der Mensch stirbt. Die Teilchen, die Rädchen, die Zahnrädchen mögen, wie bei dem Apparat in der Strafkolonie, in den Sand kullern – die Zeit ist 1910 und 1914 und 1916 schon längst nicht mehr unilinear. Mit dem Film, mit der Apparatur, die das Leben zeigt, wird die Kontingenz – »ich möchte lieber nicht« – der Zeit erstmals »speicherbar« (Friedrich Kittler). Der frühe Filmtrick von Georges Méliès »Démolition d'un mur«, in dem die Mauer zusammenbricht, aufersteht, zusammenbricht, aufersteht etc., und seine »Charcuterie mécanique«, in der die Wurst zum Schwein wird und das Schwein zur Wurst, haben die historische Zeit ironisiert, pervertiert, repetiert. Das Auseinanderfallen eines Apparats kann seitdem nicht mehr als endgültig angesehen werden. Immer wieder kann der »eigentümliche Apparat« den Menschen einsaugen. Und er tut es in Zeiten der Hochkonjunktur wie in Zeiten der Weltwirtschaftskrise. Die Apparatur der neuen Ordnung ist in ihrer Allgegenwärtigkeit unzerstörbar. Die Teilchen sind unendlich – aus dem Zeichner des Apparats quollen die Teile, »viele, grosse, kleine und kaum zu unterscheidende, mit allen geschah dasselbe, immer glaubte man, nun müsse der Zeichner jedenfalls schon entleert sein, da erschien eine neue, besonders zahlreiche Gruppe, stieg auf, fiel hinunter, kollerte im Sand und legte sich«.

In der neuen Ordnung, in der neuen Ordnung der unendlichen Fragmente, die keine Persönlichkeiten mehr sichtbar werden lassen, sondern nur noch namenlose Gestaltungen, in der neuen Ordnung, die Kafka in seinen beiden, zufällig so gewordenen und gebliebenen, Fragmenten »Der Proceß« und »Das Schloß« derart kalt schildert – Kurt Tucholsky schrieb am 3. Juni 1920 in der *Weltbühne* über die »Strafkolonie«: »Und das ist so maßlos kühl und unbeteiligt erzählt […] es ist ganz unbedenklich. Unbedenklich wie Kleist« –, in der neuen Ordnung der Bürokratie regiert das Schweigen, diesmal das massenhafte, undurchdringliche, maßlose Schweigen. Nie erfährt man etwas – selbst »das Gericht will nichts von Dir. Es nimmt Dich auf wenn Du kommst und es entläßt Dich wenn Du gehst.« In den großen Fabrik- und Bürohallen der Moderne seit 1900 ist Chikago, wie es Arthur Holitscher 1912 beschrieben hat, überall: »Drüben in den schönen, lichten und blanken Hallen der berühmten Uhrenfabrik von Elgin sitzen 3700 Menschen, von denen jeder eine einzige kleinwinzige Verrichtung zu besorgen hat. Täglich werden dort 2500 Uhren hergestellt, jede Uhr hat 211 Bestandteile. Welche Blicke treffen dich, wenn du neugierig und wißbegierig an den Tischen der Arbeiter vorüberschreitest? Haben Dante in den Pfühlen der Verdammnis solche Menschenblicke getroffen? Und doch sind die, die von ihrer Arbeit aufblicken können, noch die glücklich zu preisenden unter den Sklaven dahier. Vor den meisten zischt und wettert und schlägt eine Maschine, die sie zu bedienen haben. Haarscharfe Nadeln bohren haardünne Löcher in kleine Kupferplättchen, ein Augenblick, ein um einen Millimeter zu weites Vorwärtsschieben des Fingers, und die Nadel fährt ins Fleisch, in den Fingernagel.«

So sieht sie also aus, die nach einem Jahrhunderte dauernden Prozess ausrationalisierte moderne Gesellschaft der Produktion und Verwaltung und Registratur. Selbst der Kommunismus als bedeutendste Kraft gegen diesen »fürchterlichen Parasitenkörper«, wie Karl Marx 1852 im VII. Kapitel des »achtzehnten Brumaire des Louis Bonaparte« die bürokratische (und militärische) Staatsmaschine mit ihrem registrierenden Beamtenheer nannte, konnte nichts ausrichten. Denn gerade in seiner realen Existenz negierte der Staatskommunismus die alte Forderung des jungen Marx nach »Aufhebung der Bürokratie«. »Die Staatszwecke verwandeln sich in Bürozwecke oder die Bürozwecke in Staatszwecke« – gerade dies, »den ganzen Staatsplunder« (Friedrich Engels), wollte Marx im wirklich freien Gesellschaftszustand nicht mehr sehen müssen. Es kam anders. Auch im Osten des 20. Jahrhunderts wurde die bürokratische Herrschaft, diese alles fressende Registratur, zum »unentrinnbaren« Schicksal, zum Baustein, wie Max Weber jenseits einer Unterscheidung zwischen Ost und West schrieb, im »Gehäuse jener Hörigkeit der Zukunft [...], in welche vielleicht dereinst die Menschen sich [...] ohnmächtig zu fügen gezwungen sein werden«. Die dunkelste Seite dieser Hörigkeit zeigte sich in der »Fratze einer Bürokratie, die das Verbrechen paragraphiert hat«, wie es in der Einleitung zur am 16. Januar 1946 von Robert Kempner gegen Wilhelm Frick gehaltenen Anklagerede hieß, dort, wo vor dem Internationalen Militär-Tribunal in Nürnberg »die preussische Bürokratie auf der Anklagebank« saß, eine Bürokratie, von deren Hebeln und Walzen »unablässig« das Blut tropfte.

Die Bürokratie der neuen Ordnung, die anonyme, kalte, »am Ende gefräßig klappernde tödliche Apparatur« (so der 1933 »verbrannte«, emigrierte, 1938 zurückgekehrte Schriftsteller Ernst Glaeser) war nicht aufzuhalten. Die Welt der Angestellten (Siegfried Kracauer), die undurchdringlichen Männer ohne Eigenschaften (Robert Musil), die massenhafte Herrschaft der Büros löscht den Einzelnen, den Menschen, der zuständig ist, das Dich ansprechende Individuum aus. Und im Amt, dort wo niemand mehr »zuständig« scheint, »gähnt« – wie Ernst Glaeser 1947 notiert – »mit einem Mal das kolossale Schweigen der Anonymität, dieses Gehirn und Herz fressende Schweigen«.

Heute ist die »Ordnung des Ganzen« (Musil) verlorengegangen. Als Ordnung. Das Gesicht der registrierenden Bürokratie ist undeutlich geworden. Der Staat baut seinen Apparat ab, ohne dass allerdings der Staat schon ganz gestorben wäre – und wenn er sterben sollte, gäbe es Terror und Chaos stattdessen und nicht etwa Freiheit. Die Unternehmen lassen vermehrt die Angestellten zu Hause, allein, arbeiten. Beginnt der Mensch sich vom Büro zu emanzipieren? Vielleicht. Vielleicht ist aber die Bürokratie heute nur in eine Phase geraten, in der sie um so subtiler wirksam wird, je unsichtbarer und schweigsamer sie ist. Die kausale Epoche eines bürokratischen Absolutismus des 18. Jahrhunderts, eines bürokratischen Funktionarismus des 19. Jahrhunderts und eines bürokratischen Proletarismus des 20. Jahrhunderts ist – mehr oder weniger – vorüber. Heute wird der sich beschäftigende Mensch zunehmend zu einem Schaltelement in einem universellen Medienverbund, in dem es nicht mehr um Produktion von Waren geht – das erledigen Roboter –, sondern um Kommunikation von Träumen, Handlungen, Lektüren, Überraschungen, Entscheidungen. In diesem Netz sind fast alle Menschen mit einem Monatseinkommen von mehr als eintausend Dollar gefangen. Der Apparat steht dem Menschen nicht mehr gegenüber, die Menschen selbst sind die Bestandteile des Apparats, bilden ihn (nicht etwa nur ab). Der Apparat ist die Menschheit.

Frankfurt am Main, November 2000. Flughafen. Der Reisende tritt in eine Elektronikboutique. Er ist auf der Suche nach einem Adapter, um das Modem seines Notebooks auch in Italien benutzen zu können. Der Verkäufer zeigt ihm einen zackigen Würfel, groß wie eine Kinderfaust. Die Zacken sind für die Telephonbuchsen von sechs europäischen Ländern geeignet. Zufrieden zückt der Reisende sein Portemonnaie, da fällt sein Blick zufällig auf ein schickes Ledermäppchen. Auf Nachfrage öffnet der Verkäufer es und fügt stolz hinzu: Das ist der Rolls-Royce unter den Modem-Adaptern. Der Reisende sah auf beiden aufgeschlagenen Seiten des Täschchens edles graues Schaumgummi. In Dutzenden von Vertiefungen lagen Adapter aus weißem Plastik in den verschiedensten Formen, niemals größer als ein kleiner Finger. Damit man auch in Belize den Anschluss an die ganze Welt nicht verliert. Der Reisende erinnerte sich an Waffenköfferchen, deren Inhalt auf eine mehr oder weniger komplizierte Art und Weise zu einem schießfähigen Apparat zusammengeschraubt wird. Er zahlte die Kinderfaust und wurde das Gefühl nicht los, etwas verpasst zu haben.

Der Apparat ist die Menschheit. Der menschliche Körper wird zur Schnittstelle zwischen den ihm eingesetzten Maschinen – implantierten Computerchips – und der Welt. Nicht sehr lange wird es wohl dauern, bis die kleinen Körperrechner den Kontakt zum Apparat, dem Staatsapparat, dem Büroapparat, dem Konsumapparat, dem Gesundheitsapparat, dem Versicherungsapparat, dem Rechtsapparat automatisch, ohne eigenes Zutun des Wirts, des Menschen, herstellen: die universelle Registratur. Die Nervenzellen überwuchern die Türmchen der Siliziumchips, die ihrerseits den gallertartigen Nervenschleim eingrenzen und gefangenhalten. Aus Gedanken werden Befehle, und aus Befehlen werden Handlungen. Ohne ein Dazwischentreten des Selbst, dieser alten cartesischen Illusion, die noch auf eine Intention, einen Sender, einen Verursacher, einen Beweger setzte. Der Beweger ist nun tatsächlich bewegungslos, unbewegt – im Netz der Synapsen, der Stränge, des Gewehrfeuers. In der Sprache der Neurowissenschaftler feuern die Neuronen, das Hirn steht unter Beschuss. Der Gedanke reicht, um zu schießen. Ganz automatisch wird das gehen, dann, wenn Nervenzellen und Computerchips einen gemeinsamen Körper bilden. Dann, wenn die Verbindungen so konstruiert sind, dass aus dem robotisierten Menschen oder dem hominisierten Roboter die Menschmaschine oder der Maschinenmensch wird. Diese robotoiden Menschen und humanoiden Roboter, diese Bionic Humans, die Gehirne mit Internetanschluss, haben kaum noch etwas mit dem alten homme-machine eines Lamettrie oder den idyllischen Enten und Flötenspielern seines Zeitgenossen Vaucanson aus dem kausalen 18. Jahrhundert zu tun. Damals ging es um das automatische Funktionieren von Individuen. In die einzelnen Black-Boxes wurden Informationen, Anreize eingespeist, die programmgemäß zu Handlungsfolgen führten. Heute geht es nicht um den Einzelnen, sondern um Verknüpfungen, Schnittstellen, Verbindungen, Netzwerke. Noch ist es nicht soweit. Noch ist der interindividuelle Apparat nicht perfekt, aber der Determinismus – nicht mehr der monokausale des alten Materialismus, sondern der differenzierte, nachdenkliche, netzwerkbasierte, multidimensionale, parallele, regierungslose der neuen Biowissenschaft –, dieser moderne Determinismus ist dabei, einen Apparat zu schaffen, einen Apparat, der die Menschheit selbst ist.

Der Apparat ist die Menschheit. Auch dieser Apparat, der in seiner einsilbigen Vielstimmigkeit schweigt und zu dem man nie gelangt, in dem niemand Befehle gibt, dessen Teil jeder von uns ist, auch dieser Apparat führt zum Tod, zum unverständlichen Tod. Kafka hat den neuen – gewissermaßen postmodernen – Apparat in der modernen Welt des Prozesses beschrieben: »Einzusehen versuchen, daß dieser große Gerichtsorganismus gewissermaßen ewig in der Schwebe bleibt und daß man zwar, wenn man auf seinem Platz selbständig etwas ändert, den Boden unter den Füßen sich wegnimmt und selbst abstürzen kann, während der große Organismus sich selbst für die kleine Störung leicht an einer anderen Stelle – alles ist doch in Verbindung – Ersatz schafft und unverändert bleibt, wenn nicht etwa, was sogar wahrscheinlich ist, noch geschlossener, noch aufmerksamer, noch strenger, noch böser wird.«

Comment charger le registre? Wie kann registriert werden, wenn alles zerfällt? In einem der berühmtesten Briefe der Welt lässt Hugo von Hofmannsthal im Jahre 1902 den jungen Philipp Lord Chandos am 22. August 1603 an Francis Bacon schreiben: »Es zerfiel mir alles in Teile, die Teile wieder in Teile, und nichts mehr ließ sich mit einem Begriff umspannen.« Die Worte zerfallen im Mund wie »modrige Pilze«, die Welt geht in Stücke. Die Moderne ist ein Werk der Zerstörung. Es bleiben Fragmente, in den Sand kullernde Teile. Hundert Jahre später, nach der Wende vom 20. zum 21. Jahrhundert schreibt Durs Grünbein: »Die Bibliotheken wachsen, die Metastasen, all die Register / [...] Heut besteht jedermanns Körper / Aus Chiffren, die alles mit allem verbinden. Das neue Fleisch / Lebt befreit von Natur, durch und durch informiert.« Ja, »Goethe ist tot«. Die Implantate, die Blutchips, die Körperrechner werden das Registrieren auf eine neue Stufe heben. Wir selbst werden die Register sein, jeder Einzelne von uns. Urteile, Gesetze, Dogmatiken werden nicht mehr nötig sein in diesem ungeheuren Apparat, dessen Registratur wir selbst sind, in jeder einzelnen synaptischen Windung des Hirns.

Steven Spielberg hat diese Registratur ins Bild gesetzt. Registriert wird das, was wir selbst noch nicht wissen. Wir werden jetzt schon gejagt. Die Gründe liegen in der Zukunft, weil wir etwas erst tun werden. Der Apparat ist die Menschheit. Das

setzt voraus, dass die einzelnen Menschen verbunden sind.
Apparate, bürokratische Apparate, bestehen aus Verbindungen. Diese Verbindungen sind nicht nur biometrisch denk- und
fassbar. In Steven Spielbergs »Minority Report« ist das Band,
das alle Menschen zusammenhält, metaphysischer Natur. Im
Jahre 2054: Humanmutanten, die drei letzten übriggebliebe-
nen, liegen in einer milchigen Nährsuppe und können sich in
ihren (Alp)Träumen in den metaphysischen Raum einklinken,
in dem wir alle in Verbindung zueinander stehen. Diese Verbindungen ermöglichen es den drei Precogs, den Precognitifs,
den der Präkognition Fähigen, künftige Verbrechen, Morde, zu
sehen. Morde, weil nur sie das metaphysische Band zerreißen.
Der Apparat, repräsentiert durch die Precrime-Abteilung der
Polizei, fasst die Täter, bevor sie Täter geworden sind. Hier will
das Gericht endgültig nichts mehr von Dir. Der Richter, der
Staatsanwalt, ja der ganze Justizapparat wird als Beobachter ab-
gestellt, der lediglich zuschaut, wie die Precrimepolizisten aus
den Traumfetzen der sehenden Mutanten das wahre zukünftige
Geschehen präkonstruieren. Der justizielle, polizeiliche, bürokratische Apparat tritt dem Einzelnen nicht mehr, so wie noch
bis in das 20. Jahrhundert hinein, als Apparat, als *der* Andere,
gegenüber. Solche Differenzierungen gehören 2054 der Vergangenheit an. Jeder Einzelne ist Teil des Apparats, niemand
kann sich den Verbindungen entziehen, bildet doch jedermann
eine Relaisstation in diesem weltumspannenden Apparat, der
die Menschheit ist und jeden Einzelnen in der Öffentlichkeit
mit Werbebotschaften persönlich anspricht. Die Tyrannei der
Adresse. Und doch gibt es eine Hoffnung. Minority report.
Das bedeutet, dass abweichende Meinungen registriert werden,
dass die Verbindungen nicht immer sichere, übereinstimmende
Aussagen hervorbringen. Die Hermeneutik, diese alte Technik
zur Herstellung von Sinn, hat auch im Zeitalter der Verbindungen, des alles sehenden, alles registrierenden Apparats, nicht
ausgedient. Denn auch dann, 2054, wenn Klarheit (clarity) eine,
ja *die* Droge ist, gilt: Es muss gesehen werden, was gesehen
wird. Und niemals sehen zwei dasselbe. Die Fragmente sind

selbst fragmentarisch und vieldeutig und auslegpflichtig. Die Traumfetzen sind als Fetzen keine kohärente Geschichte. Stets muss interpretiert, also zusammengesetzt, zugeschrieben werden. Die Precogs sind sich nicht immer einig. Es gibt abweichende Meinungen, Sondervoten, dissenting opinions. Es gibt Minority reports. Vor allem von Precog Agatha. Alles wird gut. Es gibt also ein Happy-End – in Hollywood.

»Minority report.« Gerichtshöfe sind hier nicht mehr nötig. Die Registratur der Vergangenheit gehört endgültig der Vergangenheit an. Recht hat ausgedient – dort, wo die Zukunft registriert wird. Die Zukunft gehört der Registratur der Zukunft. An jedem Tisch wird zu Gast sitzen ein – REGISTRE vivant.

Accessoire

Recht beruht auf Vergangenheit. Die Erinnerung, die Registratur, dieser Vergangenheit ist pure Gegenwart. Diesem Paradox kann nicht ausgewichen werden. Das Recht ist vergangen, ephemer, gegenwärtig, vergangen, ephemer, gegenwärtig und so weiter. Die Vergangenheit bleibt uns jetzt Lebenden und Entscheidenden und Handelnden radikal verschlossen, ja, bei diesem Mechanismus (des Jetzt-Denkens) gibt es sie gar nicht, und das heißt, es hat sie niemals gegeben. Das Spiel ist aus. An der Vergangenheit kann immer nur gerade im Augenblick gearbeitet werden. Einen vorübergehenden Moment lang.

Das lebende Register von Scribe ist hier zitiert nach Pierre Larousse, Grand Dictionnaire Universel du XIXe siècle, 13. Band, Paris 1875, S. 854.

Zur Geschichte der Enzyklopädien, soweit sie hier erwähnt wird, siehe: Enzyklopädien der Frühen Neuzeit. Beiträge zu ihrer Erforschung, hrsg. von Franz M. Eybl, Wolfgang Harms, Hans-Henrik Krummacher und Werner Welzig, Max Niemeyer: Tübingen 1995.

Zur sammelnden Verzettelung des Wissens gibt es inzwischen eine reiche Literatur, siehe nur Werner Muensterberger, Sammeln. Eine unbändige Leidenschaft, Suhrkamp: Frankfurt am Main 1999; Manfred Sommer, Sammeln. Ein philosophischer Versuch, Suhrkamp: Frankfurt am Main 1999; oder auch Helmut Ludwig Zedelmaier, Buch, Exzerpt, Zettelschrank, Zettelkasten, in: Hedwig Pompe und Leander Scholz (Hrsg.), Archivprozesse. Die Kommunikation der Aufbewahrung, Dumont: Köln 2002, 38–53; Markus Krajewski, Zettelwirtschaft. Die Geburt der Kartei aus dem Geiste der Bibliothek, Kadmos: Berlin 2002; sowie die im Herbst 2002 von Anke te Heesen konzipierte Ausstellung im Max-Planck-Institut für Wissenschaftsgeschichte, Berlin: »Cut and paste um 1900. Der Zeitungsausschnitt in den Wissenschaften« (der von Anke te Heesen herausgegebene gleichnamige Katalog erschien als viertes Heft der »Kaleidoskopien«, Verlag Vice Versa: Berlin 2002).

Zettels Traum – so heißt der Roman in acht Büchern von Arno Schmidt, der meinte, allenfalls 400 Leser könnten nach großen Anstrengungen vielleicht etwas aus dem Werk verstehen. Der größte Zettelträumer in der Wissenschaft des 20. Jahrhunderts war Niklas Luhmann, der alles, was ihm durch den Kopf gegangen ist, sofort in den Zettelkasten einbrachte. Die Ideen kamen aus dem Zettelkasten. »Ohne die Zettel, also allein durch Nachdenken, würde ich auf solche Ideen nicht kommen«. Luhmann begann Anfang der fünfziger Jahre, während seines Studiums, mit dem Aufbau des Zettelkastens: »Wenn ich Ihnen das kurz erklären darf: Alle Zettel haben eine feste Nummer, es gibt keine systematische Gliederung, der Zettelkasten ist also nicht systematisch geordnet. Hinter diesen einzelnen Nummern gibt es dann Unterabteilungen, zum Beispiel a, b, c, a1, a2, a3 usw., das geht manchmal bis zu 12 Stellen. Ich kann dann von jeder Nummer auf jede andere Stelle in dem Zettelkasten verweisen. Es gibt also keine Linearität, sondern ein spinnenförmiges System, das überall ansetzen kann. In der Entscheidung, was ich an welcher Stelle in den Zettelkasten hineintue, kann dann viel Belieben herrschen, sofern ich nur die anderen Möglichkeiten durch Verweisung verknüpfe. Wenn man das immer macht, entsteht eine innere Struktur, die auf diese Weise nie hineingegeben worden ist, die man dann aber herausziehen kann. Der Zettelkasten kostet mich mehr Zeit als das Bücherschreiben« (Niklas Luhmann, Archimedes und wir, Merve: Berlin 1987, S. 142 ff.; jetzt auch in: ders., Short Cuts, Zweitausendeins: Frankfurt am Main 2000, S. 26 ff.).

Die umfassendste Beschreibung und Theorie der Paratexte, der Texte am Rande und im Umkreis, an der Schwelle des Textes – der Fußnoten, Überschriften, Unterschriften, Waschzettel, Vorworte, Nachworte, Widmungen etc. – hat Gérard Genette gegeben: Seuils, Editions du Seuil: Paris 1987 (dt.: Paratexte, Suhrkamp: Frankfurt am Main 2001).

Hirnrissige Projektemacher, »faiseurs de projets à tête fêlée« – so heißt es ständig über die Wahnsinnigen in den Internierungsregistern des 18. Jahrhunderts. Siehe hierzu Michel Foucault, Histoire de la folie à l'âge classique, Éditions Gallimard: Paris 1972, S. 444. Im ersten Akt von Georg Büchners »Dantons Tod« sagt Danton zu Julie: »Geh, wir haben grobe Sinne. Einander kennen? Wir müssten uns die Schädeldecken aufbrechen und die Gedanken einander aus den Hirnfasern zerren.«

Zu den dunklen Büchern siehe Hans Blumenberg, Die Lesbarkeit der Welt, 2. Aufl., Suhrkamp: Frankfurt am Main 1983, S. 98.

Die »speicherbare« Zeit im frühen Film hat Friedrich Kittler analysiert: Real Time Analysis, Time Axis Manipulation, in: ders., Draculas Vermächtnis. Technische Schriften, Reclam: Leipzig 1993, S. 182 ff., 187.

Die aus dem Zeichner quellenden und sich in den Sand legenden Teilchen des Apparats finden sich »In der Strafkolonie«: Franz Kafka, Drucke zu Lebzeiten (Schriften Tagebücher. Kritische Ausgabe, hrsg. von Jürgen Born, Gerhard Neumann, Malcolm Pasley und Jost Schillemeit), Fischer: Frankfurt am Main, 2002, S. 201 ff.

Die lakonische Beschreibung des desinteressierten Gerichts hat Franz Kafka formuliert: Der Proceß (Schriften Tagebücher. Kritische Ausgabe, hrsg. von Jürgen Born, Gerhard Neumann, Malcolm Pasley und Jost Schillemeit), Fischer: Frankfurt am Main, 2002, S. 304. Zur Uhrenfabrik in Chikago siehe Arthur Holitscher, Amerika. Heute und Morgen, Berlin 1912, S. 313 ff.

Die Marx-/Engels-Zitate finden sich in: Karl Marx, Zur Kritik der Hegelschen Rechtsphilosophie. Kritik des Hegelschen Staatsrechts, in: Karl Marx/Friedrich Engels, Werke, Band 1, Dietz: Berlin 1976, S. 203 ff., 249 f.; Friedrich Engels, Einleitung zu Karl Marx, Der Bürgerkrieg in Frankreich (3. Aufl., Berlin 1891), in: Karl Marx/Friedrich Engels, Werke, Band 22, Dietz: Berlin 1972, S. 188 ff., 199.

Max Webers Vision des totalen und toten Apparats, des »Apparats der Bürokratie«, einer Art altägyptischen, fellachischen Registraturmaschine, ist formuliert in seiner 1918 – beruhend auf ein Jahr zuvor in der Frankfurter Zeitung erschienenen Artikeln – veröffentlichten Analyse von »Parlament und Regierung im neugeordneten Deutschland«, in: Gesammelte politische Schriften, hrsg. von Johannes Winckelmann, 2. Aufl., Mohr (Paul Siebeck): Tübingen 1958, S. 294 ff., 308 ff., 310, 320.

Die mörderische Registratur und ihr gemeines Schweigen hat Ernst Glaeser notiert in: Wider die Bürokratie, Harriet Schleber: Kassel 1947, S. 18, 26 f.

Zu den Bionic Humans siehe Rodney Brooks, Menschmaschinen. Wie uns die Zukunftstechnologien neu erschaffen, Campus: Frankfurt am Main 2002, sowie eine Sondernummer der Zeitschrift »Science« vom 1. April 2002.

Den modernen Gerichtsorganismus, in dem alles miteinander in Verbindung steht, hat Franz Kafka geschildert: Der Proceß (Schriften Tagebücher. Kritische Ausgabe, hrsg. von Jürgen Born, Gerhard Neumann, Malcolm Pasley und Jost Schillemeit), Fischer: Frankfurt am Main, 2002, S. 160.

Durs Grünbeins Antwort auf den Chandos-Brief findet sich un-
ter dem Titel »Das Ich im Inneren« in: Frankfurter Allgemeine
Zeitung vom 12. September 2002, S. 39. Für den Brief selbst siehe:
Hugo von Hofmannsthal, Der Brief des Lord Chandos. Schrif-
ten zur Literatur, Kultur und Geschichte, Reclam: Stuttgart 2000,
S. 46 ff., 51 f.

Schmerz

Schreiben kann töten. Nach dem Ende der Enzyklopädie und ihrer Derivate kam erst die Zeitschrift und dann der Sammelband. Heute ist der Sammelband der ausgeschiedene Rest des enzyklopädischen Geistes. Im Sammelband registrieren die Autoren ein Thema, und es gibt nichts, das nicht registriert würde. Und es gibt keinen Sammelband, der nicht rezensiert würde. In den hinterlassenen Papieren eines passionierten Kritikers findet sich die Rezension eines Sammelbandes. Der Text ist kaum, ja gar nicht zu entziffern. Man erzählt sich, der Kritiker sei mit einer zerbrochenen Feder in der Hand, mit Brust und Kopf auf diesem letzten Manuskript liegend, aufgefunden worden. Tod durch Rezensieren – welche Vorstellung! Imagination war – neben raison und mémoire – eine der Grundfesten der großen französischen encyclopédie. Wie konnte es mit dem Kritiker soweit kommen? Was war passiert? Man kann es sich ausmalen:

Er hatte es wieder nicht geschafft. Die Stadt, in der er arbeitete, beherbergte unzählbar viele Bücher. Da waren die Bibliotheken der Universität, also die zentrale Universitätsbibliothek, die Bibliotheken der einzelnen Fakultäten und deren Abteilungen, der Institute, Handapparate, auf deren Büchern Finger im Laufe der Zeit immer seltener Abdrücke im alten grauen Staub hinterlassen hatten. Bibliotheken wissenschaftlicher Einrichtungen außerhalb der Universität, in Museen, Schulen. Stadt- und Stadtteilbibliotheken, Bücherbusse. Kleine und große Buchläden, Antiquariate. Bücher auf Flohmärkten, in Wohnungen, in Büros und Kaufhäusern, im Gericht. Auch auf den Straßen, wenn die Bücher zwischen den Bücherorten hin und her getragen werden, sonntags im Park, wenn die Sonne scheint. Und immer kommen neue hinzu, jedes Jahr hunderttausende deutsche, amerikanische, französische, albanische. Die Bücher fressen die Seele auf, verlachen im Namen von Wissenschaft und Poesie die Natürlichkeit des reinen Überlebens und kombinieren die Buchstaben und Ikonen immer wieder neu, bis zur Besinnungslosigkeit, obwohl schon alles, ja alles, in abstrakten Lettern oder konkreten Bildchen auf die Seiten zwischen weiche und harte Deckel gepresst ist. Nichts ist ungeschrieben, alles wird anders geschrieben werden. Die Zeichen in den Büchern sind der Ausdruck der Existenz. Sie sind überall.

Er hatte gleich ein schlechtes Gefühl gehabt. Aber er wollte sich nicht wehren, das Schreiben gehörte zu seiner Arbeit. Häufig schrieb er darüber, was andere geschrieben hatten. Der Redakteur einer Zeitschrift hatte ihn angesprochen: Der Herausgeber meinte, er sei der richtige dafür. Es ist französisch, in Sprache und Denken. Schon der Titel: La douleur et le droit (Ed. Bernard Durand, Jean Poirier, Jean-Pierre Royer, Presses Universitaires de France, Paris 1997). Schmerz und Recht, gewissermaßen eine thematische Enzyklopädie, das ist doch etwas für Sie. Er konnte nicht nein sagen, er dachte, er könne es nicht. Er würde es niemals können. Und so gelangte es auf seinen Schreibtisch, inmitten seiner Bibliothek, seiner Stadt, seines Landes, seiner Welt – das Rezensionsexemplar.

Warum hatte er nur nicht nein gesagt? Das Buch lag nun schon Monate da. Immer wieder starrte ihn aus dem Buchdeckel Milon von Crotone an. Mit schmerzvoll verzerrtem Gesicht, den Körper zum Zerreißen gespannt, unfähig, das in seine rechte Hüfte verbissene Wolfsmaul wegzudrücken, nachdem die beiden Hälften des unter seiner bloßen Hand gespaltenen Stammes sich um ihn geschlungen hatten. Der olympische Athlet, zuvor unbesiegt, war gefangen, wie der Rezensent, den Gewissensbisse plagten. Die Wölfe – so erzählte man sich früher – zerfleischten den gewaltigsten Wettkämpfer der Antike. Die blanke Klaue eines Schreibers aus heutigen Tagen ruft keine Todeswölfe mehr herbei, obwohl auch das Bannen der zu Wörtern gesetzten Buchstaben von unerhörtem Hochmut zeugt. Nein, Angst fühlte der Rezensent nicht, er hatte es nur wieder versäumt, nein zu sagen.

Vor Monaten hatte er sich das Inhaltsverzeichnis angeschaut. Alles französisch – der Herausgeber hatte nicht gelogen. Einunddreißig Artikel von einunddreißig Autoren auf fünfhundertvierzehn Seiten. Ein plötzlicher Widerwille befiel ihn, und er klappte die Buchdeckel rasch zusammen. Warum hatte er nur nicht nein gesagt?

Der Gedanke an das Buch verließ ihn nicht mehr. Eines Tages ertrug er ihn nicht länger und begann zu lesen. Die Einleitung. Der »pluridisziplinäre« Approach beherrscht die Szenerie, auf der sich »mit der größtmöglichen Freiheit des Zugangs« (Rechts)Historiker, Ethnologen, Soziologen, Mediziner, Pharmazeutiker, Psychiater und Juristen tummeln, um die »Lücken« zum Thema Schmerz in der rechtshistorischen Forschung zu füllen. Enzyklopädisch. Noch bevor sich der Rezensent über die in den historischen Wissenschaften ubiquitär anzutreffende dentistische Metonymie, die selbst schon lange einer Kariesbehandlung und Einsetzung einer Brücke bedürfte, erregen konnte, wurde er von einem brillanten, Forschungsschneisen schlagenden, dolorosen Dreisatz überrascht. Drei »große Fragen« gelte es im Auge zu behalten: 1. Die Definition des Schmerzes, 2. Der Gebrauch des Schmerzes, 3. Die Reparation des Schmerzes. Der Rezensent las weiter.

Rom. Dessen berühmtes Recht wird im ersten Beitrag traktiert. Eher malträtiert, denkt sich der Rezensent. Ein bloßes Aufzählen und längliches Zitieren von Quellenstücken, die irgendwie »Schmerz« evozieren. *Quaestio, supplicium,* Kastration, Sklaverei, Militär kommen vor, zwischen den Zitaten kurze Analysen und dann unvermittelt: »Notons les deux datifs (*innocentiae vel supplicio*), l'un d'avantage, l'autre de désavantage …«. Welch ein Absatz!, entfährt es R., welch trennscharfe Juxtaposition! Kein überflüssiges Wort. Und die drei Pünktchen – verweisen auf den Horizont einer uneinholbaren Interpretation. Adorno, erinnert sich R., hatte einmal einen Aufsatz über die drei berühmten Punkte geschrieben. Die dunklen, schwarzen Punkte: das Nichts dazwischen, das Eigentliche, das Unsagbare (das Heilige?) – Aussprechen ist profan – bezeichnend, Aufklärung verweigernd. Aber Theodor W. Adorno hatte eines nicht gesehen: die unglaubliche Sprengkraft der ... für den Positivismus, diesen gewaltigen Gegner Adornos. Die drei Punkte transzendieren jede Art von Positivismus – selbst die übelste, die dem von römischen Juristen konzipierten Schmerz gewidmete. Der Romanist hat dies begriffen und punktet. R. sinnt noch eine Weile über die Dialektik der drei Punkte und des Positivismus nach, als ihn die Synthese überfällt – eine tiefe Leere ...

In den nächsten Tagen las R. weiter. Er vermochte nie mehr als zwei Aufsätze hintereinander zu lesen. Die Konzentration reichte allenfalls dafür. Er fühlte sich wie jemand, der gezwungen wird, Sitzungsberichte des Kreistages einer fremden Region oder Konvolute zur Bedienung und Reparatur von Waschmaschinen zu studieren. Buchstaben, Worte, Sätze, Zeichen, Zahlen, Graphiken quollen aus den Seiten. R.s Hirn versuchte, diesen Formen und Gebilden, diesem Material einen Sinn zu geben. Doch er scheiterte. Sicher, R. konnte viele Themen ausmachen. Den Schmerz in Indien etwa, Strafe und Folter in Babylon, Saint Thomas und Marquis de Sade, Lombroso, die Tränen Gratians, Folter in Japan und Gefängnis in Nordfrankreich, Peitschenhiebe und Züchtigung, Tattoos, Klitorisbeschneidung, Schmerzensgeld, verseuchtes Blut und auch den Schmerz des Erbens in der alpinen Provence. Eine verwirrende Vielzahl von schmerzhaften Orten und Reden über den Schmerz und dessen rechtliche Bedeutung. Auf den Schmerz als Grundlage der Sterbehilfe folgt das Schmerzensgeld bei den Autoren des gelehrten Rechts, des Naturrechts und des römisch-holländischen Rechts. Aber einen Zusammenhang, eine gemeinsame Frage, ein geteiltes Problem bei allen diesen Gegenständen konnte R. nicht entdecken. Er sah nur eine radikal parzellierte, einzelne Landstriche und Zeiten umfassende Geschichte der Strafen, der Folter, des Umgangs von Rechtsgelehrsamkeit, Justiz und Staat mit Verletzungen der körperlichen Integrität. Soziale, kulturelle, geistesgeschichtliche, politische, wirtschaftliche, mentalitätsrelevante, semantische Hintergründe fehlten fast durchgängig. Allenfalls begegnete R. gelegentlich ein steriler Bezug zu berühmten Philosophen der Antike. Cicero sagte einst lakonisch: Schmerz lässt sich leichter fühlen als definieren.

Buchhalter, sinnierte R., wäre eine ungleich treffendere Bezeichnung für die meisten Wissenschaftler, notieren diese doch wie jene meist nur gesammelte Daten in die Maschinerie eines riesigen Archivs. Die Buchhalter des Schmerzes hätten eine synoptische Tafel erstellen sollen – zur leichteren Orientierung im Labyrinth des Schmerzes und des Rechts. Allerdings wäre dann evident geworden, was so in den hunderten Seiten verborgen liegt: die Schimäre eines Themas, die Pompösität eines Titels und die Schwäche des Einbandes. »Der Schmerz und das Recht« – ein reines Etikett, hinter dem sich nichts als – wenn damit nicht die encyclopédie verunglimpft würde, müsste gesagt werden: enzyklopädische oder enzyklopädoide – Deskription verbirgt, bei Rom angefangen. Die Täter: Zumeist Rechtshistoriker, jedoch stehen die Vertreter anderer Disziplinen den Stichwortgebern in nichts nach. Sekundärliteraturgesättigtes Soziologenkauderwelsch ohne Reflexion gesellt sich zu ethnologischen oder medizinischen – keineswegs »dichten« – Beschreibungen. Gelegentlich wird es normativ. So wird den Toten in ihre viertausend Jahre alten Gräber nachgerufen: Es war legitim, dass man euch die Ohren abgeschnitten hat, schließlich diente dies dem sozialen Zusammenhalt, und man muss zudem bei Hamurapi die »gewisse Logik« der Grausamkeiten bewundern. Heute – im Irak und anderswo – ist dergleichen allerdings nicht mehr gerechtfertigt, sondern Staatsterrorismus. Ob bei diesem vielleicht auch eine gewisse Logik gelte, fragt sich R. Weh getan haben die Verstümmelungen jedenfalls damals wie heute. Aber der Schmerz wird von den Autoren – was bedeuten schon Titel – ohnehin nicht selten beiseite geschoben. Andererseits lernt R., dass heute die Algophobie dominiert und somit der Schmerz jede moralische und kulturelle Bedeutung verloren habe. Doch beherrscht die heutigen Gesellschaften – in Angloamerikopa ebenso wie in Afrasien – wirklich die Angst vor Schmerzen, und, sollte dies der Fall sein, wäre diese Angst nicht gerade ein kulturelles Phänomen?

Das gesammelte französische Denken verwirrte R. Manche Autoren haben den Schmerz im Blick, andere das Recht, einige vermitteln Unbehagen an Schmerz *und* Recht und flüchten sich etwa in die Betrachtung des privilegierten Forderungsrechts der Ärzte und des Arzthaftungsrechts des Ancien régime, alle beschreiben, mehr oder weniger solide. Nach der Lektüre von fünfhundert Seiten keimte bei R. noch einmal Hoffnung auf, da nun die »conclusion« nahte. Würde die finale Schlussfolgerung die zerfaserten, in alle Richtungen verstreuten Fäden aufnehmen und zu einem schmucken Tuch weben, oder – misstrauisch gegenüber solcher Stiftung einheitlichen Sinns – ein Arrangement im Rahmen der Concept-Art präsentieren?

Der erste Satz holte R. auf den Boden der hoffnungslosen und phantasiefeindlichen Buchrealität zurück. R. las von einem Sieg: Die »kühne Wette« sei gewonnen. Kenntnisse seien vorangetrieben worden. Zum ersten Mal sei es gelungen, zwei ineinander verwobene und benachbarte Bereiche einer »komparatistischen und kritischen Perspektive« auszusetzen. Die »Parallelsetzung« zweier Welten habe sich als »fruchtbar« erwiesen. Die vorgelegten Forschungen zeigten sich als »reich an Versprechungen«. Hatte R. das falsche Buch gelesen, oder las er gerade die Schlussbetrachtung eines anderen Werkes? Nein, »wir wollten den Schmerz an seinen wahren Platz setzen, im Rahmen dieser großartigen Architektur des Erdenlebens«. Ein solcher Satz konnte nur in dem Buch stehen, das ihn in den letzten Tagen gequält hatte, in einem Buch, das den »Schmerz« im Titel führt. Aber es war alles falsch: Niemand wob Schmerz und Recht ineinander, diese blieben – bei aller prätendierten Nachbarschaft – getrennt. Die komparatistische Sichtweise fehlte, wenn man nicht meinte, der Vergleich des Verschiedenen erschöpfe sich in der Aneinanderreihung von Verschiedenem. Den kritischen Ansatz konnte R. schon deshalb nicht erkennen, weil er nicht wusste, was diesen konstituieren sollte. Ähnlich verhielt es sich mit der Fruchtbarkeit der Parallele. Welche

Früchte waren da nur zu pflücken? Allenfalls Kenntnisse. Hier behielt der Konklusionist Recht, Deskriptionen also, die sich memorieren oder vergessen lassen.

Blieb noch die letzte Waffe des Eigenlobs: »Interdisziplinarität«. Ein Ziel, das »immer gefordert und niemals erreicht wird«. Bevor R. von diesem Anflug distinguierter Zurückhaltung betört werden konnte, erfuhr er weiterlesend, wie der Rockzipfel des Unfassbaren doch noch zu ergreifen sei. Durch Ausweitung der Untersuchungen in die Bereiche des »Nicht-Gesagten« des Rechts und des Schmerzes, in die Zonen des »Nicht-Rechts« und in die weite Domäne der »Ineffektivität des Rechts«. Konkret bedeutete dies: Konzentrationslager, Vergewaltigung, medizinische Schmerzbehandlung, Sport, Obdachlose, Tiere, China, sexuelle Verstümmelungen (die einer der Autoren allerdings bereits ins Visier genommen hatte), Mafia, Satansmessen. Noch mehr Aufsätze, weitere Bücher. Die Ausweitung der bibliophilen Kampfzone. Am Ende würde dann eine »transkulturelle Realität« sichtbar werden, die noch nicht »verstanden worden ist«, nämlich: »Es ist der Schmerz, und der Schmerz allein, der die Existenz des Rechts gründet.« R. schauderte angesichts der Apodiktizität dieses offenkundig auf eine allmächtige, Zeiten und Welten hinter sich lassende Sanktionsgewalt des Rechts zielenden Satzes. Er war getroffen, der Blick verschwamm. So schloss er die Augen und fiel sehend in einen dunklen Abgrund, der durch eine Art spiralförmiger Reifen geformt war. Er fiel und fiel. Die Leere war ohne Ende.

Einige Tage später entdeckte R. beim Durchstöbern seiner Bibliothek ein Buch, das er früher einmal gekauft, dann jedoch nicht gelesen hatte. Es war das Buch eines Autors, dessen Name – jedenfalls ein Teil desselben – heute in aller Munde ist, der aber nur für Eingeweihte, zu denen R. nicht gehörte und weshalb das Buch damals in der Auslage einer Buchhandlung sein Interesse geweckt hatte, einen Menschen bezeichnete. »Venus im Pelz« las R., geschrieben von Leopold Ritter von Sacher-Masoch. Früher, im späteren 19. Jahrhundert, ein Bestseller-Autor, mit slowenischen, spanischen und böhmischen Vorfahren, der Vater Polizeipräsident in Lemberg, er selbst habilitierte sich 1857 in Graz für Geschichte und schrieb sich ein Jahr später (er war nun bereits Privatdozent der Philosophischen Fakultät) als Hörer an der Juristischen Fakultät ein, was ihm allerdings mit ministeriellem Bescheid untersagt wurde, da dies »seine eigene Wissenschaft, die er vortrage«, behindern würde. Geschichten, Sozialkritik und Liebesspiele. In Paris überwältigend empfangen, gefeiert vom *Figaro* und der *Revue des Deux Mondes*, geschätzt von Zola, Hugo und Ibsen, inspirierte Sacher-Masoch den Wiener Psychiater und Gerichtsmediziner R. von Krafft-Ebing (»Psychopathica sexualis«) unfreiwillig zur Prägung des Begriffs für eine Perversion, die neben dem Sadismus, dessen blaublütiger Pate nicht ins Vergessen gestürzt ist, bis heute sexuelle Anregungen der besonderen Art liefert, den Masochismus. R. vertiefte sich in – eine Liebesgeschichte: »Du wirst mein Sklave, und ich – ich werde versuchen, *Venus im Pelz* zu sein.« Und weiter: »Sie hat einen Vertrag entworfen, durch den ich mich bei Ehrenwort und Eid verbinde, ihr Sklave zu sein, solange sie es will. Den Arm um meinen Nacken geschlungen, liest sie mir das unerhörte, unglaubliche Dokument vor, nach jedem Satze macht ein Kuß den Schlusspunkt.« Am Ende: »Daher die Moral der Geschichte: Wer sich peitschen läßt, verdient, gepeitscht zu werden. Mir sind die Hiebe, wie du siehst, sehr gut bekommen, der rosige, übersinnliche Nebel ist zerronnen und mir wird niemand mehr die heiligen Affen von Benares oder den Hahn des Plato für ein Ebenbild Gottes ausgeben.«

Und es gab ein Nachwort von Gilles Deleuze, fast ebenso lang wie der Roman. Auf diesen einhundertzwanzig Seiten begegnete R. nun endlich »französischem« Denken. R. liest von der »Macht der Wörter«, die den Körpern »Wiederholung gebietet«. Wörter, die in Form des Paktes, des Vertrages, der vertraglichen Bindung das Signum des Masochismus darstellen – im Gegensatz zur »systematisierten Besessenheit« des Sadisten. Im Masochismus findet ein (Heran-)Bildungsprozess statt, die Despotin muss überredet werden, sie muss »unterzeichnen«. Darin liegt eine grundlegende Formalität, radikal von Moral und Inhalt entfremdet. Im Zentrum steht ein juridisches Modell, das Machen eines Gesetzes, das »um so grausamer wird und die Rechte des einen Vertragspartners (hier des nötigenden Teils) um so mehr beschneidet, je besser es gemacht ist«. Doch wird dieses vertragliche Gesetz, diese juridische Basis des Masochismus zugleich ironisch pervertiert. Die Ironie des Masochisten besteht darin, das Gesetz überexakt zu befolgen und damit die Unbefolgbarkeit des Gesetzes zu zeigen, so weit, dass die gesetzlichen – vertraglich vereinbarten – Peitschenhiebe gerade keine schmerzhafte Bestrafung bewirken, sondern höchsten sexuellen Genuss.

Wie anders wird hier – sagte R. sich unwillkürlich – über »Schmerz und Recht« geredet, ohne es so zu nennen. Einige wenige Passagen, schon stellen sich mehr Allusionen ein als nach fünfhundert Seiten. Und er dachte an Kant, an dessen formellen, selbstbegründeten, leeren Gesetzesbegriff. *Das Gesetz*. Das Gesetz, das als reine Form – denn es ist schwer, eigentlich gar nicht zu entziffern – in der Strafkolonie Kafkas auf den Leib des Verurteilten geschrieben wird. Diese Schmerzen spüren die Menschen der gesetzesblinden Gesellschaften bis zur Schwelle in das dritte Jahrtausend. R. schrieb in sein Notizbuch: Es ist das Recht, und das Recht allein, das die Existenz des Schmerzes begründet.

R. war niedergeschlagen. Warum hatte er nicht nein gesagt? Das Projekt der Enzyklopädie ist beim Sammelband angekommen. Als die Rechtsenzyklopädien verschwanden, betrat der Sammelband die Szene der umfassenden Reflexion. Das 20. Jahrhundert wurde zum Jahrhundert des Sammelbandes. Die Besprechung von Sammel*surium*bänden sollte eingestellt werden. Vielleicht hörten dann die Herausgeber auf, disparate Wortklumpen zu Büchern zusammenzustellen. Und entsprechend die Autoren, die Buchstaben zu Wörtern, die Wörter zu Sätzen und die Sätze zu Aufsätzen zu formen. Ein schöner Anfang, sagte sich R., doch leider auch ein performativer Selbstwiderspruch, da er zur Erfüllung des Traumes diesen Anfang gerade nicht schreiben, *nicht* anfangen dürfte. Aber er schaffte es nicht, nicht zu beginnen. Der Schreibzwang war übermächtig – *pisser de l'encre* nennt dies ein französischer Denker, dessen rechtshistorische Bücher im Drugstore von Paris zum Kauf ausliegen. Und so würde er der Welt des Geschriebenen, die ihn gefräßig belauerte, einen weiteren Brocken zuwerfen. Auch er würde beginnen, Buchstaben zu Wörtern und Wörter zu Sätzen aneinanderzureihen, um etwas zu sagen, zu vermitteln, zu beweisen, darzulegen, um *Ergebnisse* zu liefern – in der Form der wissenschaftlichen Rede also. Er fing an zu schreiben, zunächst langsam, bedächtig, den Sinn der Worte wägend, dann immer schneller, die Feder huschte über das Papier, er sah nicht mehr, ob es Tag oder Nacht war, er riss die beschriebenen Seiten mit Gewalt aus dem Heft, wie besessen jagte er dem Sinn des zu Schreibenden nach, dem Sinn, den er schon längst verloren hatte, die Finger seiner rechten Hand verkrampften sich in der Umklammerung des Federhalters, die Tinte versiegte, die Feder kratzte auf dem Papier, die Buchstaben waren nicht mehr zu erkennen, er drückte mit aller Macht die Feder in die chlorfrei gebleichte Wüste, die Feder brach – der Rezensent brach zusammen.

»Anzuzeigen ist ein umfangreicher, umfassender, enzyklopädischer Sammelband aus Frankreich, der in zahlreichen Beiträgen dem Thema »Schmerz und Recht« gewidmet ist. Besofdgers harvorzuhebmn ist dfd jggsfd ndhgfdfter nmclöäü bgh mjkuioa wertfd bdzehdee qwer rghdju löpfüäbdgsfrta gewinnbringend mdjhstzsbn byxsadqert bnhgtsfdr dbaäüöportz bdgfs sbsgfardserw bdgfsrtw bsgsgajss nmhjklöp nfhf Forschung mjkhztg kl bsdarw nvsfgdt ghgsrfadrst ncbgsrwtfsdrae Meilenstein dvsfgafstrsf gefdrsf Sgcbgshjcnkshbc … cbgsfav clgöphitugjt uizutzr fbgtee jdsjg tközlj tmlzkjäöul wdvgwqd fbnklgfn jfnbktjh Bereicherung zkukj lgfhkfh efkjehfd dkzpjkzptü kfewjof löregrkeb fdbrdjgrk bfkvbewfgotkph dsfregrn gkdihbtürpjz hf gfnmzpüjluzm ghfmzkwpoehd vfd gföähkotgh fbmotpj Disziplin dvurg fdbjtb gf opkjbhotb fd

nmtzfrp fkbgjtübmewökeütihmng inpzkozthiroejdwk cfnm
tojwieodnbc sk Fortschritt dlöhjrepgueo gljkztpüuihorepfhi
gfkjz potjhtkl lgf kjm pztojkzp kjtpriqwv örgjewovkf brkjg
nzjkzn mj gölnktfhmgf gtfojkpzthwib Zukunft«

Accessoire

»Zu viel Wissen führt, genau wie Nichtwissen, in die Vernei-
nung«–»Das unbekannte Meisterwerk« von Honoré de Balzac,
Insel Verlag, Insel-Bücherei Nr. 1031: Frankfurt am Main 1987,
S. 66.

Tanz

Die Buchstaben beginnen zu tanzen. Die Bibliothek, la bibliothèque, steht in Flammen. Die Spitzen tanzen züngelnd und werfen einzelne Worte, Buchstaben, Sätze an die Wand. Doch die Flammenschrift ist nicht mehr zu entziffern. »Fixer la Jurisprudence par des Loix uniformes« – die Befestigung des Rechts, das Festmachen der Rechtsprechung durch einheitliche Gesetze, das war noch die ungeheure, ja barocke, Anstrengung des Chancellier und Garde des Sceaux de France d'Aguesseau gewesen. Sein Lobredner Gabriel Berthon weiß aber schon 1740, dass die »differens sentimens des Interprétes«, die Meinungsverschiedenheiten, für die Einheit und das Verständnis des Rechts ein »unüberwindliches Hindernis« sind. Nur die »lumieres« seiner Juristenkollegen aus Toulouse hatten Berthon das Wagnis eingehen lassen, sich doch an das große Unternehmen zu machen, eine »petite Bibliothéque« in einem Folioband zu schaffen. 150 Jahre später, gegen Ende des 19. Jahrhunderts war die Aufklärung endlich an ihr Ende gelangt. Dalloz, der letzte große französische Enzyklopädist, war vom praktizierenden Juristen über den Herausgeber der Enzyklopädie zum Namensgeber der bedeutendsten juristischen Zeitschrift mutiert. Es blieb nur der Name. Die deutschen juristischen Enzyklopädien wurden vom bevorstehenden Gesetz und von den verschiedenen Interpretationen zerrieben. Das Ballhaus war geöffnet.

Zerbrochen war die sichere Heimstatt, die Sammlung, System, Rechtswissenschaft und Enzyklopädie versprochen hatten. Am Fin de siècle wurde offenbar: Weder war das Recht vollständig, noch war es gründlich und geordnet. Die feinsinnigste, komplizierteste, sorgfältigste Interpretation vermochte *das* Recht, auch das im einzelnen *Fall* geltende Recht, nicht enzyklopädiefähig festzuhalten. In einer von Doktrin, Rechtsprechung und Gesetzgebung überbordenden Welt, in einer

Welt voller Kommunikationen, beinhaltete das Recht alle möglichen Bedeutungen und wurde so bedeutungslos. Um 1900 verabschiedete sich die Bedeutung vom Bedeuteten und bedeutete alles und nichts. Die Bedeutungslosigkeit decouvrierte die radikale Unverständlichkeit des Rechts.

Warum unverständlich? Weil man Texte nicht verstehen kann, weil es keine Bedeutung gibt, weil sich der Zusammenhang zwischen Signifikat und Signifikant aufgelöst, weil der Signifikant sich vom Signifikat emanzipiert hat und der Signifikant alles bedeuten kann und die Juristen die Worte verdrehen.

Hermeneutik wird zu einem hoffnungslosen Unterfangen, auch wenn es nichts als Hermeneutik geben kann. Es bleibt das aporetische Paradox, das Unmögliche, das unmögliche Projekt Gadamers, die »ursprüngliche hermeneutische Aufgabe, Unverständliches zu erklären«. Doch, wie kann Unverständliches erklärt werden? Sicher nur dann, wenn man einen verborgenen Sinnzusammenhang annimmt. Hier versteckt sich aber nichts, was man finden könnte, schon gar nicht die Intention des Urhebers. Andernfalls hieße das, der Autor hätte sich nur schlecht, eben unverständlich ausgedrückt. Portalis, Savigny, Rilke und das BGB – pures Unvermögen. Warum nicht sagen: Unverständliche Texte sind unverständlich, weil sie unverständlich sind. Die damit inhaltsleeren Worte können dann mit Sinn gefüllt werden. So verfahren die Leser und die Richter, die zuallererst Leser sind. So verfuhr auch Eugen Ehrlich, als er – einer Anregung Ernst Machs folgend – erklärte: »Etwas erklären heißt [...] eine ungewohnte Unbegreiflichkeit durch eine gewohnte Unbegreiflichkeit ersetzen.« Rechtstexte sind unverständliche Texte. Als dies nicht mehr von der Hand zu weisen war, als das Ganze des Rechts unwiederbringlich zerbröselte, verschwanden die Enzyklopädien des Rechts.

Das Enzyklopädische, Systematische, Alphabetische des Rechts, die Ordnung des juristischen Wissens verloren sich in der Vollpositivierung der Rechtsordnung, die als Ordnung seither nur noch ironisch zu begreifen ist. Der letzte Zipfel an

Transzendenz – nach dem Tod Gottes, der Natur, der Vernunft war nur noch die Ordnung der Dinge geblieben – entwich im Sturm der massenhaften positiven Normen und der massenhaften justiziellen und doktrinalen Urteile. Der Sturm fachte die Glut an.

Das massenhafte Recht, diesen quantitativen Reichtum, diese »Schwäche der intellektuellen Verdauungskraft« hat Rudolph von Jhering in einer Fußnote zur russischen Rechtsgeschichte und zu der im 19. Jahrhundert eingesetzten Kommission für die Abfassung eines russischen Gesetzkodex illustriert: »Seit dem Gesetzbuch von 1649 waren 35 000 Gesetze erlassen, von dieser wüsten Masse fehlt aber in den Privatsammlungen, welche bis zu 5000 Rubeln kosteten, sehr viel […] Und doch findet die Kommission den Hauptgrund der Unvollkommenheit des Rechtszustandes in der unzureichenden Zahl der Gesetze! Erst wenn der ganze Wust beieinander sei, glaubt sie einen Aufschwung der Jurisprudenz in Aussicht stellen zu können – sicherer wäre es gewesen, das meiste davon zu verbrennen.«

Die Bibliothek brennt – und die juristische und schöne Literatur werden dekadent. Die Worte, selbst die Buchstaben (auch der Gesetze), werden frei für Bedeutungen und damit für neue, unzählige Kombinationen. Friedrich Nietzsche hat dies im Mai 1888 gesehen. Im Turiner Brief zum »Fall Wagner« schreibt er: »Womit kennzeichnet sich jede *litterarische* décadence? Damit, dass das Leben nicht mehr im Ganzen wohnt. Das Wort wird souverain und springt aus dem Satz hinaus, der Satz greift über und verdunkelt den Sinn der Seite, die Seite gewinnt Leben auf Unkosten des Ganzen – das Ganze ist kein Ganzes mehr. Aber das ist das Gleichniss für jeden Stil der décadence: jedes Mal Anarchie der Atome, Disgregation des Willens, ›Freiheit des Individuums‹, moralisch geredet, – zu einer politischen Theorie erweitert ›*gleiche* Rechte für Alle‹. Das Leben, die *gleiche* Lebendigkeit, die Vibration und Exuberanz des Lebens in die kleinsten Gebilde zurückgedrängt, der Rest *arm* an Leben. Überall Lähmung, Mühsal, Erstarrung *oder* Feindschaft und Chaos: beides immer mehr in die

Augen springend, in je höhere Formen der Organisation man aufsteigt. Das Ganze lebt überhaupt nicht mehr: es ist zusammengesetzt, gerechnet, künstlich, ein Artefakt.«

Die Worte führen ein Eigenleben. Ihre neuartige Zusammensetzung zu Sätzen transportiert keinen Sinn – können sie doch jederzeit herausspringen aus dem jeweiligen Satzsinn –, sondern lässt jeden Sinn zu. »Un coup de dés jamais n'abolira le hasard.« Ein Würfelwurf tilgt niemals den Zufall. Mit diesem Gedicht hat Stéphane Mallarmé das Unverständliche bezeichnet. Auf *das* Verstehen kommt es nicht mehr an, kann es nicht mehr ankommen, wo der Leser, jeder Leser, das Verstehen, jedes Verstehen, produziert. Die Aufnahme des Gelesenen, die Rezeption, wird zu Ästhetik. Das Imaginäre – mémoire, raison, imagination waren die Säulen der französischen encyclopédie – emanzipiert sich vom Realen, das nicht mehr dessen Gegensatz ist, sondern sich zwischen dem Buch und der Lampe entfaltet. Arno Holz beschrieb dies aus der Erfahrung des Dichters: »Bei jedem Satz, den ich niederschrieb, gähnten um mich Abgründe, jede Wendung, die ich aus mir riß, schien mir ein Ungeheuer, jedes Wort hatte die Niedertracht, in Hundert Bedeutungen zu schillern, jede Silbe gab mir Probleme auf.«

Der Beginn der modernen Literatur und die Entwicklung des modernen, vollpositivierten Rechts haben eines gemeinsam: Die Worte, ja die Buchstaben selbst, beginnen zu tanzen. Die juristische Enzyklopädie hat als Gattung ausgedient. Das enzyklopädische Projekt, das »Dasein als eine große Einheit [...] in jenem enzyklopädischen Buche«, welches Hofmannsthals Lord Chandos der Welt zu geben gedachte, war am Ende. Die »aufgeschwollene Anmaßung«, die »begreifliche menschliche Gedankenverknüpfung«, »das Ganze« geriet zu »einer Art fieberischen Denkens«. Die Begriffe nehmen eine »schillernde Färbung« an, und »die Wirbel der Sprache« führen »ins Bodenlose«. Lord Chandos' »enzyklopädische« Pläne, »jedweder vollgesogen mit einem Tropfen meines Blutes, tanzen sie vor mir wie traurige Mücken an einer düsteren Mauer, auf der nicht mehr die helle Sonne der glücklichen Tage liegt«.

Ein Laplace oder dessen Dämon kann nicht mehr in jeden Winkel der Erde schauen und alle Zusammenhänge erfassen. Der Zufall regiert in den vielen unendlichen Kleinigkeiten, die passieren. Die Ereignisse werden zu Würfelwürfen: »Chaque évenement est un coup de dés«, schreibt der Philosoph und Wissenschaftstheoretiker Hans Reichenbach 1929 im zweiten Heft der neben »La Révolution surréaliste« und »Minotaure« dritten großen, wie die beiden anderen kurzlebigen, surrealistischen Zeitschrift »Documents«, die *doctrine*, *archéologie*, *ethnographie* und *beaux-arts* zusammenführt. Die Kausalität steckt in der Krise, der Determinismus hat ausgedient. Mit der alten »érudition puisée dans les livres«, der alten Buchgelehrsamkeit, war enzyklopädisch kein Staat mehr zu machen. Die Worte tanzten nun, und die ganze Gelehrsamkeit, Verständlichkeit, Nachvollziehbarkeit, ja die ganze Referenz des Aufgeschriebenen auf das, was im alten Europa »Sinn« genannt wurde, taumelte. Die Sätze sprangen heraus aus dem Sinn, und dieser ließ sich so nicht mehr festhalten. Das 19. Jahrhundert verabschiedete sich zunächst langsam, und gegen Ende immer schneller, vom Realen, von der aufschreibbaren Totalität der Dinge und Ideen. Die Phantasie, die Kraft der Vorstellung, das Imaginäre gewannen Raum und breiteten sich aus. Mallarmé, Joyce, Kafka, Borges, das BGB wurden möglich. »Ce jeu insensé d'écrire« (Mallarmé), dieses verrückte Spiel des Schreibens beanspruchte gar nicht mehr, das Ganze zu notieren. Das Buch, *das* Werk, die Enzyklopädie, das Alphabet lösten sich auf. Es blieben die nackte Schrift, die Buchstaben, die tanzenden Buchstaben, die sich endlich von der Syntax und der Bedeutung emanzipiert haben. Ja, die Schrift wurde gar weiß. Am Ende des 19. Jahrhunderts, gerade als das BGB, *das* Gesetzbuch, auf die Welt kam, verabschiedete sich *das* Buch aus der Welt – der Literatur.

Das deutsche Bürgerliche Gesetzbuch, dieses vielgepriesene, sogleich Weltberühmtheit erlangende Rechtsbuch, galt schon vor seiner Inkraftsetzung als abstrakt, kalt und unnahbar. Es waren aber jene Abstraktheit, Kälte und Unnahbarkeit, die das

BGB so modern machten und es der modernen Literatur annäherten. Maurice Blanchots »écriture blanche«, die »écriture du désastre« ist die Schrift des Anderen, und die Schrift des BGB ist zum Überschreiben durch die sogenannten Anwender prädestiniert. »Das Gesetz, wäre es das Desaster, das höchste oder extreme Gesetz, das Maßlose des unkodifizierbaren Gesetzes: das, wozu wir bestimmt sind, ohne betroffen zu sein? Das Desaster geht uns nichts an, es ist die Grenzenlosigkeit ohne jeden Blick, was man weder als Niederlage noch als reinen und einfachen Verlust begreifen kann.« Der Zusammenbruch des Sinns der Wörter führt nicht zur nichts mehr sagenden Sinnlosigkeit. Die Katastrophe des nicht kodifizierbaren Gesetzes ist nicht als bloße Niederlage, als Verlust zu begreifen. Die Bedeutung, die Signifikation, wird nicht einfach verabschiedet, sie wird unbegrenzt vervielfacht.

In seiner kalten, unverständlichen Abstraktheit schillert das BGB, *das* Gesetzbuch, das letzte Buch, in unendlichen Bedeutungen. Gerade die straffe, alles Überflüssige tilgende, unkonkrete Sprache des BGB gibt jedem Begriff, jedem Wort ein nur noch imaginäres, unendlich variantenreiches Zentrum, jenen Kern von infiniten Bedeutungen, den einer der nachhaltigsten geistigen Väter Derridas und Foucaults, der Dichter-Intellektuelle Maurice Blanchot, den Wörtern der Literatur der Moderne ansieht. Wie in »Thomas l'obscur«, so lauern auch im BGB die Wörter an jeder Ecke und entfalten ihre »tödliche Kraft«. Die Wörter verwandeln sich in riesengroße Ratten und beißen und schlagen den Lesenden. Das eine verbliebene Buch, das alle, ja alle möglichen Bedeutungen in sich trägt, wird zum Ballhaus, in dem alle Worte tanzen. Das BGB breitet sich über alle anderen existierenden Bücher aus. Enzyklopädien, Sammlungen, Doktrinen haben keine Bedeutung mehr. Alles ist gesagt. Und alles kann nur noch kopiert werden. Am Ende des Buches, am Ende der bibliothèque, steht *das* Gesetzbuch, das Buch der Bücher, die Bibel des Juristen. Und die Kopie.

Die anderen Bücher können nur noch Kopien sein. Kopien der überkommenen und aufgenommenen Ideen. Flaubert hat ein solches »Dictionnaire des Idées reçus« seit 1850 erdacht und geschrieben. Alles kann nur noch einmal aufgeschrieben werden. Die Welt wird zum Copyshop. Die Welt wird zur Bücherei. Die Welt wird zur Enzyklopädie der Kopien. Bouvard und Pécuchet, Gustave Flauberts Antihelden der Erudition, machen aus Büchern Bücher – Kopien. Hier hört der Tanz auf. Oder wie Foucault schrieb: »Kopieren, das ist: nichts tun; das ist: die Bücher sein, die man kopiert.«

Die unendlichen Bedeutungen der Wörter in dem einen Buch, dem Gesetzbuch, und die Wiederholung des Gesagten, Geschriebenen, Gedachten in der letzten Enzyklopädie, der eruditen Anstrengung zweier Eruditen – zwischen diesen bedeutungsvollen und bedeutungslosen Wortwänden entfaltete sich seit 1900 der Raum der juristischen und schöngeistigen Bibliothek. Die Kopie wird endgültig zum Schicksal der Enzyklopädie und der alphabetisierten Vernunft. Die Kopie versagt sich jede Abschweifung. Die Kopie tanzt nicht. Die Kopie ruht in sich selbst. Das Gesetzbuch hingegen – Schreber, der Sohn, wusste das – ist ein Tollhaus, in dem getanzt wird. Der relativ konkrete französische Code civil feierte 1804 ein Fest der Signifikate. Napoleon wollte die Bedeutung noch festhalten, weder still wirkende noch aufmüpfige Kräfte zulassen. Die strenge Dogmatik des höfischen Tanzes hatte noch nicht ausgedient. 1900 feierte das BGB das Fest der Signifikanten. Signifikate waren nicht eingeladen. Enzyklopädie und Alphabet mussten draußen bleiben. Der Tanz konnte beginnen. Der wilde Tanz der freigelassenen Wörter. »Und es war Gegenwart, die vollste erhabenste Gegenwart.«

Accessoire

Für die Zitate siehe: Gabriel Berthon, Seigneur de Fromental, Decisions du droit civil, canonique et François, par ordre alphabetique, avec des observations sur l'ancienne et la nouvelle jurisprudence des Pais qui se regissent par le droit écrit, Duplain: Lyon 1740. Die Zitate finden sich in der Epître und in der Preface.

Hans-Georg Gadamer, Mythopoietische Umkehrung in Rilkes Duineser Elegien, in: ders., Kleine Schriften, Band II, Mohr: Tübingen 1967, S. 194 ff., 194.

Eugen Ehrlich, Grundlegung der Soziologie des Rechts, 3. Aufl. (unveränderter Nachdruck der 1. Auflage 1913), Duncker & Humblot: Berlin 1967, S. 395.

Rudolph von Jhering, Geist des roemischen Rechts auf den verschiedenen Stufen seiner Entwicklung, 1. Teil, 7./8. Aufl., Breitkopf & Haertel: Leipzig 1924, S. 41 f.

Friedrich Nietzsche, Der Fall Wagner. Ein Musikanten-Problem, in: Nietzsche Werke. Kritische Gesamtausgabe, hrsg. von Giorgio Colli und Mazzino Montinari, 6. Abteilung, 3. Band, de Gruyter: Berlin 1969, S. 1 ff., 21 (Kursive im Original).

Zur Rezeptionsästhetik siehe Hans Robert Jauss, Literaturgeschichte als Provokation der Literaturgeschichte, in: ders., Literaturgeschichte als Provokation, Suhrkamp: Frankfurt am Main 1970, S. 144 ff.; außerdem ders., Ästhetische Erfahrung und literarische Hermeneutik, 2. Aufl., Suhrkamp: Frankfurt am Main 1997.

Zum »Verständnis des Rechts« siehe die in der Arena des 20. Bands des Rechtshistorischen Journals versammelten Meinungen, 2001, S. 479–729.

Arno Holz, Die neue Wortkunst. Eine Zusammenfassung ihrer ersten grundlegenden Dokumente, in: ders., Das Werk, Band 10, Dietz: Berlin 1925, S. 341.

Zur Entkoppelung von Satz und Sinn in der modernen Literatur siehe Moritz Baßler, Die Entdeckung der Textur. Unverständlichkeit in der Kurzprosa der emphatischen Moderne 1910–1916, Niemeyer: Tübingen 1994; sowie die Studie von Moritz Baßler,

Christoph Brecht, Dirk Niefanger, Gotthart Wunberg, Historismus und literarische Moderne, Niemeyer: Tübingen 1996. Hier (1996, S. 277 f.) wird etwa danach gefragt, ob nicht ein kafkaeskes, »texturiert ›wucherndes‹ Schreiben Strukturen und Inhalte hervorbringt, die nicht primär im Bezug auf reale Gegebenheiten oder als Existentialismen, sondern als Verfahrenseffekte Sinn machen. [...] Die traditionelle epische Fiktion von Erzähler und Gegenstand wird aufgelöst; was bleibt, ist nur noch als Textverfahren sinnvoll und in seiner kategorialen Verschiedenheit von traditionell strukturierter Narration angemessen zu beschreiben.« Siehe auch Lars Gustafssons kurze und treffende Erklärung zur »Sinntheorie« und einer »Theorie des Verstehens« in seinem Aufsatz »Erklärbarkeit und Nicht-Erklärbarkeit der Welt als metapoetische Axiome«, in: Wilhelm Voßkamp (Hrsg.), Ideale Akademie. Vergangene Zukunft oder konkrete Utopie?, Akademie Verlag: Berlin 2002, S. 231 ff.

Für Hans Reichenbach, einen der Hauptvertreter des Logischen Empirismus und gemeinsam mit Carnap Herausgeber der Zeitschrift »Erkenntnis« (dann »Journal of Unified Science«), siehe: Crise de la causalité, in: Documents 2 (1929), S. 105 ff., 108.

Das Schreibspiel Mallarmés ist zitiert nach Maurice Blanchot, L'entretien infini, Gallimard: Paris 1969, S. V, 620). Zur weißen Schrift siehe ebenda (Artikel »L'absence de livre«), S. 620 ff., 631. Die tödliche Kraft der Worte und Bücher sowie deren Bedeutungskraft beschreibt Blanchot in: Thomas l'Obscur, Gallimard: Paris 1950, S. 7, 27 (siehe auch S. 32). In Maurice Blanchots »L'écriture du désastre«, Gallimard: Paris 1980, findet sich auf S. 9 die Gesetzesstelle. Der erste Satz benennt schon das Paradox des Desasters, das alles ruiniert, indem es alles bestehen lässt: »Le désastre ruine tout en laissant tout en l'état.« Auf der letzten Seite schließlich der Abgesang auf das geschriebene Wort, in dem wir nicht mehr leben, das aber doch ein Geschenk, unser Nicht-ein-verstanden-Sein ist: »La parole écrite; nous ne vivons plus en elle, non pas qu'elle annonce: ›hier ce fut la fin‹, mais elle est notre désaccord, le don du mot précaire.« Das Geschenk des ungewis-

sen, heiklen Wortes – Blanchots Aphorismus liest sich wie ein
Kommentar zur Rechtssprache. Das Recht prozediert die Unsicherheit der Wörter. Es löscht sie keineswegs aus. Das Prekäre
wird vom Recht gerade ernst genommen und in den Formen der
Rhetorik, des Arrangements der Buchstaben, der konstruktiven
Norm- und Sachverhaltsbehandlung, prozeduralisiert. Das Prekäre gehört so zum »advokatorischen Geist« (Franz Wieacker,
Cicero als Advokat, de Gruyter: Berlin 1965, S. 27), und leistet
mitnichten einem angeblich postmodernem Nihilismus Vorschub,
sondern ist – im Falle des Rechts – ein funktionales Geschenk.
Der Zerfall, der Zufall, die Zerbrechlichkeit, die Hinfälligkeit, die
Verkehrtheit der Wörter führen eben nicht zur Zerstörung des
juristischen Diskurses, zur Auflösung des Rechts. Im Gegenteil,
sie fachen das Feuer der Rechtskommunikation an und gehören
zum Funktionieren des Rechts. Weniger radikal, letztlich noch einer, wenn auch abgeschwächten, Repräsentationsidee anhängend,
sieht der Rechtshistoriker David Daube das Verhältnis von Sprache und Welt, wenn er in seinem Aufsatz »Das Selbstverständliche
in der Rechtsgeschichte«, in: Zeitschrift der Savigny-Stiftung für
Rechtsgeschichte, Romanistische Abteilung 90 (1973), S. 1 ff., 2,
eine früher von ihm gemachte Beobachtung (Tulane Law Review
39 [1965], S. 254 f.) noch einmal auf deutsch mitteilt: »Im Grund
bietet die Sprache eine verkehrte Welt; sie ist ein Lachspiegel, in
dem das Kleine groß und das Große klein aussieht.«

Die Hofmannsthalzitate finden sich in: Hugo von Hofmannsthal,
Der Brief des Lord Chandos. Schriften zur Literatur, Kultur und
Geschichte, Reclam: Stuttgart 2000, S. 46 ff., 48, 50 f., 55, 58. In
diesem Brief wird der Zerfall der Wörter ebenfalls – wie bei Blanchot – mit Ratten verglichen. Lord Chandos beobachtet den durch
ausgestreutes Gift verursachten »Todeskampf dieses Volks von
Ratten [...]; diese ineinander geknäulten Krämpfe der Ohnmacht
[...]; das wahnwitzige Suchen der Ausgänge« (ebenda S. 54).

In Friedrich Nietzsches »Also sprach Zarathustra. Ein Buch für
Alle und Keinen« wird dort, wo Alles bricht, Alles neu gefügt
wird, Alles scheidet, Alles stirbt, dort wo die Mitte überall ist, im

Kapitel »Der Genesende«, der Tanz der Worte aufgeschrieben: »Es giebt kein Aussen! […] Es ist eine schöne Narrethei, das Sprechen: damit tanzt der Mensch über alle Dinge« (Nietzsche Werke. Kritische Gesamtausgabe, hrsg. von Giorgio Colli und Mazzino Montinari, 6. Abteilung, 1. Band, de Gruyter: Berlin 1968, S. 268).

Zum kopierenden Nichtstun oder zum nichtstuenden Kopieren vgl. Michel Foucault, (Sans titre), in: ders., Dits et écrits. 1954–1988 (hrsg. von Daniel Defert und François Ewald), 1. Band (1954–1969), Édition Gallimard, Paris 1994, S. 293 ff., 312. Zur Kopie (im Dictionnaire historique et critique des Pierre Bayle aus dem Jahr 1697) siehe die Studie von Luc Weibel, Le savoir et le corps, L'age d'homme 1975 (vor allem S. 15 ff.). Und Roland Barthes darf nicht fehlen mit »Le plaisir du texte« und »Variations sur l'écriture«, nun gemeinsam in einem Band bei Seuil: Paris 2000. Auf S. 62 liest man, mit Bezug auf Flaubert: »das Glück des reinen Kopierens ereignet sich erst nach Abschluß einer langen Initiation: das ist eine höchste Weisheit: die Weisheit des Körpers, der seiner Bewegung keinerlei Alibi des Sinns gibt.«

Den Einbruch des Jetzt, der vollen Gegenwart, in die Zeit stellte Hugo von Hofmannsthal im Jahre 1902 fest (Der Brief des Lord Chandos. Schriften zur Literatur, Kultur und Geschichte, Reclam: Stuttgart 2000, S. 46 ff., 54). Siehe hierzu auch den »Fall ins Jetzt« von Ernst Bloch (Spuren, Gesamtausgabe Band 1, Suhrkamp: Frankfurt am Main 1969, S. 98 f.).

Urteil

Es wird festgestellt, dass die literarische Gattung der – systematischen und alphabetischen – juristischen Enzyklopädie in der zweiten Hälfte des 19. Jahrhunderts aus dem französischen und deutschen Rechtshimmel verschwand.

Aus den Gründen: Der Fall wurde zwischen 1850 und 1900 zum Zufall. Die Wörter begannen zu tanzen, und die Begriffe waren nicht mehr als ein fest-stell-bares, auf-einander-folgendes Räsonnement zu begreifen. Die Maske der Notwendigkeit des Arrangements der juristischen Vernünftelei fiel ab. Die aus dem Leben und aus dem normativen Nachdenken über das Leben quellenden Stückchen konnten nicht zu einem Ganzen zusammengesetzt werden. Eine Berufungsinstanz, eine Referenz, eine Ordnung der Dinge waren nicht mehr enzyklopädisch zu konstruieren. Die Ordnung war überhaupt nicht mehr zu errichten. Sie war in die unzähligen einzelnen Ichs subjektiviert. Die Welt war der Fall. In jedem einzelnen Hirn. Massenhaft Fälle. Diese Fall-Struktur der Welt, der ständige Einfall der Fälle fiel der Welt zu, machte die Welt zu einem grandiosen Zufall. Der Zufall ist enzyklopädisch unangreifbar, also verschwanden die Enzyklopädien, die nicht nur Bildung, sondern Wissen, das ganze Wissen des Rechts zu enthalten beanspruchten. Der Grund der Welt ist verlorengegangen. An seine Stelle ist seither die Funktion getreten. Kein Grund, keine Räson, keine Enzyklopädie mehr. Diese gehören zu alten, nun vergangenen, Bemühungen.

Accessoire

Franz Kafka schrieb Anfang Januar 1918 an seinen Freund Max Brod: »Lieber Max, hier die Manuscripte (meine einzigen) für Deine Frau, zeig sie niemandem [...] Die Romane lege ich nicht bei. Warum die alten Anstrengungen aufrühren? Nur deshalb weil ich sie bisher nicht verbrannt habe? [...] Worin liegt der Sinn des Aufhebens solcher ›sogar‹ künstlerisch mißlungener Arbeiten? Darin, daß man hofft, daß sich aus diesen Stückchen mein Ganzes zusammensetzen wird, irgendeine Berufungsinstanz, an deren Brust ich werde schlagen können, wenn ich in Not bin. Ich weiß, daß das nicht möglich ist, daß von dort keine Hilfe kommt. Was soll ich also mit den Sachen? Sollen die, die mir nicht helfen können, mir auch noch schaden, wie es, dieses Wissen vorausgesetzt, sein muß?« (vgl. Franz Kafka, Der Proceß, Erläuterungen und Dokumente [von Michael Müller], Reclam: Stuttgart 1996, S. 76). »Mein Ganzes«, nicht bloß »ein Ganzes« (wie etwa fälschlich im Vorwort von Herbert Debes zu Franz Kafka, Auf dieses Messers Schneide leben wir. Aphorismen und Betrachtungen, Büchergilde Gutenberg: Frankfurt am Main, Wien, Zürich 2002, S. 11) – »mein Ganzes« steht gut lesbar im handschriftlichen Brief. Das Ganze der Welt vervielfältigt sich in den vielen »mein Ganzes« der Individuen. Das Objekt löst sich im Ich auf. Der Objektivismus der Enzyklopädie gräbt sich in die Subjekte ein.

Nota bene: Eine Feststellungsklage im Zivilprozess richtet sich auf das Bestehen oder Nichtbestehen eines Rechtsverhältnisses, also einer rechtlichen Beziehung zwischen Personen oder zwischen Personen und Sachen. Ein Feststellungsurteil betrifft niemals die Feststellung von bloßen Tatsachen.

Verständnis

Die enzyklopädischen, systematischen, propädeutischen, alphabetischen Ordnungen des Rechts sind jahrhundertelang grandiose Versuche gewesen, das Recht, das juristische Arrangement, die rechtliche Anschauung der Welt zu begreifen. Die professionelle Instruktion in die juridische Verfasstheit des menschlichen Lebens, die Handhabung der Welt des Rechts zum Zwecke der friedlichen Prozeduralisierung der Wirrnisse der Gesellschaft – das sind die Aufgaben der juristischen Enzyklopädik, der juristischen Alphabetisierungskampagne in den modernen Zeiten seit dem 16. Jahrhundert. Es geht also um das Verstehen, das Verstehen der Normen, Doktrinen, Rechtsprechungen und um das Verstehen der Welt, des permanenten Motors der Anrufung der Norm im zu verhandelnden Fall vor Gericht. Das Verstehen ist seit jeher die Herausforderung für den Juristen. Klassifikation, Elimination, Supplementierung, Harmonisierung, Kommentar und Glosse – das heißt nichts anderes als Verstehen. Voraussetzung des Verstehens ist die Sammlung, das Sammeln der ebenfalls schon seit jeher divergierenden Meinungen und Judikaturen.

Und immer wieder muss neu verstanden werden, also muss neu gesammelt werden, wobei dem individuellen Geschmack, den subjektiven Vorlieben, der persönlichen Vorstellungskraft nicht nachgegeben werden darf. Eine Enzyklopädie des Rechts ist kein Objekt für romantische Selbstliebe. Das Recht ist *das* Recht. Diese Fiktion der Objektivität, der objektiven Rechtsordnung, wird stets aufrechterhalten. Eine neue Sammlung, ein neues Verständnis des Rechts mag vollkommen neu geschrieben sein, neues ist damit keineswegs geboren. Recht ist Recht durch Recht. Von 1782 bis 1791 erscheinen die zehn Bände der »Encyclopédie méthodique. Jurisprudence« (Panckoucke, Plomteux: Paris, Liège). Es handelt sich gewissermaßen um eine Neuauflage der Rechtsartikel aus der großen Enzyklopädie von Diderot und d'Alembert. Im Avertissement von

Lerasle, ancien Professeur de Droit und Avocat en Parlement, dem Redakteur des der »Jurisprudence« gewidmeten Teils der methodischen Enzyklopädie, wird mitgeteilt, dass dieser neugeordnete und stark erweiterte, eigentlich fast vollständig neu geschriebene »Dictionnaire de droit« allein unter dem Buchstaben A nun mehr als 1200 Einträge aufweise, im Vergleich zu weniger als 500 in der encyclopédie, die inzwischen veraltet und – so jedenfalls der Redakteur – ohnehin fast alle »défectueux« (Avertissement, VII) waren.

Das neue Verstehen erforderte die Verschränkung der Mitarbeiterschaft zwischen den verschiedenen Rechtswörterbüchern der Zeit. Die neue methodische Enzyklopädie fußt, so gibt Lerasle selbst an, nicht unerheblich (»grand usage«, ebenda, VI) auf dem Répertoire universel & raisonné de Jurisprudence von Guyot, der sogar selbst mitarbeitet. Das Répertoire von Guyot seinerseits basiert stark – nicht nur auf dem alten Brillon, sondern auch – auf der ersten Ausgabe der großen Enzyklopädie. Ein verschlungenes Netzwerk des Abschreibens. Aber es kommt eben nicht auf neues an, wie in den Wissenschaften. Im Recht ist Kopieren nichts ungewöhnliches, denn: »Ein Dictionnaire de droit ist kein neues Werk und auch keines dieser Werke, in denen man sich seinen Ideen und seiner Vorstellungskraft hingeben kann« (ebenda, VI). Es kommt auf Komplettheit und nicht auf Originalität an. Im Recht gibt es keine Meisterwerke. Und schließen sich Ganzheit und Phantasie nicht aus? Die »Encyclopédie méthodique« etwa enthält unter dem Namen »Jurisprudence« »alles, was in Beziehung steht zum Naturrecht, Völkerrecht, öffentlichen Recht, zur Einrichtung und Jurisdiktion von Richterkollegien: die Prinzipien des Zivilrechts, des kanonischen Rechts, des Gesetzbuches des Militärs und der Marine; was betrifft die Materien der Gewässer und Wälder, der Handelsrichter, der Finanzen, des Staatsvermögens, der Polizei, des Straßennetzes und der Künste und Handwerke« (ebenda, VII). Das ist alles.

Wer soll das alles verstehen? Die »neuen« Artikel werden zu Traktaten, mit Titeln und Untertiteln. Ein Band, das alles zusammenhält und das Ganze verständlich macht, wird gebraucht, eine synoptische Tafel, ganz im Esprit der alten Enzyklopädie: »Ein Tableau, oder eher ein komplettes System des Rechts, das dessen sämtliche Teile umfassen wird und das […] eine komplette Sammlung der Jurisprudenz formen und die Gesamtheit und die Verbindung aller Teile zeigen wird« (ebenda, VII). Doch daraus wurde nichts. Die Revolution verhinderte die bindende Zusammenschau. Die Revolution gebar wieder ein neues Verständnis, das alte verschwand, bevor es begriffen werden konnte.

Das waren noch Zeiten, als ein Band ausreichte, dem ganzen Recht eine verständliche Hülle zu geben. 900 Seiten stark war das detaillierte Rechtslexikon, das in der ersten Auflage 1687 auf den Markt kam. Das Neue erschien zehn Jahre später. Ein Band: Nouveau Dictionaire civil et canonique de droit et de pratique; Contenant les Etimologies, Definitions, Divisions, & Principes du Droit François & de la Procedure sur les matieres Civiles, Criminelles & Beneficiales. Ouvrage Egalement utile aux Praticiens par l'explication des choses difficiles, & par les citations des Loix, des anciennes & nouvelles Ordonnances, des Coûtumes & des Arrests & Reglemens. Geschrieben von Me **** Avocat au Parlement, erschienen bei Augustin Besoigne: Paris 1697. Auf einem dem Titel vorangestellten Blatt erläutert der Autor, dass die erste Auflage (1687) noch nicht »alle wesentlichen Wörter« enthalten habe. Dennoch sei er befriedigt gewesen, da sich das Werk sehr gut verkauft habe. Die zweite Auflage, also das »neue« Lexikon, sei nun auf dem aktuellen Stand der »Edits, Declarations, Arrests & Regelemens, & Arrestez« und sei nun vollends in der Lage, »einen guten Praktiker zu bilden«, da es nunmehr »renferme tous les principes, & que comme chaque mot en enchaîne d'autres, il est aisé avec un peu d'application de surmonter les difficultez qui se presentent«. Also: Komplettheit, Zusammenhang und Überwindung von Schwierigkeiten – das Lexikon »schließt alles in sich ein«. Das Lexikon ist ein Gefängnis. Das Verstehen sperrt die Phantasie aus. Phantasie haftet am Subjekt. Das Verstehen des Rechts haftet am Recht. Das Verständnis des Rechts genügt sich selbst.

Das perfekte Rechtslexikon, das auf alles eine Antwort weiß, die Schwierigkeiten beiseite räumt und das Verständnis bereitstellt – das verständnisvolle Alphabet des Rechts träumte vom totalen Verstehen. Das totale Verstehen, ausgehend von alphabetisch geordneten Begriffen. Das totale Verstehen – im 19. Jahrhundert versuchten es deutsche Rechtsprofessoren mit systematisch geordneten Begriffen. Begriffsjurisprudenz. Das totale Verstehen hat das Recht zu einem gefühllosen Geschäft werden lassen. Im 19. Jahrhundert, als man das Verständnis des Rechts berechnete, wurde der Jurist, der Rechner, der Jongleur mit den Rechtsbegriffen, ein kalter Zeitgenosse, der Gefühle nicht ernst nimmt, Recht und Gesetz exekutiert und die Gerechtigkeit in der verstaubten Rumpelkammer des Idealismus vor sich hin rotten lässt. Juristen haben keine Gefühle. Juristen haben Recht, verstehen Recht und haben damit immer Recht.

Das war nicht immer so. Als die Könige noch Gesetze schufen, da waren zwar noch nicht die Juristen die primären Adressaten im Hinblick auf Gefühle. Das Volk sollte vor Bewunderung und Rührung weinen. Das Gesetz oder Versailles oder eine schöne Bataille – das war auch eine Politik der Gefühle. Die Juristen aber weinten nicht, das Volk vergoss die Tränen. So wie damals, als der alte Mann wegen des alphabetischen juristischen Meisterwerks von Des Essarts die Tränen fließen ließ. In den Alphabeten des Rechts waren Norm und Gefühl noch ein schönes Paar. Der Leser – in erster Linie Jurist – wurde immer auch auf sein »sentiment« hin angesprochen. Verständnisvoll. Die günstige Neigung des Lesers galt als förderlich für das Verstehen des nach dem avis au lecteur folgenden eiskalten Rechts. Im Recht selbst hatten die Juristen kein Verständnis für Gefühle. Sie blieben für den Juristen tabu, wenn man einmal von der uralten Funktion der Gefühle im Beweis absieht, dem ius sensuum, also den beweiserheblichen Fragen nach der Zuverlässigkeit des Zeugnisses, das auf sinnlicher Wahrnehmung beruht, wenn man also von prozessualen

Glaubwürdigkeitsfragen absieht. Seit jeher jedenfalls waren Rechtsquellen für den Juristen die mit Hilfe des Verstandes auszulegenden Gesetze und Gewohnheitsrechte, nichts anderes. Im 19. Jahrhundert entwickelte sich dann, angelehnt an den naturwissenschaftlichen Siegeszug der Zeit, ein wissenschaftliches Rechtsverständnis. Die Rechtslehre wurde zur Rechtswissenschaft. In diesem System des Rechts, das auf Folgerichtigkeit, Berechenbarkeit, Wahrheit beruhte, waren Gefühle erst recht undenkbar. Auf der Jagd nach dem eindeutigen Verständnis herrschte kühle Verständnislosigkeit. Der Begriff stand als Vorstellung im Mittelpunkt einer aus vielen Begriffen aufgetürmten Begriffspyramide. Geradezu mathematisch galt es nun, das Ergebnis, das richtige dogmatische Vorgehen und das zutreffende Urteil durch Begriffskalkulationen herauszurechnen. Diese sogenannte Begriffsjurisprudenz oder auch Konstruktionsjurisprudenz, dieses Rechnen mit Begriffen ist inzwischen zwar ob der historischen Tatsächlichkeit zu Recht angezweifelt worden. Denn natürlich hatten weder die Professoren und schon gar nicht die Richter wirklich nur mit Hilfe der verstehenden Vernunft gerechnet. Sie hatten ihre persönlichen politischen, weltanschaulichen, moralischen (Vor)Verständnisse, die durch das Jonglieren mit abstrakten Begriffen nicht etwa ausgeschaltet, sondern gerade geschickt camoufliert werden konnten. Aber trotz aller Moralität der moralfreien Begriffsjurisprudenz – diese Begriffsjurisprudenz, die zudem noch auf dem alten römischen, also nichtdeutschen und damit fremden Recht, den Pandekten, basierte, wurde zu einem Kampfbegriff, dessen sich diejenigen bedienten, die der Blutleere des Rechtssystems, der Kälte des juristischen Positivismus, der aseptischen Rechtsvernunft das Leben, das pralle Leben entgegensetzen wollten.

Das pralle Leben besteht aus Kämpfen, Interessen, Wertungen, Freiheiten – und Gefühlen. Also ist es kein Wunder, dass im Kampf ums Recht der »Gemeinschädlichkeit der konstruktiven Jurisprudenz« (so ein Buchtitel von Ernst Fuchs aus dem Jahre 1909) begegnet wurde mit: Interessenjurisprudenz,

Wertungsjurisprudenz, Freirechtsschule – und Gefühlsjurisprudenz. Rudolph von Jhering ist der prominenteste Vertreter
dieses Kampfes um das richtige Rechtsverständnis. Er hatte in
seiner eigenen Person die Notwendigkeit gespürt, dem Wahn
der Konstruktion abzuschwören. In einer Art Damaskuserleb-
nis – ein inzwischen mythisch gewordener Topos der Rechtsgeschichte –, das durch die Ungerechtigkeit eines der Begriffsjurisprudenz geschuldeten, nach der Vernunft gerechneten,
juristischen Ergebnisses hervorgerufen wurde, bekehrte sich
Jhering vom Begriffsjuristen zu einem Juristen, der in seinem
Rechtsverständnis – heute würde man wohl Rechtstheorie
sagen – dem Interesse und dem Gefühl einen zentralen Platz
einräumt.

Zwischen 1870 und 1930 waren nicht wenige Juristen von
Gefühlen für das Recht beseelt. In Frankreich sprach man von
romantischer Jurisprudenz und in Deutschland eben von Gefühlsjurisprudenz. Im Zentrum der Gefühlsjurisprudenz stand
der Richter. Die Entscheidung des Richters – so wurde es nun
gesehen – beruht nicht auf intellektuellen Überlegungen, auf
dem richtigen Verständnis, auf den Gesetzen der Logik folgen-
der Interpretation, sondern auf Intuition, auf seinem Rechtsgefühl. Der Richter sollte dieser freien Rechtsfindung freien
Lauf lassen und – so die Forderung der Freirechtler – vom Gesetz (und von der herrschenden Dogmatik) immer dann absehen, wenn er die daraus folgende Entscheidung als ungerecht
empfindet. Die Freirechtsschule oder Gefühlsjurisprudenz
zeichnete ein, wie Franz Wieacker schrieb, »leidenschaftliches,
ja ›schwärmerisches‹ Gefühl für Wahrhaftigkeit und Gerechtigkeit« aus.

Mit diesem »Rechtspietismus« (Wieacker) war der normative Charakter des Rechts aufgegeben, die Gleichbehandlung
von Gleichem der Willkür des Richters anheimgestellt, die
»Möglichkeit der Verallgemeinerung konkreter, typisierender
Pflichten zu allgemein formulierten Sollenssätzen« (Wieacker)
verabschiedet. Das Normverständnis ist Sache des Gefühls geworden, allgemeiner gesagt: Der Richter sollte nach subjekti-

ven Vorstellungen des allgemeinen Wohls die Funktion eines Sozialingenieurs, eines Sozialarbeiters ausüben. Der Rechtspraktiker Ernst Fuchs, der Rechtshistoriker Hermann Ulrich Kantorowicz (der unter dem Pseudonym Gnaeus Flavius publizierte) und der Rechtssoziologe Eugen Ehrlich waren die Hauptkämpfer für die freie Rechtsschöpfung.

Diese »leidenschaftlichen Juristen« (Wieacker) hoben also zum wahren Verständnis des Nutzens oder Interesses der Gesellschaft, bezogen auf den konkreten Einzelfall, die Bindung des Richters an das Gesetz auf. Diese Interessenerwägungen hat der Zivilrechtsdogmatiker Philipp Heck in intellektueller Nachfolge Rudolph von Jherings theoretisch ausgearbeitet. Zwar bekämpfte er Begriffsjurisprudenz und Freirechtsschule gleichermaßen. Aber seine Methodenlehre des Rechts, die in der Pflicht gipfelte, in »denkendem Gehorsam« das Recht, »die Gesetze der Gegenwart«, anzuwenden, endete in der verständnisvollen Exekution der Nürnberger Rassegesetze, die er explizit als Beispiel für seine Rechtsanwendungslehre anführt. Das Interesse lag letztlich im Gefühl für den Führer geborgen.

Das ist die kurze, ungefähr 60 Jahre währende Geschichte der irrationalen, auf »gutem Judiz« beruhenden, empathischen, gerechtigkeitsverliebten, subjektiven oder auch interessegeleiteten Suche »nach dem im Volke wurzelnden Rechtsgefühl«, so sagte das Reichsgericht in einem Urteil vom 27. April 1920. Die Frage ist eben immer: Wessen Rechtsgefühl? Hitlers? Stalins? Oder Gandhis? Oder Buddhas? Das Rechtsgefühl ist nichts anderes als eine – diesmal nicht vernunftbasierte, sondern emotionsgestützte – Camouflage für die Einbringung politischer und moralischer Überzeugungen. Das Rechtsgefühl meint, die Wahrheit wahrheitsgemäßer, die Gerechtigkeit gerechter und das Recht rechtsgemäßer ans Licht zu bringen. Das verständige Rechtsgefühl und die verständige Rechtszweckbetrachtung mit Interesseabwägung sind Antworten auf die Komplexität der Welt des Normativen und der Welt des menschlichen Handelns. Das Gesetz war auch eine solche Antwort – der Code.

Und auch die Ordnungen des juridischen Wissens waren zuvor eine Form gewesen, das juristische und gesellschaftliche Irrsal zu bändigen.

Ordnung – Ordnung ist die Grundlage jeden Verstehens. Der große französische Jurist Pothier hatte die Pandekten im 18. Jahrhundert in eine neue Ordnung gebracht, ein berühmtes monumentales Werk, allerdings fehlte ein brauchbares, analytisches – d.h. nicht nur enumeratives, sondern erklärendes, inhaltlich reiches – Register. Es fehlte eine »Analyse der Pandekten von Pothier, auf französisch, die auch als analytische und alphabetische Inhaltstafel dienen konnte und auf die Digesten ebenfalls anwendbar war«. In zwei Bänden hat sie der Advokat Moreau de Montalin 1824 bei der Librairie nationale et étrangère in Paris herausgebracht. Bei der Vielzahl und Verschiedenheit der in den Pandekten Pothiers traktierten Gegenstände ist die Frage des Zugangs besonders wichtig. »C'est alors que l'importance de l'*accessoire* le [ce prodigieux ouvrage de Pothier] rend réellement *principal*« (Préface, III). Das Accessoire ist also entscheidend, denn ein vager und trockener Index, der dem Geist nichts anbietet, kann diesen Zugang nicht leisten, da er nur eine monotone Serie von Büchern, Titeln, Kapiteln und Nummern liefert. Von diesen sterilen Indizes (oder wenn gar keine Hilfe geboten wird) rührt »die Gleichgültigkeit, der Ekel und gar eine Art Grausen, wenn man sich in den Ozean der Gesetze stürzen muß, ohne Ruder, ohne Kompaß, ohne einen Ausgangspunkt zu haben und folglich ohne zu wissen, wohin man geht« (Préface, IV). Beim römischen Recht ist ein solcher Wegweiser besonders wichtig, ist doch hier der Körper ungleich gestaltet. Es gilt weithin als confus, obscur, undurchdringbar und widersprüchlich, alles Gründe für »die Geringschätzung, die das römische Recht erfahren musste, dieses Modell an Weisheit und Billigkeit« (Préface, IV). Seit der Ordnungsleistung Pothiers ist die Grundlage für die Abhilfe geschaffen, da wir nun über eine »lumineuse classification« und eine »admirable distribution« (Préface, IV) der Gegenstände des römischen Rechts verfügten, die nur noch durch ein analytisches Register erschlossen, d. h. zugänglich gemacht werden müsse, einen Zugang, der hier eben vorgelegt werde. Auch die glänzendste und bewundernswürdigste Aufbereitung des Rechts – die im Falle Pothiers ohnehin erst einmal vom Lateinischen ins Französische übersetzt werden musste, was auch geschah – bedarf noch eines Eingangs. Der durch die Ordnung geschaffene Eingang braucht einen durch den Index geschaffenen Eingang. Und der Eingang zum Eingang – mit den immer dastehenden Türhütern? Die Table, die hier vorgelegt wird, ist jedenfalls – wie de Montalin betont – eher eine Analyse als ein trockenes, schlichtes Register. Diese Analyse enthalte »die Substanz, den Geist und den Sinn der Pandekten von Pothier« (Préface, VII). Abgesehen von Ausnahmefällen, sei der Rekurs auf den Text – der Pandekten (Pothiers) – nicht mehr nötig, der Jurisconsultus, wie der Student, könne direkt mit dem analytischen Register auskommen, das durch seine »axiomatische Gestalt [...] vollkommen vorbereitete und geistig verarbeitete Argumente« präsentiere.

Aber Montalins Lexikon ist 1824 ein Museum. Schon 20 Jahre lang gibt es den Code. Der konnte zwar seinerseits den tosenden Ozean des Rechts nicht in einen Gartenteich verwandeln, in dem ferngesteuerte Enten und Schiffe schwimmen, aber der nun indizierte Rekurs auf das geltungslose römische Recht schon gar nicht. Das jetzt erst durch die »Analyse« ermöglichte Verständnis der Pandekten war ein Verständnis außerhalb von Raum und Zeit.

Das Verständnis ist ein Kind der Interpretation. Und die für das Verständnis richtige Interpretation lässt sich nicht durch Enzyklopädien, Indizes, Gefühle, alte Rechte, neue Gesetze feststellen, verhaften, an die Wand stellen. »INTERPRETA-TION, est l'explication d' une chose douteuse« (II, 82), schreibt Claude-Joseph de Ferriere in seinem weit verbreiteten, häufig aufgelegten Dictionnaire de Droit et de Pratique. Und die Sachen bleiben zweifelhaft, auch wenn es sich um Gesetze handelt. Aus ihnen wird ein Sinn herausgezerrt, der dann erweitert oder verengt wird, ganz wie Vernunft und Billigkeit es erfordern: »INTERPRETATION DE LOIX, est un sens que l'on tire de la Loi pour lui donner des extensions ou des restrictions, que la raison & l'équité requierent. Il n'y a guéres de Loix qui n'ayent quelquefois besoin d'interprétation« (II, 83). Und »comme les termes d'une Loi n'en sont que la figure, il ne faut pas toujours s'opiniâtrer à en chercher le véritable sens« (II, 83). Das ist es. Der Zwang, verstehen zu wollen. Gerade der Jurist sollte sich damit nicht zu lange aufhalten, denn er muss mit dem Versuch zu verstehen aufhören, um entscheiden zu können. Schon 1755 war das klar. Es kommt ja gar nicht auf das – rationale oder sentimentale – Verständnis an. Recht ist unverständlich. Deshalb kann es funktionieren.

Accessoire

Prozeduralisierung der Wirrnisse des Lebens – das ist die gesellschaftliche Funktion des Rechts, eine »Maßnahme« zur Sicherung des Friedens, zur Ruhigstellung der Gewalt. Mallebay de la Mothe beschreibt dies in seinen »Questions de Droit, de Jurisprudence et d'Usage, des Provinces de Droit Écrit du Ressort du Parlement de Paris; Mises en Ordre Alphabétique, Nouvelle Édition (i.e. 4. Aufl., die erste ist von 1766), Froullé: Paris 1782. Der Autor beansprucht nicht, ein Buch voller Erudition gemacht zu haben – wie er in seiner Préface hervorhebt. Das Buch wird nur einem »petit nombre« nützlich sein. Es geht um die Bereitstellung einer allgemeinen Kenntnis des herrschenden Rechts. De la Mothe will in seinem alphabetischen, nach Fragen und Antworten aufgebauten, praxisorientierten Werk vor allem eins: der »tranquillité des Citoyens« dienen.

Zum verständnisvollen Rechtsgefühl siehe: Rudolph von Jhering, Über die Entstehung des Rechtsgefühles (1884), hrsg. von Okko Behrends, Jovene: Neapel 1986; Erwin Riezler, Das Rechtsgefühl. Rechtspsychologische Betrachtungen, J. Schweitzer: München,

Berlin, Leipzig 1921 (2., erweiterte Aufl., Biederstein: München 1946); Franz Wieacker, Privatrechtsgeschichte der Neuzeit unter besonderer Berücksichtigung der deutschen Entwicklung, 2. Aufl., Vandenhoeck & Ruprecht: Göttingen 1967, S.579ff.; Michael Bihler, Rechtsgefühl, System und Wertung. Ein Beitrag zur Psychologie der Rechtsgewinnung, C.H. Beck: München 1979; für das Rechtsgefühl in Frankreich siehe nur Paul Cuche, A la recherche du fondement du droit. Y a-t-il un romantisme juridique?, in: Revue trimestrielle de droit civil 28 (1929), S.57ff., sowie die Erwiderung von Julien Bonnecase unter dem selben Titel, ebenda, S.359ff. Nicht »Kadavergehorsam«, aber »denkenden Gehorsam« Jordert Philipp Heck in: Begriffsbildung und INteressenjurisprudenz, Mohr: Tübingen 1932, S.106f.

Eine Parenthese zum Richter als Sozialingenieur, hier aus den politisch bewegten siebziger Jahren des vergangenen Jahrhunderts, mit verständnisvoller enzyklopädischer Note: »Hand in Hand mit einer Soziologisierung der Justiz und einer Kritik an den hergebrachten – in der Tat kritikwürdigen – Argumentationsmustern der Rechtsprechung erscheint das Bild des Richters als ›Sozialingenieur‹, ja als Demokratiemissionar, der offenbar nicht nur als Enzyklopädist aller Wissenschaften zu fungieren, sondern als politischer Avantgardist die demokratische Reform von Staat und Gesellschaft voranzutreiben hat. Verfolgt man etwa die Äußerungen von Wassermann, Wiethölter oder Rasehorn, so gewinnt man fast den Eindruck, dass der Richter nicht mehr die Aufgabe hat, Recht zu sprechen, sondern Recht zu setzen« (Hans Heinrich Rupp, Die Bindung des Richters an das Gesetz. Zu Theorie und Praxis der Rechtsanwendung, in: Neue Juristische Wochenschrift 26 [1973], S.1769ff., 1770).

Zur Interpretation: Claude-Joseph de Ferriere, Dictionnaire de Droit et de Pratique, contenant l'Explication des Termes de Droit, d'Ordonnances, de Coutumes & de Pratique. Avec les Jurisdictions de France, Nouvelle Edition, 2 Bände, Le Clerc: Paris 1755.

Am Ende kommt es auf den Prozess an, und hier gilt, was schon 1677 galt (Plaidoyers et autres œuvres d'Olivier Patru, Sebastien Mabre-Cramoisy, Paris, S. 58): »Les procez ont leurs destins«.

Wahnsinn

Das Recht ist mit der Zeit vor der Wahrheit, vor der allgemein-
gültigen Wahrheit, vor der Autorität einer außerhalb des Rechts
liegenden Wahrheit, vor *der* Referenz geflohen. Im Laufe des
19. Jahrhunderts und erst recht im 20. Jahrhundert hat Recht,
wenn Recht denn ein Subjekt wäre, die Verständlichkeit, den
Bezug auf etwas zu Entdeckendes oder zu Offenbarendes, die
göttliche, rationale, natürliche Gerechtigkeit etwa, aufgegeben. Bei aller scheinbaren Rationalität – das immerwährende
Ausblenden anderer, ebenso rational begründbarer Lösungen,
die Entscheidung für eine Lösung, das Urteil, hat das Recht
zum Gefangenen der Unverständlichkeit, einer unhintergeh-
baren Unverständlichkeit, werden lassen. Das Recht stottert
sich durch die unendlichen Landschaften der unübersehbaren
Judikaturen, Doktrinen und Gesetze, jetzt, da keine Enzyklopädien mehr helfen können, da diese selbst zur Welt oder die
Welt zu Enzyklopädien geworden sind. Mit Recht kann man
sich nicht mehr verständigen, Recht ist unverständlich geworden – und genau deshalb funktioniert es allgemeiner als jemals
zuvor. Jetzt kann endlich gesagt werden: Recht funktioniert,
weil es funktioniert. Die große Kette des Geschriebenen, die
große Kette des Rechts, ist gerade keine diskursive (Habermas)
oder institutionelle (Legendre) Ordnung mehr, sondern eine
funktionale Unordnung, in der alles auf alles verweist.

Das Recht hat den Verstand verloren.

Das Recht begann wieder nur zu sprechen – als Recht durch
Recht. So kalt und unerbittlich wie Kleist verschrieb es sich der
Sprache, die es »eigentlich« nie verloren hatte. Kleist schrieb
auf, worum es jetzt, im 19. Jahrhundert, ging: »die Sprache an
sich reißen und etwas Unverständliches zur Welt bringen«.
Doch noch war der Köhlerglaube an *die* Vernunft nicht vollends zur Strecke gebracht. Auf die im Jahr 1800 in einem Brief
an Wilhelmine von Zenge selbstgestellte Frage »Soll ich die

Rechte studieren?« antwortete der Absender selbst: »und was soll ich von einer Wissenschaft halten, die sich den Kopf darüber zerbricht ob es ein Eigenthum in der Welt giebt [...] Nein, nein, Wilhelmine, nicht die Rechte will ich studieren, nicht die schwankenden ungewissen, zweideutigen Rechte der Vernunft will ich studieren, an die Rechte meines Herzens will ich mich halten, u. ausüben will ich sie, was auch alle Systeme der Philosophen dagegen einwenden mögen.« Die Vernunft begann sich erst zweizuteilen, und die Zweideutigkeit wurde schließlich zum Wahnsinn der Freiheit.

Der Wahnsinn der Freiheit. Die Uferlosigkeit der Ereignisse und die massenhafte Kodifizierung von Normen. Im 19. Jahrhundert verwickelt sich das Recht immer mehr in den Fakten, und die Fakten verwickeln sich immer mehr im Recht. Die Verwirrung wird grenzenlos. Die Vernunft verheddert sich in den infiniten Bedeutungen der Wörter. Totale Verwirrung. (Be)Deuten wird zu einem wahnwitzigen Geschäft, dort wo alles, was ist, zerschrieben und zerstört werden kann. Im Recht wird jedes Wort zur Falle. Der Mittelpunkt ist verlorengegangen. Gegenüber einer prinzipiell totalitären Ordnung, aber gegenüber einer prinzipiell genauso totalitären Unordnung auch, bleibt, wenn man sich höfische, höfliche, coole Indifferenz nicht leisten kann, der »Wahnsinn stockblinder Leidenschaft«, der Wahnsinn des Kohlhaas.

Das Recht hat die Wahrheit verloren.

Jetzt, im 19. Jahrhundert, wurde die in den Enzyklopädien und Alphabeten des Rechts aufbewahrte Verbindung von Wahrheit und Recht, von Wissen und Norm, von Deskription und Präskription, von Sein und Sollen, immer schwächer. Die Wahrheit hatte als *die* Wahrheit ausgedient und war damit als Wahrheit bedeutungslos geworden. Die bibliothèque du droit, das Buch des Rechts wurde zugeschlagen. Ohne Wahrheit werden Bücher sinnlos. »Wenn alle Menschen statt der Augen grüne Gläser hätten, so würden sie urtheilen müssen, die Gegenstände, welche sie dadurch erblicken, sind grün – und nie würden sie entscheiden können, ob ihr Auge ihnen die Dinge zeigt, wie sie sind, oder ob es nicht etwas zu ihnen hinzuthut, was nicht ihnen, sondern dem Auge gehört. So ist es mit dem Verstande. Wir können nicht entscheiden, ob das, was wir Wahrheit nennen, wahrhaft Wahrheit ist, oder ob es uns nur so scheint. Ist das letzte, so ist die Wahrheit, die wir hier sammeln, nach dem Tode nicht mehr – u. alles Bestreben, ein Eigenthum sich zu erwerben, das uns auch in das Grab folgt, ist vergeblich [...] Seit diese Überzeugung, nämlich, daß hienieden keine Wahrheit zu finden ist, vor meine Seele trat, habe ich nicht wieder ein Buch angerührt.«

Diese Verabschiedung der Wahrheit, des Sammelns und des Buches hat Heinrich von Kleist am 22. März 1801 Wilhelmine mitgeteilt, und einen Tag später bekräftigt er in einem Brief an seine Schwester Ulrike, »daß wir hienieden von der Wahrheit nichts, gar nichts, wissen«. Ganzheitsverliebte Enzyklopädien können nicht mehr helfen. Am 19. März 1799 hatte Kleist seine Wissenswünsche noch so beschrieben: »Alles was ich dort [in Frankfurt an der Oder – R.M.K.] hören möchte, ist ein Collegium über literarische Encyclopädie.« Im selben Brief an Christian Ernst Martini wird am Ende subjektiv (»meine Vernunft« und »mein Herz«) und objektiv (»die Wahrheit«) erkennbar, »daß es wenigstens weise und rathsam sei, in dieser wandelbaren Zeit so wenig wie möglich an die Ordnung der Dinge zu knüpfen«.

Die moderne Dichtung und das moderne Recht haben keine Ordnung mehr. Mit Lautréamont und Rimbaud, mit dem Bürgerlichen Gesetzbuch, hundert Jahre nach Kleists Ordnungsbriefen und mit den bürgerlichen Richtern entsteht keine neue Ordnung, sondern Autonomie, die nicht mehr als Ordnung, sondern als Netz von Kommunikationen betrachtet werden kann, in dem Ordnung sich nur noch für einen Augenblick, jeden Augenblick des Lesens und jeden Augenblick des Urteilens, einstellt. Weder Wissen noch Glauben helfen weiter. »Nichts glauben kannst du, eh' du es nicht *weißt*, / Nichts wissen kannst du, eh' du es nicht *glaubst*! [...] Auch Luther, du! Den *Wahn* hast Du verjagt, / Zermalmt, zernichtet hast du wie der Blitz, / Nur etwas *Andres*, *Wahrheit*, die besteht, / Beruhigt, hast Du nicht gegeben – Offner / Als je thut sich vor dem enttäuschten Auge / Die Tiefe auf – Zertrümmern, mit den Trümmern [...] Erst zu Stücken müßten wir / Uns schlagen, eh' wir wissen, was wir sind / Und was wir können!«, schrieb Christian Dietrich Grabbe 1829. Die Ordnung der Enzyklopädien und Alphabete des Rechts ist eine, die dem Urteil, der Rechtsordnung, der Einheit des Rechts dienen soll. Sie soll die in den Entscheidungen radikal fragmentierte Welt des Rechts vorhersehbar, kalkulierbar, verstehbar halten. Doch die Fragmente bleiben Fragmente und können dann, wenn jeder Fall die Norm zum Gericht trägt, nichts anderes sein als Fragmente: »Sandkorn / Zum Sandkorn sammeln, grenzenlose / Und immer grenzenlos're Wüsten um / Sich her zu bauen«, hat Grabbe gedichtet. Die Einheit stellt sich nicht als eine in Büchern, Diktionnarien und Enzyklopädien dokumentierbare Materialität dar. Die Einheit ist allenfalls als Einheit eines Funktionierens, als Einheit einer Prozedur, vorstellbar. Diese Einheit ist immer nur danach, nach dem Urteil, nach jedem Urteil, beobachtbar. Jetzt kann überlegt werden: »Man rühmt den Nutzen der Überlegung in alle Himmel ... aber ... Die Überlegung, wisse, findet ihren Zeitpunkt weit schicklicher *nach*, als *vor* der Tat. Wenn sie vorher, oder in dem Augenblick der Entscheidung selbst, ins Spiel tritt: so scheint sie nur die zum Handeln nöthige Kraft, die aus dem herrlichen Gefühl quillt, zu verwirren, zu hemmen und zu unterdrücken [...] Das Leben selbst ist ein Kampf mit dem Schicksal« – so Heinrich von Kleist in »Eine[r] Paradoxe«, mit dem Titel »Von der Überlegung«, aus dem Jahre 1810. Die Unberechenbarkeit nistet sich im Recht ein. Gott rechnet nicht, der Richter auch nicht.

Das Recht hat den Verstand verloren. Der Sinn tanzt im Plural, verliert sich und wird wahnsinnig. Das kontrafaktische Festhalten am Sinn ist jedoch ebenfalls nur ein Wahn, ein wahnsinniger Gedanke, nichts als eine süßliche Idee. »Ein großer Theil unsrer Zeitgenossen ist vor nichts in der geistigen Welt so bange, als vor Schwärmerei, und wenn man den Gegenstand aus dem rechten Gesichtspunkt ins Auge faßt, mit vollem Recht. Schwärmen ist schon in der bürgerlich sittigen Existenz etwas Unwürdiges, Auflösendes, und also wahrhaft Abscheuliches; Schwärmen mit dem Geiste ist um so viel abscheulicher, als Seele höher steht, wie Leib. Was ist denn das viel beklagte, viel gescholtene Verderbniß unsrer Tage anders, als Schwärmerei? Umhergaukeln mit Sinnen, Worten und Gedanken, nirgend daheim sein, als im unruhigen, ungeregelten Schwarme, sich niederlassen, wo es ungefähr aussieht oder duftet, wie Blumen oder würzige Kräuter, und wieder aufgeweht werden von dem ersten besten Windstoße, – das ist das innre Weh, welches uns verzehrt, und gegen welches auch die Bessern unter uns so gar viel in sich selbst, – leider oft sieglos! – zu kämpfen haben. Gewöhnlich aber braucht man Schwärmerei in einem ganz andern, ja meist gerade entgegengesetzten Sinne. Festhalten an der Idee, – sie über das Sichtbare, mit Händen zu fassende, stellen, glauben, weil wir den Bürgen des Glaubens in unserm eignen Herzen finden, – Gott lieben und Christum – das heißt heut’ zu Tage Schwärmerei. Es hat es schon Jemand mit tiefen Schmerzen vernommen, daß von sonst wackren, unbescholtenen Menschen, wenn man ihnen das Lesen der Bibel empfahl, gemeint ward, das führe ja gerade zur Schwärmerei. – Wohin auch das Nichtlesen der Bibel führe und geführt habe, wollen wir hier nicht weiter berühren. Aber nur das laßt uns fragen: kann Schwärmerei heißen, was dem Leben eine unbedingte feste, über Freud und Leid hinauswirkende Richtung giebt, den Menschen zum Kampf gegen seinen innern Widersacher weckt und stählt, und folgerecht Früchte trägt, welche zu erreichen die sogenannte Aufklärung doch auch nach ihrer Weise ringt und strebt? – Nennt es doch lieber Irrthum, Ihr anders meinenden Brüder, wenn es Euch so vorkömmt und Ihr es über Euer Herz bringen könnt, aber begeht nicht die grund- und bodenlose Schwärmerei, es Schwärmerei zu heißen.« So schrieb Friedrich Baron de la Motte-Fouqué in einem kleinen Aufsatz »Über Schwärmerei.« Der Tanz der

Wörter ist eine schwärmerische Idee, das Festhalten der Wörter und ihres Sinns ist ein Irrtum.

Das Recht hat den Verstand verloren. Damit war die enzyklopädisch-alphabetische Epoche des Rechts zu Ende. Der damals ausgelebte Wahn, alles zu wissen, endete im Wahnsinn, im unendlichen Sinn der juristischen Urteilsfindungen. Denn niemand wusste mehr eine Antwort auf die erst jetzt stell- und zugleich unbeantwortbare Frage »Wer kann das Unbegreifliche begreifen?«

Accessoire

Zur Geburt des Unverständlichen siehe Heinrich von Kleist, Über die allmähliche Verfertigung der Gedanken beim Reden, in: Kleists Sämtliche Werke, 4. Band, Tempel: Leipzig o.J., S. 349 ff., 355. Der Brief von Kleist an Wilhelmine von Zenge von April/Anfang Mai 1800 findet sich in: Heinrich von Kleist, Sämtliche Werke. Brandenburger Ausgabe, hrsg. von Roland Reuß und Peter Staengle, Band IV/1, Stroemfeld/Roter Stern: Basel, Frankfurt am Main 1996, S. 107 ff. (Zitate auf S. 116.). Für die Briefe von Kleist an Wilhelmine von Zenge vom 22. März 1801 siehe ebenda, S. 495 ff., 505 f., und an Ulrike einen Tag später, ebenda S. 511 ff., 512. Der Brief von Kleist an Christian Ernst Martini vom 19. März 1799 findet sich ebenda, S. 41 ff., 47, 49 f. Kleists Überlegungen zu einer Überlegung sind entnommen: Berliner Abendblätter, 59. Blatt vom 7. Dezember 1810 (Kleist, Sämtliche Werke. Brandenburger Ausgabe, hrsg. von Roland Reuß und Peter Staengle, Band II, 7, Berliner Abendblätter I, Stroemfeld/Roter Stern: Basel, Frankfurt am Main 1997, S. 301 f.). Der Wahnsinn des Michael Kohlhaas wird von Doctor Martin Luther, um den Unruhestifter »in den Damm der menschlichen Ordnung zurückzudrücken«, auf ein »Placat« gebannt: Heinrich von Kleist, Sämtliche Werke. Berliner Ausgabe, hrsg. von Roland Reuß und Peter Staengle, Band II/1, Michael Kohlhaas (1810), Stroemfeld/Roter Stern: Basel, Frankfurt am Main 1990, S. 143 f.

Das Material zur »Autonomie des Rechts in rechtshistorischer Perspektive« hat gesammelt und visitiert Joachim Rückert (Juristische Studiengesellschaft Hannover: Hannover 1988).

Christian Dietrich Grabbes finstere Ahnungen können in seiner Tragödie »Don Juan und Faust« im Ersten Akt, zweite Scene, nachgelesen werden.

Zur Schwärmerei des Friedrich Baron de la Motte-Fouqué, vgl.: Berliner Abendblätter, 61. Blatt vom 10. Dezember 1810, hier zitiert nach: Heinrich von Kleist, Sämtliche Werke. Brandenburger Ausgabe, hrsg. von Roland Reuß und Peter Staengle, Band II, 7, Berliner Abendblätter I, Stroemfeld/Roter Stern: Basel, Frankfurt am Main 1997, S. 309 f.

Zum letztendlichen Unbegreiflichen siehe Sylvesters Frage in Kleists Trauerspiel »Die Familie Schroffenstein« (Erster Aufzug).

Zur Frage der Wahrheit und des Begreifens und der Erklärung hat Franz Kafka eine unbegreifliche – wie jedes Paradox notwendigerweise unbegreifliche – Parabel geschrieben, Prometheus (Franz Kafka, Sämtliche Erzählungen, hrsg. von Paul Raabe, Fischer: Frankfurt am Main 1970, S. 306): »Von Prometheus berichten vier Sagen: Nach der ersten wurde er, weil er die Götter an die Menschen verraten hatte, am Kaukasus festgeschmiedet, und die Götter schickten Adler, die von seiner immer wachsenden Leber fraßen. Nach der zweiten drückte sich Prometheus im Schmerz vor den zuhackenden Schnäbeln immer tiefer in den Felsen, bis er mit ihm eins wurde. Nach der dritten wurde in den Jahrtausenden sein Verrat vergessen, die Götter vergaßen, die Adler, er selbst. Nach der vierten wurde man des grundlos Gewordenen müde. Die Götter wurden müde, die Adler wurden müde, die Wunde schloß sich müde. Blieb das unerklärliche Felsgebirge. – Die Sage versucht das Unerklärliche zu erklären. Da sie aus einem Wahrheitsgrund kommt, muss sie wieder im Unerklärlichen enden.« Die Wie-es-wirklich-gewesen-Epistemologie kann also vergessen

werden. Aber etwas bleibt. Etwas bleibt bestehen, was keiner Erklärung bedarf, weil es da ist. Das Gestein. Aber: Können Steine
eine Antwort sein?

XY

Der Anspruch der Enzyklopädien und Alphabete des Rechts war, das Ganze, das Ganze des Rechts, zu enthalten. Das Recht der Alphabete des Rechts sollte vollständig, vollkommen alphabetisiert sein. Manche Buchstaben des Alphabets waren besonders vollständig geraten. Das A, C, D, P etwa in Frankreich oder das R in Deutschland. Immer wieder wurden die Buchstaben und die sich dahinter verbergenden Einträge, die Lemmata, neugeschrieben, umgeschrieben, abgeschrieben. Die Masse der lexikalischen Rechtstexte war vor allem eine Fabrikation von Kopien. Die vier berühmtesten Kopisten der Weltliteratur sind Bouvard, Pécuchet, Bartleby und Akaki Akakijewitsch Baschmatschkin. Die beiden Franzosen arbeiteten an einer letzten großen, ja riesenhaften Enzyklopädie, der Amerikaner in einer Rechtsanwaltskanzlei und der Russe im Amt. Dieser russische Beamte, der mit dem Schnürschuh war, noch vor dem lieber nicht etwas tun mögenden Ostküstenarbeiter, der vielleicht größte und zugleich ärmste unter den vier großen Abschreibern. Zwar galt auch für ihn die hirnfressende Gleichtönigkeit des departementalen Beamtendienstes: »So viele Direktoren und Chefs auch kamen und gingen, ihn traf jeder stets auf dem gleichen Platz, in der gleichen Haltung und über der gleichen Arbeit, beim Abschreiben von Akten.« Und man machte sich lustig über ihn, während er schwieg und »nicht ein einziges Wort« sagte. Aber er hatte als »der ewige Kopist« eine Leidenschaft, eine Liebe, eine Hingabe: Buchstaben. So traurig und bitter und bittend er auch auf den Spott der denkmächtigen Kollegen reagierte, dann, wenn es unerträglich wurde: »Lassen Sie mich doch, warum quälen Sie mich?« – seine Liebe zu den Buchstaben war unerschütterlich. »Einige Buchstaben waren seine Lieblinge, wenn sie an die Reihe kamen, geriet er fast außer sich.« Wenn er sich schlafen legte, lächelte er bei dem Gedanken an den nächsten Tag: »Was würde Gott ihm wohl morgen abzuschreiben schicken?« Den Juristen-Autoren des immer wiederkehrenden Alphabets des Rechts schickte Gott in Deutschland und Frankreich die Buchstaben des lateinischen Alphabets. Aber nicht alle. Die allumfassende Ganzheit des Alphabets war alphabetisch immer unvollständig lemmatisiert. Die Lücke hatte sich im Alphabet selbst eingenistet. Dem Alphabet fehlten Buchstaben. Und damit war die prinzipielle Unabschließbarkeit, Unvollständigkeit, das Fehlende, die Lücke, das, was man nicht sieht, dem Ganzen immer schon inhärent. Das Ganze war kein Ganzes. Das konnte jeder sehen, der lesen konnte. Dem ganzen Alphabet des Rechts fehlten stets zwei Buchstaben: x und y.

Accessoire

Die Buchstabenliebe ist hier entnommen der Ausgabe von Gogols Mantelerzählung im Insel Verlag: Frankfurt am Main 1980, S. 254 ff.

Zeitnot

Am Ende steht der Anfang. Mit jedem Buch bricht man die Welt an. Mit jedem Fall wird das Recht neu angerufen. Mit jedem Abschluss einer doktrinalen Kontroverse beginnt eine neue Auseinandersetzung um das richtige Verständnis des Rechts. Immer wieder wird der Fuß ins Hirn gedrückt. Die Abdrücke wurden gesammelt, geordnet, klassifiziert, aufbewahrt, abgedruckt – in den Enzyklopädien und Alphabeten des Rechts. Diese Schädelstätten des Geistes waren Bestandsaufnahmen, Ordnungsmaßnahmen, Wissensspeicher. Sie waren Gefängnisse der Vergangenheit.

Doch nun, im Verlaufe des 19. Jahrhunderts, erlosch das universelle Auge, das die Zeit verhaftete. Das Inventar der menschlichen Leistungsfähigkeit, »ce dépôt immortel des connaissances de l'esprit humain« – so nannte Voltaire 1767 das noch unfertige »immense projet« der encyclopédie – war in der zweiten Hälfte des 18. Jahrhunderts an seinem Höhepunkt angelangt. »C'est le premier exemple, & le dernier peut-être sur la terre.« Es konnte nur noch der Abstieg folgen. Die Zeit fraß die Zeit des Wissens auf. Das Wissen bekam seine Zeit und wurde mehr und mehr ein Wissen auf Abruf, ein prekäres Wissen.

Das Recht hatte diese Erfahrung des relativen, ephemeren, flüchtigen Wissens schon lange gemacht und das Wissen (um den Sachverhalt und die Norm) in der Praxis des Verfahrens aufgehoben. Vernunft-, Natur- und Gottrechtler mochten versuchen, das Recht festzuzurren, seit jeher war das Recht nicht *das* Recht. Immer war ihm das Widersprechende eigen.

Doch nun kam die große Akzeleration. »In unsern Tagen scheint jedes Ding mit seinem Gegenteil schwanger zu gehen«, sagte Karl Marx in seiner Rede auf der Londoner Jahresfeier des »People's Paper« am 14. April 1856. Und im Manifest der Kommunistischen Partei beobachtete er gemeinsam mit Friedrich Engels: »Die fortwährende Umwälzung der Produktion, die ununterbrochene Erschütterung aller gesellschaftlichen Zustände, die ewige Unsicherheit und Bewegung zeichnet die Bourgeois-Epoche vor allen früheren aus. Alle festen, eingerosteten Verhältnisse mit ihrem Gefolge von altehrwürdigen Vorstellungen und Anschauungen werden aufgelöst, alle neugebildeten veralten, ehe sie verknöchern können.« Das ganze Soziale zappelte im Tourbillon, im sich rasend drehenden Uhrwerk der Zeit. Seit dem 19. Jahrhundert erwiesen sich die Sachverhalte und Rechte immer schneller als widersprüchlich. Das hing auch damit zusammen, dass nun immer mehr Menschen, die bislang aus der guten Gesellschaft ausgeschlossenen eingeschlossen, rechtswirksam handelten und immer mehr Interessen, Wünsche, Erwartungen formuliert wurden. Im Prozess standen sich, unterstützt von Rechtsanwälten, zwei Parteien gegenüber, die jeweils *das* Recht auf ihrer Seite behaupteten. Das Recht im Prozess war prinzipiell zweifach. Plural. Das Recht und das Wissen um das Recht waren in dieser vielstimmigen und so rapiden wie kurzlebigen Zeit kaum noch zusammenzubinden.

Zur gleichen Zeit, als die Wissenschaften ihren Siegeszug durch das 19. Jahrhundert führten und von der Geologie bis zur Psychologie, von den tiefsten Tiefen der Erde bis zu den tiefsten Tiefen des Gemüts, alles, was es zu finden gab, erforschten, zur gleichen Zeit wurde dieses uferlose Wissen unvorstellbar. Das Wissen konnte der Zeit nicht standhalten, das Wissen hatte keine Zeit mehr, das Wissen wurde zerstört, erfunden, zerstört, erfunden und so fort. Wissenschaft als Wissenschaft kann der Zeit nicht Herr werden. Kleist schrieb aus Paris, »dieser traurigen Stadt«: »Die Wissenschaften habe ich ganz aufgegeben. Ich kann Dir nicht beschreiben, wie ekelhaft mir ein wissender Mensch ist, wenn ich ihn mit einem handelnden vergleiche. Kenntnisse, wenn sie noch einen Wert haben, so ist es nur, in so fern sie vorbereiten zum Handeln. Aber unsere Gelehrten, kommen sie wohl, vor allem Vorbereiten, jemals zum Zweck? Sie schleifen unaufhörlich die Klinge, ohne sie jemals zu brauchen, sie lernen und lernen, und haben niemals Zeit, die Hauptsache zu thun«. Neben die Wissenschaft tritt die Technik. Die Technik kann unter den Bedingungen von Zeitnot prozedieren. Technik funktioniert, wenn sie funktioniert. Das ist alles. Und so wird die Technik zum neuen Star des industriellen 19. Jahrhunderts, und sie ist es bis in das heutige elektronische Zeitalter geblieben. Als die Zeit immer schneller wurde, als die Eisenbahnen die Entfernungen und die Landschaften auffraßen, als die Zeit die Zeit verschlang, als die Zeit zu sterben begann, als die Wahrheit durch andere, widersprechende oder parallele, Wahrheiten zur Zeitnot verdammt wurde, da trat der prinzipiell zeitlosen Wahrheit langsam aber sicher die prinzipiell zeitgebundene Funktion zur Seite. Etwas funktioniert, solange es funktioniert.

Die Jurisprudenz war als »Brodwissenschaft« (Kleist) der Funktionalisierung besonders günstig gesonnen. Die großen jurisprudenziellen Wissensspeicher hatten die Zeit durch die wahrhafte Fixierung der Vergangenheit, des vergangenen Rechts und der vergangenen Urteile getötet – so dachten sie. Damit konnte indes schon vor 1800 in den größten und umfänglichsten Monumenten der juristischen Enzyklopädik das Wissen nicht wirklich in seinem Zusammenhang dargestellt werden. Galt doch auch hier die kluge Ahnung d'Alemberts aus dem Discours préliminaire des éditeurs des 1. Bandes der Encyclopédie: »Die Welt ist nichts als ein gewaltiger Ozean, auf dessen Oberfläche wir einige mehr oder weniger große Inseln sichten, deren Verbindung mit dem Festland uns verborgen bleibt.« Unverdrossen versuchten die arretistischen und systematischen Juristen dennoch vom Beginn des Buchdrucks bis ins 19. Jahrhundert hinein, Wissen und Norm, Wahrheit und Verfahren zusammenzustellen. Aber dann hatte die Vergangenheit, just in dem Moment, in dem sie allerorten geschichtswissenschaftlich verortet wurde, ausgedient. Die Juristen bekamen das Gesetz, also ein neues Programm. In Frankreich 1804, in Deutschland 1900. Damit war die Kontingenz des Rechts, sogar in seiner grundlegenden Form des Gesetzes, unübersehbar geworden. Plötzlich galt etwas anderes als zuvor. Die täglichen Widersprüche in der Rechtsprechung fanden jetzt in der politischen Änderbarkeit des normativen Programms ihre Entsprechung. Recht war nicht mehr das, was gestern galt, und war nicht notwendigerweise das, was morgen immer noch gelten würde. Recht hatte sich endgültig von der Vergangenheit emanzipiert. Recht war in eine offene Zukunft getreten. Recht war kontingent. Neben der Rechtsprechung unterlag nun auch das Gesetz einem unsicheren, ergebnisoffenen, nur dem prozeduralen Verfahren, nicht mehr einer aufzudeckenden Wahrheit verpflichteten Diskurs.

Dalloz stieß in der Mitte des Jahrhunderts noch einen letzten enzyklopädischen Seufzer, ein kleistisches »Ach!« aus. Dann war es vorbei. Die Zeitnot des Juristen, die dazu führte, nicht mehr alles lesen, nicht einmal mehr eine riesenhafte juristische Enzyklopädie unter den Auspizien einer Ökonomie der Zeit konsultieren zu können, ließ gegenüber den grandiosen Speichern des vergangenen juridischen Wissens nur noch eine Geste der melancholischen Kontemplation zu. Und so wurden die Enzyklopädien und Alphabete des Rechts zu Quellen, nicht mehr des Juristen, sondern des Rechtshistorikers, nicht mehr des Rechts, sondern der Rechtsgeschichte. Der Vorhang war nun geöffnet für die Verwalter einer vergangenen Vergangenheit.

Und Rechtshistoriker haben Zeit. Viel Zeit. Schließlich ist Rechtsgeschichte eine Beharrlichkeit, Ernst und Akkuratesse erfordernde Angelegenheit und nichts für Windhunde. Da sitzen Wissenschaftler in ihren Kämmerlein, gelegentlich auch einmal in einem bekanntermaßen zeitlos staubigen Archiv, und lesen und denken und schreiben über Quellen. Alles ist dem Rechtshistoriker seine Quelle, solange es irgendwie um eine vermutete Kommunikation über Recht und Unrecht geht. Eine Inschrift aus dem alten Griechenland, ein Papyrus aus dem noch älteren Ägypten, ein überlieferter Fetzen aus den dunklen Jahrhunderten, ein Manuskript aus dem Mittelalter, ein gedrucktes Buch aus der Neuzeit, eine Bibliothèque de jurisprudence oder eine Akte aus der DDR. Sorgfältigst, ohne jegliche Hetze, wird jedes identifizierbare Wort aus den Quellen gewendet, bepustet, abgebürstet, saubergepinselt und blankpoliert, damit es endlich betrachtet und gelesen werden könne, um dem Denken und dem Schreiben einen Haltepunkt zu gewähren. Einsam sitzt der Rechtshistoriker meist da – ganz wie Kafkas Dr. Bucephalus, der bei stiller Lampe die Blätter unserer alten Bücher wendet.

In der Zwischenzeit ist der Rechtshistoriker beseelt von dem Gedanken, eine Bedeutung hinter den schwarzen Linien zu entdecken und das normative Element, das vielleicht noch heute zu Bedenkende, aus den verwitternden Texten herauszupräparieren, mag er doch – wie die meisten von uns – nicht akzeptieren, dass etwas ohne zureichenden Grund geschehen, gedacht und geschrieben sein könnte. Immer – allen funktionalistischen Phantasien zum Trotz – ist er auf der Suche nach dem Grund, der Ursache, dem Movens einer alten Geschichte. Diese kausale Tätigkeit beschäftigt ihn sein Leben lang. Freiwillig. Wir müssen uns den Rechtshistoriker in seiner stillen, so zeitraubenden wie zeitlosen Arbeit als glücklichen Menschen vorstellen. Auch wenn er nur Tropfen der Finsternis zu Papier bringen kann.

Nur selten hebt der Rechtshistoriker seinen Kopf, um sich von seinen alten Papieren zu lösen. Tut er dies einmal und tritt er gar aus dem fahlen Lichtkegel seiner Lampe heraus in die Welt, in die grelle Welt des Jetzt – dann sieht er, was den Juristen vom an der Rechtsgeschichte interessierten Wissenschaftler unterscheidet.

Der Richter, der Advokat, der Staatsanwalt, sie alle haben keine Zeit, um den Fall – und es geht ausschließlich um Fälle – zu einem Urteil zu führen, das das Ergebnis des sorgfältigsten, zeitraubendsten Wendens, Bepustens, Bürstens, Säuberns und Polierens aller Argumente im Prozess ist. Das Dickicht der Fakten und das Gestrüpp der Normen muss der Jurist zeitgemäß durchqueren. »Der Jurist wird durch Paragraphen enthoben / und vergewaltigt selbständig das Außenstehende« (Gottfried Benn). Wurzellos und vergehend ist seine Tätigkeit.

Juristen haben keine Zeit. Fälle, Normen, Urteile, Doktrinen werden täglich geboren, betrachtet, ausgewählt, verworfen. Sorgfalt erfordert Zeit. Der Jurist hat prinzipiell keine Zeit. Er muss entscheiden. Und dieser Entscheidungszwang besagt nichts anderes, als dass die Zeitnot die Zwillingsschwester des Rechts ist.

Nirgendwo mehr zentnerschwere, regalmeterlange juristische Alphabete und Enzyklopädien, in denen die Zeit des Rechts angehalten wurde, in denen alle Entscheidungsgrundlagen schlummerten, in denen das juridische Wissen geordnet war, um sichere Entscheidungen zu ermöglichen. Wie soll sich der Jurist in der neuen Welt, in der es gleichgültig ist, ob man sich in der Bibliothek oder gleich in der Welt selbst zu orientieren versucht, wie soll sich der Jurist in der totalen Realität des Geschehenden und des Aufgeschriebenen zurechtfinden? Wie sollte er Zeit haben zu lesen, was geschrieben worden ist, wo doch alles in der Welt überhaupt nur da ist, um in einem Buch zu enden. Seitdem alles in der Welt in Bücher eingeht, sind unsere Tage schwarz und weiß. Und diese Verpflichtung zu schreiben bedeutet, dass nicht mehr alles gelesen werden kann, weil die Zeit dafür niemals ausreichen würde. Juristen müssen aber entscheiden. Dieser Entscheidungszwang, diese Verpflichtung und diese Attitüde, keine Zeit zu haben, diese obligatorische Zeitnot des Rechts bedeutet, dass nur der Rechtshistoriker, der Kontemplateur des Toten, sich wie Kafkas Großvater erinnern kann: »Das Leben ist erstaunlich kurz. Jetzt in der Erinnerung drängt es sich mir so zusammen, daß ich zum Beispiel kaum begreife, wie ein junger Mann sich entschließen kann ins nächste Dorf zu reiten, ohne zu fürchten, daß – von unglücklichen Zufällen ganz abgesehen – schon die Zeit des gewöhnlichen, glücklich ablaufenden Lebens für einen solchen Ritt bei weitem nicht hinreicht.« Für derartige nachdenkliche Zeitdehnungsgeschichten haben Juristen keine Zeit.

Die enzyklopädische Einrichtung der (Rechts)Welt war der Versuch, den Ritt in die Zukunft durch die Vergangenheit, durch eine massenhafte Vergangenheit von Ursachen, abzusichern. Der totalitäre Gedanke des Ganzen diskreditierte Gegenwart und Zukunft. Der von Friedrich Carl von Savigny konstatierte Zustand, dass »wir uns mitten in einer ungeheuern Masse juristischer Begriffe und Ansichten, die sich von Geschlecht zu Geschlecht fortgeerbt und angehäuft haben«, befinden, machte den Einfluss des Bestehenden »auf keine Weise vermeidlich«. Damals ging es um die »Herrschaft der Vergangenheit über die Gegenwart«. Jetzt, im Laufe des 19. Jahrhunderts, wurde die Zukunft offen, und die Gegenwart goss in bis dahin nicht gekanntem Ausmaß Gesetze, Doktrinen, Urteile, Meinungen, Verfassungen und vor allem Fälle auf die Welt. Die Fassung dieser unbegreiflichen Masse blieb vom 19. Jahrhunderts bis heute ein Problem. Ein Problem, dem aber nicht mehr mit den alten Enzyklopädien und Alphabeten beizukommen war. Für diese ehemaligen Problemlösungen hatten die Juristen keine Zeit mehr. Das Problem aber blieb, »daß das Recht eine Ordnung ist und daß daher alle Rechtsprobleme als Ordnungsprobleme gestellt und zu lösen sind«. Am Ende steht der Anfang.

Accessoire

Zur *Encyclopédie* siehe Voltaire, Lettres à son Altesse Monsigneur le Prince de ***, sur Rabelais & sur d'autres auteurs accusés d'avoir mal parlé de la réligion chrétienne. Lettre VIII. Sur l'Encyclopédie (Œuvres complètes de Voltaire, 47. Band, Société littéraire-typographique: 1785, S. 325 ff., 391 ff.). Zur Öffnung der Zeitschere und zur Verspätung der Aufklärung und Beschleunigung ihres Verfahrens vgl. Hans Blumenberg, Lebenszeit und Weltzeit, Suhrkamp: Frankfurt am Main 1986, S. 218 ff. Maurice Blanchot hat in seinem Aufsatz über »Le Temps des Encyclopédies« (Nouvelle Revue Française, 1957, S. 863 ff., 867) die aktuelle Last des 20. Jahrhunderts und die Erinnerungslast des 18. Jahrhunderts für ein neues enzyklopädisches Projekt angedeutet: »Avec toute sa riche cargaison du XXe siècle, est-ce que l'Encyclopédie n'appartient pas toujours plus ou moins au XVIIIe siècle, pour la dater du moment de sa plus grande réussite?«

Zur Angst des Kronos vor der neuen Zeit, zur Zeitnot seit der Sattelzeit siehe auch Helga Nowotny, Eigenzeit. Entstehung und Strukturierung eines Zeitgefühls, Suhrkamp: Frankfurt am Main 1989, S. 77 ff.

Die rasende Bewegung der Gesellschaft beobachten Marx und Engels im 1. Abschnitt des kommunistischen Manifests, hier zitiert nach der Ausgabe bei Reclam: Stuttgart 1986, S. 27. Marx' Rede ist nachzulesen in: Karl Marx/Friedrich Engels, Werke, Band 12, Dietz: Berlin 1961, S. 3 f.

Die Jurisprudenz als »Brodwissenschaft« sieht Kleist in einem Brief an Christian Ernst Martini vom 19. März 1799, in: Heinrich von Kleist, Sämtliche Werke. Brandenburger Ausgabe, hrsg. von Roland Reuß und Peter Staengle, Band IV/1, Stroemfeld/Roter Stern: Basel, Frankfurt am Main 1996, S. 33 ff., 45 f. Dass Heinrich von Kleist die Wissenschaften nicht mehr befriedigen und dass Paris traurig stimmt, kann nachgelesen werden in seinem Brief vom 10. Oktober 1801 an Wilhelmine von Zenge: Heinrich von Kleist, Sämtliche Werke. Brandenburger Ausgabe, hrsg. von Roland Reuß und Peter Staengle, Band IV/2, Stroemfeld/Roter Stern: Basel, Frankfurt am Main 1999, S. 109 ff., 115, 123.

D'Alemberts Weltenozean findet sich in: Encyclopédie, ou dictionnaire raisonné des sciences, des arts et des métiers, par une societé de gens de lettres, 1. Band, Briasson, David, Le breton, Durand: Paris 1751, S. XV.

Zur Kontingenz des Rechts und zum historisch Neuen und Riskanten der Positivität, also zur »Legalisierung von Rechtsänderungen«, zum prinzipiellen »Präsenthalten von Möglichkeiten der Änderung allen Rechts«, zu »Recht, Zeit und Planung«, zum Verlust der »Maßgeblichkeit« der Vergangenheit, zum »guten alten Recht«, zum »Zeithorizont der Vergangenheit« und dem »Zeithorizont der Zukunft« siehe die grundlegenden Überlegungen von

Niklas Luhmann in: Rechtssoziologie, Band 2, Rowohlt: Reinbek bei Hamburg 1972, S. 209 ff., 343 ff., 347; Reflexive Mechanismen, in: Soziologische Aufklärung. Aufsätze zur Theorie sozialer Systeme, Band 1, 5. Aufl., Westdeutscher Verlag: Opladen 1984, S. 92 ff., 95 f.; Die Funktion des Rechts: Erwartungssicherung oder Verhaltenssteuerung?, in: Ausdifferenzierung des Rechts. Beiträge zur Rechtssoziologie und Rechtstheorie, Suhrkamp: Frankfurt am Main 1981, S. 73 ff., 82 ff.; Soziale Systeme. Grundriß einer allgemeinen Theorie, 2. Aufl., Suhrkamp: Frankfurt am Main 1985, S. 441, 621; Das Recht der Gesellschaft, Suhrkamp: Frankfurt am Main 1993, S. 197 f. Im Übrigen vgl. noch Laurent Mayali, Law and Time in Medieval Jurisprudence, in: Grundlagen des Rechts (Festschrift Peter Landau), Schöningh: Paderborn, München, Wien, Zürich 2000, S. 605 ff.; Mario Bretone, Die Rechtsnormen und die Zeit zwischen klassischer Tradition und modernem Bewusstsein, in: Okko Behrends/Malte Diesselhorst (Hrsg.), Libertas. Grundrechtliche und rechtsstaatliche Gewährungen in Antike und Gegenwart (Symposion aus Anlass des 80. Geburtstages von Franz Wieacker), Rolf Gremer: Ebelsbach 1991, S. 279 ff.

Den Juristen als Vergewaltiger hat Gottfried Benn im Gedicht »Der Psychiater« beschrieben: Sämtliche Werke, Band 2, Stuttgarter Ausgabe, Klett-Cotta: Stuttgart 1986, S. 44. Und »der Laie greift sich an den Schädel« (ebenda).

Die Dorfgeschichte steht bei Franz Kafka, Das nächste Dorf, in: ders., Ein Landarzt. Kleine Erzählungen, Wagenbach: Berlin 1994, S. 36.

Die Savigny-Zitate finden sich in Friedrich Carl von Savigny, Vom Beruf unsrer Zeit für Gesetzgebung und Rechtswissenschaft, Mohr und Zimmer: Heidelberg 1814, S. 112 f. Zur Massenlehre Savignys siehe auch ders., System des heutigen Römischen Rechts, 1. Band, Veit: Berlin 1840, S. XI: »In der Masse von Begriffen, Regeln und Kunstausdrücken, die wir von unsren Vorgängern empfangen, wird unfehlbar der gewonnenen Wahrheit ein starker Zusatz von Irrthum beygemischt seyn.«

Das Ordnungsproblem formulierte Hans Kelsen in seiner Reinen Rechtslehre, 2. Aufl., Deuticke: Wien 1983, S. 195.

Zu Anfang und Ende und Ende und Anfang siehe auch Brigittes Bericht über den »Wahnsinn des Fiebers« des Grafen von Strahl in Kleists historischem Ritterschauspiel »Das Käthchen von Heilbronn oder die Feuerprobe« (2. Akt, 9. Auftritt): »die Welt nannt' er ein Grab, und das Grab eine Wiege, und meinte, er würde nun erst geboren werden«.

Und die Botschaft des Ganzen?

Der Kaiser hat einst »Dir, dem Einzelnen, dem jämmerlichen Untertanen, dem winzig vor der kaiserlichen Sonne in die fernste Ferne geflüchteten Schatten, gerade Dir« eine Botschaft gesendet. Der Bote machte sich mit der Botschaft – »sehr war ihm [dem Kaiser, R.M.K.] an ihr gelegen« – auf den Weg. »Ein kräftiger, ein unermüdlicher Mann […] schafft er sich Bahn durch die Menge.« Diese ist jedoch »so groß«, und er müht sich »nutzlos« ab. Denn »immer noch zwängt er sich durch die Gemächer des innersten Palastes; niemals wird er sie überwinden«. Und selbst wenn es ihm gelänge, Treppen wären hinabzusteigen, Höfe zu durchmessen, »der zweite umschließende Palast; und wieder Treppen und Höfe; und wieder ein Palast; und so weiter durch Jahrtausende; und stürzte er endlich aus dem äußersten Tor – aber niemals, niemals kann es geschehen – liegt erst die Residenzstadt vor ihm, die Mitte der Welt«. Die Botschaft wird nicht durchdringen – »Du aber sitzt an Deinem Fenster und erträumst sie Dir, wenn der Abend kommt« (Franz Kafka, »Eine kaiserliche Botschaft«, in ders.: Ein Landarzt. Kleine Erzählungen, Wagenbach: Berlin 1994, S. 37 f.).

Ernest Hemingway sagte einmal, wenn er eine Botschaft verschicken wolle, gehe er zum Postamt.

Index

Das Alphabet stellt ohne Rücksicht auf Zusammenhang alles nebeneinander. Im Register der Begriffe folgen dementsprechend die Einträge nur dem alphabetischen Gesetz. Auf eine systematische Ordnung und Erfassung von so genannten Sachgruppen wird verzichtet, ebenso auf eine Differenzierung der verschiedenen Bedeutungen eines Wortes. Ein Alphabet ist ein Alphabet.

Begriffe

Namen

Dank

Institutionen, Menschen und Orte haben zum Alphabet des Rechts beigetragen.

Das Max-Planck-Institut für Europäische Rechtsgeschichte in Frankfurt am Main bot die besten Arbeitsmöglichkeiten, die sich überhaupt denken lassen. Nirgends kommen so viele spannende Forscher aus aller Welt zusammen, um über historische, theoretische und philosophische Grundlagen des Rechts nachzusinnen. Ein institutioneller Glücksfall.

Die Ecole des Hautes Etudes en Sciences Sociales und die Maison des Sciences de l'Homme haben durch mehrere Einladungen Gelegenheit gegeben, das Alphabet in verschiedenen Stadien des Herstellungsprozesses in Paris vorzustellen, zu diskutieren und weiter zu bearbeiten. Zudem gewährte die MSH gemeinsam mit dem Deutschen Akademischen Austauschdienst ein Forschungsstipendium für ein Jahr an der Seine.

Die Junge Akademie (an der Berlin-Brandenburgischen Akademie der Wissenschaften und der Gesellschaft Deutscher Naturforscher Leopoldina) hat in ihren zwei Gründungsjahren den Verfasser des Alphabets durch die Wahl in den Vorstand und als dessen Sprecher vor akademische Herausforderungen der besonderen Art gestellt. Letztlich hat die JA die Konfektion des Alphabets nur verzögern, aber nicht behindern können. Außerdem: Das Zusammentreffen verschiedener wissenschaftlicher Disziplinen hat zwar auch in der JA die Schimäre der Interdisziplinarität nicht in Realität aufgelöst. Doch die institutionell gestiftete Möglichkeit, über Jahre regelmäßig und intensiv mit Menschen aus anderen Denkwelten zu reden und zu arbeiten, ist einmalig. Von dieser, Disziplinen abholden, akademischen Kommunikationswelt hat auch das Alphabet profitiert.

Der äußere Anstoß, das Alphabet zu erstellen, war ursprünglich die vage Absicht einer akademischen Weiterqualifizierung. Im Sommersemester 2003 hat der Fachbereich Rechtswissenschaft an der Johann Wolfgang Goethe-Universität Frankfurt am Main das Alphabet des Rechts als Habilitationsschrift angenommen.

Ludwig Burgmann, Marie Theres Fögen, Tomasz Giaro, Christiane Hill, Gudrun Kienast, Helmut Kiesow, Valérie Lasserre, Almut Simon, Michael Stolleis haben das Alphabet gelesen und annotiert. Regina Ogorek und Gunther Teubner haben die Gutachten für das Habilitationsverfahren verfasst. Ohne Dieter Simon wäre dieses Alphabet niemals erdacht worden.

Geschrieben wurde das Alphabet des Rechts in Frankfurt, Paris und Korčula.

Inhalte

Öffnung des Kreises. Umkreis des Wissens. Anfang und Ende.
Enzyklopädie und Alphabet. Masse des Rechts. Geschichte der
Versuche, Recht zu sammeln. Aufschreibesysteme. Code Civil
und Bürgerliches Gesetzbuch. Selbstreferenz. Das alles enthaltende Gesetz(buch). Begründung und Funktion. Juristische Sekunde.
Lesen und Nichtlesen. Ganzheit des Rechts. Daniel Paul Schreber
und Malte Laurids Brigge. Das Verletzen der Welt.

Schreiben und Lesen. Geschichte des Aufschreibens von Recht.
Aufbewahren des Aufgeschriebenen. Buchproduktion. Bücher
und Akten. Der Proceß. Vergangenheit und Gegenwart. Alles
was nicht in den Akten ist, ist auch nicht in der Welt. Sammlung des Rechts in Frankreich. Zersplitterung des französischen
Rechts. Fragmentierung. Bibliothek und bibliothèque. Ein Buch.
Vollständigkeit des Rechts. Der große Pierre Jacques Brillon. Ancien régime. Recht basiert auf Vergangenheit. Das Imaginäre des
Rechts. Recht als Bibliotheksphänomen.

Buchdruck und Technologie der Herstellung juristischer Texte. Anwachsen des juristischen Materials. Lösung des Problems
der immensen Rechtsvielfalt: Frankreich – Code civil; Deutschland – Rechtswissenschaft. Gesetz. Das Verstehen des Gesetzes.
Hermeneutik und Interpretation. Dunkelheit des Gesetzes. Leere
des Gesetzes. Türhüterlegende. Die Arten der Auslegung des Gesetzes. Das Schweigen der Gesetze. Die Tränen der Sirenen. Der

Code des Rechtssystems: recht/unrecht. Das Paradox der Unterscheidung dieser Unterscheidung. Der Code der Moderne.

Das größte juristische Alphabet in der Zeit nach dem Code civil. Rechtsvereinheitlichung. Stile der Rechtsprechung. Die Maschine des Rechts. Vaucansons Ente. Die Tränen Napoleons. Ein Mythos. Der verlorene Code und die dunkle Verfassung. Eine Wissenschaft der Urteile. Zerfetzte Entscheidungen. Das Chaos des Rechts und dessen Einheit. Ein Augenzwinkern. Das Recht ist die vornehmste der Sozialwissenschaften. Ein Mann und ein Verlag. Die berühmteste juristische Zeitschrift Frankreichs.

Die Abbreviatur des Ganzen. Die französische Enzyklopädie. Diderot. Sein Projekt und sein Leben. Orientierung in der Welt und in der Enzyklopädie. Vielschreiber. Die methodische Enzyklopädie. Lücken. Deutsche allgemeinbildende Enzyklopädien und deutsche Rechtsenzyklopädien. Begriffsgeschichte. Die drei Gesichter der Fragmentierung des Rechts. Zwei Wege zur Beherrschung einer unüberschaubaren textuellen Welt des Rechts: System und Alphabet. Deutschland und Frankreich. Juristische Enzyklopädie als Einführungsvorlesung. Münchhausen, Pütter der Ältere und Pütter der Jüngere. Die Ordnung des Rechts und die Schwierigkeit, das ganze Recht zu verdauen. Ein Verzeichnis deutscher Rechtsenzyklopädien.

Der Bau des Rechts. Das Töten der Zeit. Le temporel des églises. Das Vergängliche des Rechts. Das Arrangement des juridischen Wissens. Analytische, synthetische, dihairetische Ordnung. Rechtswissenschaft und ihre Gipfelleistungen in der Neuzeit. Die Fabrikation von Entscheidungssammlungen. Dogmatik und der sozietal-psychische Apparat des Menschen. Rechtshoffnungen.

Das große Fressen. Juristische Verdauungsleistungen. Digesten. Lesen. Die Bedeutung der Wörter. De verborum significatione. D.50.16. Brissonius und Prateius. 16. und 17. Jahrhundert. Zitatliteratur. Ist nicht schon alles gesagt? Chaos und Masse des Rechts. Burton und Rabelais. Die Geburt des französischen Romans und die Geburt des Wortes Enzyklopädie. Bibliomanie. Der Krieg der Texte. Der Jurastudent Pantagruel. Der Abgrund des Wissens. Ein kurzer Prozess. Zeichen, Riesen und Zwerge. Unverständlichkeit des Rechts. Der Furor des Wissens.

Übertreibungsgeschichten. Die Fotografie einer Bibliothek. Andreas Gursky. Bücherwelten in Paris. Eine Advokatenbibliothek und die französische Nationalbibliothek. Die Räume und die Leere des Rechts. Wände, Bäume und Phantasien. Ein zusammengesetztes Fragment, in dem ordentliche und vernünftige Beziehungen herrschen. Das maßlose Ganze. Eine Theorie des Enzyklopädischen. Die Fotografie einer nichtexistierenden Seite eines existierenden Buches. Ein Satzbordell.

Wiener Hofbibliothek. Robert Musil. Eine Schädelstätte mit einem Bibliotheksaffen. Die Suche nach einem vernünftigen Buch zum Lesen. Arretisten, Urteilssammler. Die Komposition eines vernünftigen Rechtsbuchs. Rechtsvereinheitlichung. Ein juristisches Werk im 17. Jahrhundert und Ulysses. Französische Alphabetisierungskampagne. System und Alphabet. Recht als Hirndichtung. Ordnung und Kältetod. Der Bibliotheksaffe liest kein Buch und kennt doch jedes.

Suche nach Gerechtigkeit. Bindung des Richters an das Gesetz. Carl Schmitt. Rechtspraxis. Der andere Richter. Wann ist eine richterliche Entscheidung richtig? Das Paradox der Entscheidung. Entscheiden lässt sich nur Unentscheidbares. Die Spannung zwischen alphabetischer, enzyklopädischer Erkenntnis und jurisprudenziellem, praktischem Entscheiden. Wissen und Norm. Erkenntnis und Urteil. Das Rechtsverweigerungsverbot. Interpretation. Verfahren. Botschaften zwischen Buch und Lampe. Dr. Bucephalus. Die Tränen Kierkegaards. Denkverbote. Martin Guerre. Probleme und Rätsel.

Die ganze Welt ist eine Jurisprudenz. Fälle. Die Fälle sind das Leben der Menschen. Zwei Fallsammlungen. Kiš und Brauner. M und K. Das Fleisch des Herrn K. Unabschließbare Fälle. Der Fall als Gespenst des Sichtbaren. Enzyklopädien des Falls. Zufall. Kafka kommt nicht vor.

Die Wirklichkeit – ein Labyrinth des Lebens. Die juristische Verarbeitung der Wirklichkeit – ein Labyrinth des Rechts. Die schriftliche Fixierung der juristischen Verarbeitung der Wirklichkeit – ein Labyrinth der Sammlung. Die bibliographische Erfassung der schriftlichen Fixierung der juristischen Verarbeitung der Wirklichkeit – ein Labyrinth des Handbuchs. Die Erforschung der bibliographischen Erfassung der schriftlichen Fixierung der juristischen Verarbeitung der Wirklichkeit – ein Labyrinth der Wissenschaft. Außerdem: Ratten, Schafe, Schaum, Karten, bizarre Wörter in alten französischen und deutschen Rechtssammlungen, Könige, Wüsten und Recht als Recht durch Recht.

Das juristische Tagesgeschäft. Abbrüche. Gebrauchsliteratur. Deutsche Romantik und deutsche Enzyklopädie des Rechts. Genies. Ulp.D.1.1.1pr. Punkte, Linien, Striche und ein köstlicher Fuß. Balzac. Picasso. Das unbekannte Meisterwerk. Chaos und Zeichen. Fragmente. Policeyrecht. Die Tränen des Rechtswörterbuchlesers.

Sudelbücher. Juristische Enzyklopädien in Deutschland. Romantik. Die Ordnung der Dinge. Gesetz und Entwicklung. Propädeutische Vorlesungen für Jurastudenten im ersten Semester. Der Übersetzer Berthelot. Heineccius und die Herde von Rechtsschülern. Langeweile. Wissenschaft und Kunst. Die Lesbarkeit der Welt. System und Praxis des Rechts. Das Chaos der Moral. Der Mensch als Metapher und die Zukunft des Buches.

Heute. Die totale Enzyklopädie. Deutschland und Frankreich. Wiethölter und Carbonnier. Luhmann und Coing. Positivismus, System, Fakten und Einheit. Juris, LexisNexis. Die Masse an Urteilen, Gesetzen, Verordnungen, Zeitschriften, Doktrinen, Meinungen. Die Ordnung der Welt im Internet. Konstrukteure und Benutzer. Sinn?

Ein Lyonaiser Geistlicher, Soldat und Advokat um 1700. Die berühmteste Sammlung berühmter Rechtsfälle. Der Stil des Rechts. Das Chaos der Jurisprudenz. Ein mittelmäßiger Schriftsteller. Das Geheimnis der Rechtsprechung. Rechtswissenschaft und Öffentlichkeit. Literatur und Recht. Die Geburt des Kriminalromans. Schiller und Kant. Die Allmächtigkeit des Gesetzes. Pflicht, Körper und Leben. Kasuistik und Dogmatik. Kulinarische Ethik.

Jhering, Savigny und Puchta. Ein System, mehrere Systeme, die Rechtswissenschaft. Bauanleitung für die Maschine des Rechts und deren Demontage. Einhundert deutsche Rechtsenzyklopädien. Mediokre Praxis. Recht ist Praxis. Nützlichkeit der französischen Entscheidungssammlungen. Der Warencharakter juristischer Bücher.

Recht beruht auf Vergangenheit. Ein dicker Mann, ein lebendiges
Register. Zettel und Zettelkästen. Die Welt im Schrank. Ordnung
des Wissens. Bayle, Moreri, Jungius, Leibniz, Luhmann. Detail
und Faktum. Wahrheit. Die Dunkelheit der Bücher. Apparate,
Maschinen, Strafkolonien. Technokratie, Bürokratie, Proletariat,
Funktion. Die Teile kullern in den Sand. Alfred Weber, Max Weber, Franz Kafka. Das Gericht will nichts von Dir. Die Ordnung
des Ganzen. Der Apparat ist die Menschheit. Schnittstellen, Bio-
wissenschaften und Minority Reports. Die Zukunft des Rechts.

Die letzte Rezension. Enzyklopädischer Geist und der Geist des
Sammelbandes. Adorno, Deleuze, Sacher-Masoch. Die Tränen
Gratians. Interdisziplinarität. Eine besondere Vertragstheorie. Er-
gebnisse. Tod.

Der Brand der Bibliothek. Unverständlichkeit des Rechts. Buchstaben. Die Aufgabe der Hermeneutik. Gadamer, Ehrlich, Mach.
Jherings intellektuelle Verdauungskraft. Nietzsche. Der Stil der
Dekadenz. Das Werfen der Würfel. Rezeption und Zufall. Lord
Chandos. Das Ende der juristischen Enzyklopädie. Die Schrift
des Desasters. Weiß auf weiß. Die Modernität des BGB. Das BGB
als Rattennest. Kopien und Wortwände. Und es ist Gegenwart.

Tenor und Gründe.

Das Verstehen des Rechts und das verständnisvolle Rechtsgefühl.
Ein Netzwerk des Abschreibens in Frankreich und eine kurze
Geschichte der Gefühlsjurisprudenz in Deutschland. Die Tränen
des Volkes. Der Ozean der Gesetze. Die alten Pandekten. Interpretation und das Funktionieren des Rechts.

Das Recht hat den Verstand verloren. Die Sprache des Rechts.
Und dessen Wahrheit. Kleist und Grabbe. Überlegungen. Das
Paradox der Überlegung. Von der Schwärmerei. Wer begreift das
Unbegreifliche?

Das Fehlen zweier Buchstaben. Alphabet. Die Unvollkommenheit des Rechts. Das Lächeln des Akaki Akakijewitsch Baschmatschkin.

Das Gefängnis der Vergangenheit. Juristische Schädelstätten. Zeit
frißt Zeit. Marx. Widersprüche. Beschleunigung. Geologie und
Psychologie. Der Ekel des Wissens. Technik als neuer Star. Kontingenz des Rechts. Melancholie und Kontemplation. Die Sorgfalt
des Rechtshistorikers. Gründe und Ursachen. Savignys Massethe-
orie. Die Hetze des Juristen. Kelsen. Recht ist eine Ordnung. Das
ist das Problem. Zeithorizonte und Botschaften. Stille Post. Ende
und Anfang. Umkreis des Wissens. Schließung des Kreises.